Lernen heißt, aus seinem eigenen Schatten zu treten

Antonius Soest

Lernen heißt, aus seinem eigenen Schatten zu treten

Kritische Meditationen über die Schule

ibidem-Verlag
Stuttgart

Bibliografische Information der Deutschen Nationalbibliothek
Die Deutsche Nationalbibliothek verzeichnet diese Publikation in der Deutschen Nationalbibliografie; detaillierte bibliografische Daten sind im Internet über http://dnb.d-nb.de abrufbar.

Bibliographic information published by the Deutsche Nationalbibliothek
Die Deutsche Nationalbibliothek lists this publication in the Deutsche Nationalbibliografie; detailed bibliographic data are available in the Internet at http://dnb.d-nb.de.

∞

Gedruckt auf alterungsbeständigem, säurefreien Papier
Printed on acid-free paper

ISBN-13: 978-3-8382-0977-7

© ***ibidem***-Verlag
Stuttgart 2016

Alle Rechte vorbehalten

Das Werk einschließlich aller seiner Teile ist urheberrechtlich geschützt. Jede Verwertung außerhalb der engen Grenzen des Urheberrechtsgesetzes ist ohne Zustimmung des Verlages unzulässig und strafbar. Dies gilt insbesondere für Vervielfältigungen, Übersetzungen, Mikroverfilmungen und elektronische Speicherformen sowie die Einspeicherung und Verarbeitung in elektronischen Systemen.

All rights reserved. No part of this publication may be reproduced, stored in or introduced into a retrieval system, or transmitted, in any form, or by any means (electronical, mechanical, photocopying, recording or otherwise) without the prior written permission of the publisher. Any person who does any unauthorized act in relation to this publication may be liable to criminal prosecution and civil claims for damages.

Printed in the EU

Inhalt

Eine Herzenssache

„Als 63jähriger trete ich vor Sie – allerdings weniger als Lehrender, denn als Entleerender –: Im Laufe der jahrzehntelangen Arbeit im Steinbruch der Sprache ist mir natürlich vieles um die Ohren geflogen, ist mir manches durch den Kopf gegangen, ist einiges darin hängengeblieben, und wes der Kopf voll ist, des geht der Mund über –: Hörnwerma, dannwermansehn."[1]

Das sagte Robert Gernhardt am Anfang seiner Poetikvorlesungen.

Ich bin auch ungefähr so alt. Was Gernhardt über die Sprache sagt, gilt für die Schule, für das Lernen und Lehren allemal. Als Lehrer und Schulleiter weiß auch ich ein Liedchen davon zu singen. Und was werden wir sehen? Soll nach der Lektüre des Buches alles klar sein und anders werden? Na ja, schön wär's. Manchmal geht ja selbst von Illusionen eine große Kraft aus. Denn – so eine mögliche Übersetzung – Illusionen bringen ja etwas ins Spiel. Es gibt jedenfalls gute Gründe, dass vieles besser wird. Viel zu vielen Lehrkräften geht es nicht gut mit der Schule und viel zu vielen Schülerinnen und Schülern auch nicht. Aber warum sollte es so bleiben? Weil es immer so war?

Wollen wir uns nicht kleiner machen, als wir sind. Wir sind die Subjekte unserer Arbeit, zumindest sollten wir uns als Subjekte neu ermächtigen.

In meiner alten Schule, der Gebrüder-Humboldt-Schule, habe ich viel gelernt, so viel, dass ich mich ermutigt sehe, den Weg unserer Arbeit noch in anderer Form weiterzugehen.

Wenn ihr, liebe Schülerinnen und Schüler, das Buch lest, bedenkt die vielen Zeiten, die ihr mit Abwesenheit und Abwendung verbracht habt. Die mögen für euch auch schön gewesen sein, vielleicht schöner als der Unterricht. Ihr werdet euch jedoch auch erinnern, wie stark ihr

---

1 Robert Gernhardt, Was das Gedicht alles kann: Alles. Texte zur Poetik, Frankfurt 2012, S. 11.

euch in den Momenten großer Intensität gefühlt habt. Und wie ihr von diesen Momenten gezehrt habt. Diese Momente könnten – im Ernst – der Normalzustand sein. Und bitte, wendet euch nicht ab, wenn es um die Wege zur Selbstdisziplin geht. Sie ist nämlich eine Glücksbedingung.

Wenn ihr, liebe Kolleginnen und Kollegen, das Buch lest, werdet ihr euch über manche Stellen freuen, über manche aber auch ärgern. Ruft nicht zu schnell „Wolkenkuckucksheim!". Erinnert euch an die glücklichen Momente eurer Arbeit. Ich habe noch eure Gesichter vor Augen, denen man ansehen konnte, wenn die Arbeit mit den Lernenden gelungen war, Freude gemacht hat. Man konnte ihnen aber auch das Gegenteil ansehen. Die große Sympathie für euch ist mir nicht abhanden gekommen und ich finde, dass ich euch noch schuldig bin, meine Gedanken darzustellen, die helfen könnten, das Schul-Dasein erfolgreicher, intensiver, ja glücklicher zu machen. Ich habe viel von euch gelernt und weiß, dass im Moment des Unglücklichseins eine Kraft der Veränderung liegt, aber nicht im Moment der Gleichgültigkeit.

Und Sie, liebe Eltern, sind immer wieder über Ihren Schatten gesprungen. Sie wollen ja vor allem, dass Ihre eigenen Kinder „in der Schule gut sind". Damit allein ist aber der Blick auf Schule eingeengt. Mit diesem Hauptanliegen neigen nunmal Eltern dazu, konservativ zu sein. Sie blenden nicht selten die Qualitäten der Schule aus, auf die es ankommt, damit alle gut lernen können. Ich weiß aber, dass Sie mehr wollten. Sie wollten, dass die Schule gut sein sollte, dass Lernen gelingen sollte. Ich habe das gute Gefühl, dass Sie bei größeren Veränderungen mitspielen würden.

Sehr geehrte Anhänger der Schulfolklore aus aller Welt, auf Ihnen werde ich viel herumhacken, und das haben Sie sich verdient. Sie vertreten den Stammtisch der Pädagogik. Sie sind denkfaul und oft borniert. Um sich selbst nicht in den Blick zu kommen, haben Sie für alles Scheitern EINEN Grund: der faule oder dumme Schüler, der faule oder unfähige Lehrer, die anmaßenden oder gleichgültigen Eltern.

Wenn das alles nicht passt, bleibt Ihnen: So ist die Schule/So ist das Leben/So war es schon immer. Das ist eingebrannt ins Bewusstsein. Konstruktive Kritik ist Ihnen ein Gräuel. Visionen sind Ihnen ein Krankheitssymptom. Glück ist Ihnen ein Zufallsprodukt. Jede Veränderung ist Ihnen eine Zumutung, unnütz und schlimmstenfalls Missbrauch an Kindern. Den Status quo sprechen Sie heilig. Notfalls liefern Sie einen zuckersüßen Überguss über eine unbefriedigende Wirklichkeit. Man muss Ihre verdammt große Macht beschneiden, wenn wir das Lernen ernster nehmen wollen. Um kein Missverständnis aufkommen zu lassen, diesen Folkloristen bekämpfe ich in mir selbst.

Liebe Kulturschaffende, herzlichen Dank für die unentwegten Anstöße. Sie sind unzufrieden, fordern, haben immer wieder neue Ideen. Sie wollen der Welt und den Menschen helfen, manchmal provokativ. Wenn Sie es ernst meinen, warum fragen Sie uns Pädagogen nicht, was wir dazu beitragen können zu klären, ob in der Schule denn überhaupt das Richtige bzw. richtig gelernt wird, um große Ideen wirksam werden zu lassen? Sie müssen sich schon mit uns verständigen. Oder fürchten Sie, große Ideen würden im Praxistest der Pädagogik kontaminiert? Dieses Buch dient der Vermittlung von Idee und Praxis. Wir brauchen Sie. Sie brauchen aber auch uns.

Wir befinden uns immer noch in der Gefangenschaft einer unbefriedigenden Tradition. Das muss nicht so bleiben.

Was Robert Gernhardt zum Gedicht sagt, gilt genauso für die Schule:

> ALS ER GEFRAGT WURDE,
> WIE EIN GUTES GEDICHT
> BESCHAFFEN SEIN SOLLTE:
>
> Gut gefühlt
> Gut gefügt
> Gut gedacht
> Gut gemacht.[2]

---

2 Ibid., Rückseite des Buches.

Am Anfang steht das Gefühl. Es bereitet den Weg zu den Fakten und bringt sie zum Schwingen. Wenn es einen Vorgang gibt, der der Schwingung bedarf, dann das Lernen. Damit nehmen wir uns wichtig genug, wirksam zu handeln.

Einleitung: Licht und Schatten

Es ist wie verhext. Nichts wird so oft wiederholt wie: „Die Bildung ist elementar." „In einer Gesellschaft wie unserer kommt es auf die Bildung aller an." „Unsere soziale, ökonomische und ökologische Zukunft hängt davon ab, ob alle Bildungsressourcen ausgeschöpft werden." Aber nichts ist so gewiss wie: Es ändert sich im Prinzip nichts. Veränderungen lassen sich allenfalls quantitativ beschreiben. Es gibt keinen wirklichen Fortschritt. Es wird immer das Entscheidende verfehlt: die Art, wie Menschen lernen, die Art, wie sie sich immer wieder im Lernprozess neu gewinnen müssen. Was stellt man sich vor, wenn man von der Ausschöpfung von Bildungsressourcen spricht? Irgendwie scheinen große Apparaturen im Spiel zu sein. Und wo diese im Spiel sind, sind Entscheidungszentralen am Werk. Jedenfalls hat man großartige technische Vorgänge vor Augen. Wer es so angeht, wird scheitern. Die Drohung der „Bildungskatastrophe" von Georg Picht 1964[3] und wiederholt von Julian Nida-Rümelin 2015[4] nützt so viel und so wenig wie die Drohung mit der Klimakatastrophe. Alle ökonomischen Begründungen für mehr Bildung sind nicht schlecht, aber nicht zwingend überzeugend angesichts der Wirtschaftsdaten Deutschlands. Primär geht es um etwas anderes: um die Fähigkeit demokratischer Teilhabe, ohne die es soziale Verwahrlosung gibt, und um die Ermöglichung individuellen Glücks. Wer wollte das verbreitete psychische Elend leugnen? Neben den wachsenden sozialen und psychischen Problemen wird die Inklusion von behinderten Kindern und Flüchtlingskindern im Rahmen tradierten Unterrichts scheitern. Weder Schönreden noch moralischer Druck werden das verhindern. Allein zusätzliche finanzielle Mittel, selbst in erheblichem Umfang, werden daran nichts ändern.

---

3 Georg Picht, Die deutsche Bildungskatastrophe, Analyse und Dokumentation, Freiburg 1964

4 Julian Nida-Rümelin/Klaus Zierer, Auf dem Weg in eine neue deutsche Bildungskatastrophe, Freiburg 2015.

Ein Gewährsmann für bessere Bildung ist Ralf Dahrendorf, dessen Forderung von 1965 immer noch nicht erfüllt ist. Er spricht unaufgeregt vom „Bürgerrecht auf Bildung".[5]

> „Das Bürgerrecht auf Bildung ist zunächst ein soziales Grundrecht aller Bürger, das gleichsam den Fußboden absteckt, auf dem jeder Staatsbürger stehen darf und muß, um als solcher tätig zu werden."

Ich wiederhole: tätig zu werden. Zu diesem Bürgerrecht stellt er weiterhin fest:

> „Es darf keine systematische Bevorzugungen oder Benachteiligungen bestimmter Gruppen auf Grund leistungsfremder Merkmale wie Herkunft oder wirtschaftliche Lage geben."

Er wendet sich aber auch gegen die Verkürzung dieses Bürgerrechts auf formale Chancengleichheit und formuliert einen bis auf den heutigen Tag uneingelösten Anspruch:

> „Als materiale Chancengleichheit, genauer als Lösung der Menschen aus zugeschriebenen Bindungen und Befreiung zu eigener Entscheidung, ist das Prinzip der Bürgerrechte zugleich virulent und konkret."

Auch wenn ich nicht genau weiß, wie sich Dahrendorf „virulent und konkret" ausmalt, ich möchte es jedenfalls ausmalen.

Vor einigen Wochen habe ich in Hamburg eine Veranstaltung besucht, in der es um die Frage von Glück und Ausbeutung in der Arbeit ging. Sabine Donauer stellte ihr Buch „Faktor Freude" vor, mit dem Untertitel: „Wie die Wirtschaft Arbeitsgefühle erzeugt".[6] Freude ist eine Ausdrucksform des Glücks. Sie kann aber auch zu einem Faktor werden, der raffiniert Ausbeutung fördert. Sie kann wie eine emotionale Hülle wirken, in der sich auf moderne Weise Anpassung bis zur Selbstvergessenheit vollzieht. Freudvoll schlittern Menschen unter die Armutsgrenze und in die Altersarmut. Nun macht sich aber Freude nicht per se verdächtig. Es gibt einen Arbeitsbereich, in dem Freude zu einem unerlässlichen Faktor wird. Die Arbeit unterscheidet

---

5 Ralf Dahrendorf, Eine geplante Bildungsrevolution, in: DIE ZEIT, 12. November 1965.

6 Sabine Donauer, Faktor Freude. Wie die Wirtschaft Arbeitsgefühle erzeugt, Hamburg 2015.

sich von der Arbeit aller anderen Bereiche und zeichnet sich durch einen außerordentlichen Inhalt aus: das Lernen.

Über Jahrhunderte wurde diese Arbeit behandelt wie jede andere Arbeit nach der industriellen Revolution: systematische und disziplinierte Abläufe mit maximaler Triebunterdrückung, schematisierte Anforderungen, schematisierte Überprüfungen, kontrollierte Ergebnissicherungen. Es gab einen zentralen Punkt, von dem aus organisiert und bewertet wurde. Das gilt im Prinzip bis auf den heutigen Tag. Damit wird der Inhalt der Arbeit in der Schule systematisch verfehlt. Lernen im humanen Sinne funktioniert so nicht. Dass wir so lange damit leben, hat verschiedene Gründe: der Output entsprach lange Zeit den gesellschaftlichen Bedarfen, sowohl was die kognitive als auch was die psychische Ausrichtung anging; die Schulfolklore verbrämte diese Vorgänge in vielen lustigen und traurigen Geschichten; die Profis gingen wie selbstverständlich davon aus, dass man die Arbeit auf der Basis dieses Zentralismus allenfalls besser machen kann, aber nicht wesentlich anders.

Wenn Lernen Bildung sein soll, dann müssen wir uns radikal von diesem Muster traditionellen Lernens abwenden. Einige Schulen haben das bereits gemacht, viele Einzelkämpfer unter den Lehrkräften auch. Wenn Lernen Bildung sein soll, dann ist es Bewegung, die Bewegung des ganzen Selbst. Es ist die Bewegung an einen anderen Ort, zu mehr Licht. Aufklärung! Aufklärung nach innen und außen. In jedem erfolgreichen Lernakt bewegt sich das Selbst und ändert sich selbst. Die Bewegung aus den Höhlen der Schattenwelt dürfen wir uns ruhig konkret vorstellen, aber auch metaphorisch, als Bewegung aus den Befangenheiten des Selbst. Manchmal haben diese den Charakter von Gefangenschaften, dann nämlich, wenn die Unfähigkeit unüberwindlich scheint, sich selbst und die Welt so bewusst in den Blick zu nehmen, dass man beides auch anders denken könnte. Wir befinden uns dann im Schatten unseres Selbst und haben die Kraft verloren, dieses Selbst zu entwickeln, sozusagen über uns hinauszuwachsen. Wie oft haben wir den Satz gehört, der jegliche Hoffnung zunichte macht: Er ist nur noch ein Schatten seiner selbst.

Wirkliches Lernen ist ein Selbst-Lernen im doppelten Sinne. Es ist immer ein Selbst, das lernt, und ein Selbst, das im Lernen entsteht. Jedes Kind besitzt seine eigene Zentrale, die entscheidet, ob und was gelernt wird. Wir können sie als Lehrende anregen, also stärken, oder schrumpfen lassen, also schwächen. Das berührt die Frage der demokratischen oder obrigkeitsstaatlichen Haltung. Wie müssen Förderkonzepte aussehen, die das berücksichtigen?[7]

Ich muss einmal auf mich selbst zu sprechen kommen, um das zu verdeutlichen. Ich sehe einen Zwölfjährigen, ausgestattet mit einer ausreichenden Selbstdisziplin, der die Küstenformationen an Nord- und Ostsee kennenlernen soll. Er lebt aber im deutschen Mittelgebirge und hat diese Küstenlandschaften nie gesehen. Er hat auch nicht die Spur einer Sehnsucht nach dieser Fremde und Ferne. Er fühlt sich auch nicht wie Nils Holgersson auf den Rücken von Wildgänsen, um mit dieser Welt in Kontakt zu kommen. Dummerweise stehen da ein paar Seiten im Erdkundebuch und die müssen durchgegangen werden. Es gelingt diesem Zwölfjährigen nicht, dran zu bleiben. Er schweift immer wieder ab und hat die neuralgischen Verstehensschritte verpasst. Er möchte aber gut sein. Er wendet alle Energie auf, einmal eine Frage zu erhaschen, auf die er ohne sachliche Kenntnis richtig antworten kann. Er hat es nicht geschafft, sich auf die Kontinuität des Geschehens einzulassen. Als Lernsubjekt fühlte er sich in keiner Phase, in der er auch nur in Ansätzen den Rhythmus einer Lernbewegung bestimmt hätte.

Die Prozentzahl von Beispielen dieser Art ist eher groß. Beispiele dieser Art stehen nicht für Bewegungen ans Licht, sondern – zumeist unmerklich – für Bewegungen in eine Schattenexistenz. Im Lernen, reduziert auf das Streben nach einer guten Note, geschehen fatale Prägungen. Was ist, wenn die gute Note nicht in Aussicht steht? Wenn

---

7 Man kann diesen Aspekt gar nicht wichtig genug nehmen. In der Geschichte pädagogischer Alltagspraxis (und ich meine hier „Alltagspraxis") ist es noch nicht so lange her, dass wir uns an Kants Auffassung, dass ein humanes Gemeinwesen das souveräne Individuum voraussetzt, orientieren und nicht an Hobbes' absoluten Herrscher, den es geben muss, weil der Mensch des Menschen Wolf sei. Allzu lange waren wir in der pädagogischen Praxis nahe bei Hobbes.

man selbstbildend aus seinem eigenen Schatten treten will, dann müssen positive Emotionen ins Spiel kommen. Erst dann werden Lernakte zu kleinen Geburtsvorgängen.

Ich spreche noch einmal von mir selbst. Als Kind ging es mir vermutlich wie den meisten Kindern. Man musste mir nicht das positive Denken einreden. Ich wollte stets etwas gewinnen, aber auch retten, meine kleinen Welten, meine nächsten Menschen, meine Überzeugungen. Im Grunde ging es immer um den Sieg des Guten über das Böse. Alle realen oder fiktiven Unternehmungen waren dementsprechend emotional aufgeladen. Irgendwelche Visionen hatte ich immer, die mich antrieben. In meiner katholischen Dorfschule hatten wir fast jeden Tag Religion. Die Heldengeschichten von Jesus Christus habe ich aufgesogen. Als ich mit Scharlach im Bett lag, habe ich ein Buch über den Bekennermut eines Missionars gelesen. In dem Moment war dieser ein inspirierendes Vorbild. Schon vorher habe ich mit Hänsel und Gretel und vielen anderen Märchengestalten deren Leben in die Hand genommen und am Ende gewonnen. Die Bücher von Fritz Walter habe ich verschlungen. Ich las, dass er schon vor der Arbeit allein auf dem Fußballplatz trainiert hat. Nach der Lektüre habe ich meine Mutter gebeten, mich ganz früh zu wecken, um es schon vor der Schule Fritz Walter auf dem Sportplatz gleichzutun. Ich lernte Trompete zu spielen und hörte in mir den strahlenden, manchmal herzerweichenden Sound der Stars, an dem ich mich messen wollte. Als ich als Elfjähriger ein Jahr im Internat einer Klosterschule war, habe ich das Silentium am Nachmittag bei der individuellen Arbeit genossen. Ich habe einen Blick auf mich selbst bekommen und mich als Lernenden wahrgenommen. In diesem Blick habe ich mich selbst entdeckt und gut gefühlt. Im Alter von 14 bis 18 Jahren habe ich mich weitgehend aus dem Auge verloren. Etwas traurig denke ich an diese Jahre zurück.

Im Studium kam es zur Wiederentdeckung. Auch wenn es nun wissenschaftlich zuging, habe ich doch zugleich mit Schiller und Goethe die großen Selbstbefreiungsversuche der Epoche des Sturm und Drang miterlebt und mit Büchner die Menschen aus dem materiellen und psychischen Elend erretten wollen. In der kleinen Blume habe ich mit Adalbert Stifter das Lebensgefühl für den großen Zusammenhalt zu entdecken versucht. Und aus den Verwirrungen des jungen Törleß habe ich mit der humanistischen Vision einer besseren Schule und einer besseren Welt herausgefunden. Diese bessere Welt zu bauen war nicht nur literarische Fiktion, sondern immer auch eine politische Vision. Die Krisen begleiteten aber diese Hochzeiten stetig. Das kirchlich-religiöse Bett zerbrach. Dass ich nicht in die Fußstapfen von Fritz Walter getreten bin, lag natürlich nur an den frühen Knieverletzungen. Als meine spätere Frau mich fragte, ob Miles Davis und ich eigentlich das gleiche Instrument spielen, überkam mich eine heillosheilsame Ernüchterung. Das ändert nichts an der Tatsache, dass immer große Visionen, große Emotionen im Spiel waren, wenn ich über mich hinausgewachsen bin. Das Alter von 14 bis 18 Jahren war eine armselige Zeit, mit wenig Inspiration. In dieser Zeit habe ich verdammt wenig gelernt. Ich war im Schatten meiner selbst. Was mir gefehlt hat, wird in diesem Buch auch Thema sein.

Ich bin sicher, dass Sie Ihre Geschichte ähnlich erzählen könnten, wenngleich die emotionalen Kraftquellen vermutlich ganz andere sind. Aber Emotion wird immer eine Rolle gespielt haben. E-Motion ist die Kraft, die Bewegung ermöglicht. Jeder große Roman, der mehr ist als eine Übung im kreativen Schreiben, beruht auf starken Emotionen und Ergriffenheit. Selbst der rationale Immanuel Kant richtet dem Verstand ein emotionales Bett her. Er fordert dazu auf, den Mut zu haben, sich seines eigenen Verstandes zu bedienen. Ohne eine emotionale Kraft, den Mut, geht es auch bei ihm nicht.

Manche Kinder und Jugendliche meinen schon sehr früh zu wissen, was ihre spätere Arbeit sein wird. Sie sind in ihrer Gegenwart ergriffen von der Vision des Helfens, des Forschens, des Umgangs mit Technik, des sportlichen Erfolges usw. Das ändert sich in der Regel im Laufe der Entwicklung. Entscheidend ist, dass Visionen nicht in erster Linie trügerische Zukunftshoffnungen sind, sondern gegenwärtige Kraftspender. Dabei entstehen zwei Qualitäten, die für erfolgreiche

Lernbewegungen eine Schlüsselrolle einnehmen: Selbstdisziplin und der lange Atem.

Selbstdisziplin steht bei manchen im Ruf, Gewalt gegen sich selbst zu sein. In der deutschen Geschichte ist Disziplin zu Recht in Verruf geraten. Diszipliniert wurden die schlimmsten Barbareien begangen. Nun gibt es aber kaum einen Begriff, der nicht für überholt erklärt wurde, dem nicht irgendwann das Etikett „Illusion", „Denkfehler" oder „kontaminiert" angeheftet wurde. Das gilt für „Humanismus", „Freiheit", „Emanzipation", „Kritik" etc. Ich will auf diese Begriffe nicht verzichten und auch nicht auf „Selbstdisziplin". Selbstdisziplin entsteht nicht, indem ein anderer sie einfordert. Selbstdisziplin ist eine Kraft, die sich unter günstigen Bedingungen entwickelt. Sie muss in der Auseinandersetzung mit den Widerständen des Lebens gelernt werden. Sie ist die entscheidende Bedingung für menschliche Wirksamkeit, für Selbstwirksamkeit. Diese ist aber auf Produktivkräfte angewiesen, die im Lernprozess zur Geltung kommen müssen. Der lange Atem ist ein anderer Ausdruck für das, was Selbstdisziplin meint. Mit diesem Ausdruck schauen wir aber aus einer anderen Perspektive auf die Qualität, eine Sache konzentriert zu beginnen und zu Ende zu bringen. Während die Selbstdisziplin sich noch des Verdachtes erwehren muss, sehr normativ zu sein, steht der lange Atem für innere Ruhe und Kraft. Wenn ich meine Aufmerksamkeit auf meinen Atem lenke, wird er automatisch lang. Ich behaupte an dieser Stelle: Das gilt für Aufmerksamkeit immer.

Ich werde zunächst darstellen, warum wir nicht ohne Optimismus auskommen können und dass es trotz aller Widrigkeiten gute Gründe für Optimismus gibt. Dann schauen wir den Tatsachen ins Gesicht, die die Schule mit dem Effekt erzeugt, dass die Produktivkräfte des Lernens schwach bleiben. Schließlich werde ich die Produktivkräfte porträtieren, die dafür sorgen, dass Selbstdisziplin und langer Atem und damit Selbstwirksamkeit entstehen. Wer wissen möchte, wie ein Rahmen für erfolgreiche Lernprozesse konkret aussehen könnte, der sollte sich die Ausführungen zu „meiner Schule" nicht entgehen lassen.

Es geht um Schule, aber nicht nur. Schulen sollten heute (in der Demokratie) die Kathedralen der Gesellschaft sein. In Schulen entscheidet sich ganz wesentlich, ob Menschen eine glückliche Zukunft haben und die Gesellschaft eine dynamische demokratische Kraft entwickelt. Es soll allgemein vom Lernen die Rede sein, von dem es heißt, dass es lebenslang stattfindet. Damit geht diese Rede nicht nur von mir aus, sie ist auch an mich adressiert.

Ich möchte mit diesem Buch dazu ermutigen, die elementare Ebene in den Blick zu nehmen, auf der sich die Kräfte der Selbstwirksamkeit und des Selbstbewusstseins bilden. Ich bin sicher, dass Lehren viel leichter sein könnte, als es gegenwärtig der Fall ist. Es geht um mehr Leichtigkeit, um Lernen als subjektive Selbstanimation, um den notwendigen Schritt von der Didaktik zur Autodidaktik, um die Gewinnung von Selbstdisziplin als Glücksbedingung. Trotzdem ist es schwer, die Schulfolklore, die sich eher an den Kuriositäten der Schattenwelt ergötzt, zum Verstummen zu bringen. Pädagogische Theorie und Praxis der Vergangenheit haben durchaus viele Gewinne hervorgebracht. Sie konnten aber offenbar viele, ja zu viele pädagogische Vergeblichkeiten nicht verhindern. Diesen Vergeblichkeiten gehe ich nach. Wenn ich sie in den Blick nehme, entsteht ein Bild, das mehr verlangt, als an Stellschrauben zu drehen. Das Positive, theoretisch und praktisch, ist aber immer vorausgesetzt.

Ich bemühe mich um kritische Meditationen. Meditationen sind es deshalb, weil ich helfen möchte, sich von Mustern zu befreien, die handlungsunfähig machen. Meditationen sind Entleerungen, Befreiungsakte, Befreiung von Schulfolklore, falscher Professionalität und Angst. Es sind Unterbrechungen, kein bloßes Weitermachen. Kritisch sind sie, weil sie anknüpfen an der Aufklärung und damit an dem Wunsch, Einzelwohl und Gemeinwohl in Harmonie zu bringen. Wenn Sie mich fragen, welche der porträtierten Produktivkräfte am wichtigsten für einen erfolgreichen Lernprozess sind, kann ich das nicht beantworten. Ich kann nur sagen, welche der Produktivkräfte am stärksten vernachlässigt sind und besonderer Aufmerksamkeit bedürfen. Das sind die Produktivkräfte „Selbstwahrnehmung" und

„Gelassenheit, Muße und Meditation". Sie sind sträflich unterbelichtet in unserer Alltagspraxis. Aber erst in der Betrachtung aller Kräfte entsteht ein Bild, das Ansporn für eine bessere Schule sein kann.

Meine Essays haben den großen Wunsch, zur Reanimation des Menschen als Subjekt seines Lebens beizutragen. Ich gebe dabei Einblick in meinen eigenen Lernprozess und bemühe mich darum, eine Sprache zu finden, in der die schulische Wirklichkeit nicht gebannt und die Menschen nicht in die Enge getrieben werden. Ich möchte Grenzen durchlässig machen und eine Offenheit zum Ausdruck bringen, in der Menschen sich selbst fordern und damit sich selbst ernst nehmen können. Lehren und Lernen unterliegen in manchen Verlautbarungen noch immer einem kruden Naturalismus und Positivismus. Dabei sind sie kulturelle Höchstleistungen. Die folgenden Texte enthalten die Behauptung, dass Lernen, das man ernst nimmt, gar nicht anders kann, als das Ziel der Selbstwirksamkeit anzusteuern. Es geht um die (Wieder-)Entdeckung des Lernsubjekts. Dabei darf kein einzelner Schüler und keine einzelne Schülerin ausgenommen sein. Wer sich nicht als Lernsubjekt entdeckt, ist für den Bildungsprozess im humanen Sinne verloren. Er verharrt in seinem Schatten. Das sollte niemandem egal sein, vor allem keinem Pädagogen und keinem Politiker. In der Schattenexistenz liegt nicht nur der traurige Verlust individueller Möglichkeiten, sondern auch der Grund für Fanatismus. Er ist zu Hause in den Vorstädten vieler Metropolen, zeigt sich aber auch in der Obszönität eines Reichtums, der in ihrer Gier jede menschliche Regung fremd geworden ist. Das hat alles nichts mit der „materialen Chancengleichheit" zu tun, von der Dahrendorf gesprochen hat. Es gibt gute gesellschaftliche Gründe, sich auf elementare Produktivkräfte des Lernens zu besinnen.

I. Warum es sich lohnt, optimistisch zu sein

1. Erste Einstimmung auf pädagogischen Optimismus

Lernen als erfüllte Gegenwart

Wir sind in der Gegenwart gefangen. Wenn wir zurückschauen oder vorausschauen, sind das gegenwärtige Akte. Wenn wir Langeweile empfinden, tun wir das gegenwärtig. Wenn wir froh sind, dass die Zeit verstreicht, ist das ein gegenwärtiges Empfinden. Lernen ist ein besonderer Modus des Gegenwärtigseins. Glückendes Lernen ist ein Vorgang geistig-körperlicher Bewegung. Manchmal entstehen Geistesblitze. Mit ihnen widerfährt uns höchstes Glück und intensivste Gegenwärtigkeit. In der Regel sind diese Geistesblitze durch Lernbereitschaft vorbereitet.

Schule ist der Ort des Lernens. Wie kann es sein, dass er so häufig als Ort der Erstarrung wahrgenommen wird? Er müsste der Ort der Freiheit sein. Wieso wird es von so vielen als Befreiung empfunden, wenn man diesen Ort verlassen darf?

Es gibt kaum eine Tätigkeit, die so sehr auf ein Zukunftsversprechen ausgerichtet ist, wie das Lernen im traditionellen Verständnis. Die Belohnung in der Gegenwart liegt gemeinhin in einer guten Note. Wenn die Note aber nicht gut ist, womöglich sogar schlecht, kann das Zukunftsversprechen nicht ernsthaft aufrechterhalten werden.[8] Wenn das Glück des gegenwärtigen Lernens an das Glück der gegenwärtigen guten Note gekoppelt wird, wird Lernen für viele ein Desaster. Aus dem Vorgang des Lernens wird zumindest kein Optimismus gewonnen, der wiederum Bedingung für neues Lernen ist.[9] Wenn Lernende alltäglich den Grund erleben, warum sie später erfolglos sein

---

8 Die Frage, ob man auf Ziffernnoten verzichten soll, ist nicht unwichtig. Die Fixierung auf diese Frage führt aber nicht aus dem Problem heraus, dass Lernen im Bann von Bewertungen Zukunftsängste auslösen kann. Ein anderer Ansatz ist gefragt.

9 Viele Lehrende versuchen das Problem durch die Vergabe überwiegend guter Noten zu lösen. Das ist natürlich eine Scheinlösung.

werden, kann bei ihnen kaum mit konstruktiven Handlungen gerechnet werden. Wenn man aber sieht, wie trotz alledem „schlechte" Schülerinnen und Schüler Momente des Aufblühens erleben, wenn ihnen etwas gelingt, das dann auch bei Lehrenden auf eine positive Resonanz trifft, dann weiß man, was eigentlich möglich sein könnte. Es gibt also gute Gründe, in unserem Zusammenhang über Gegenwart zu sprechen und Lernen als gegenwärtiges Ereignis genauer in den Blick zu nehmen.

Wir sind in der Gegenwart gefangen. Und doch hat diese Gegenwart alles, was uns an Freiheit möglich ist. Was immer wir tun, wir tun es in unserer Gegenwart. Worauf immer wir uns konzentrieren, wir haben *alles* dabei, unsere Wünsche und unsere Ängste, unsere Neurosen und unsere Produktivkräfte. Sie sind immer in spezifischen Mischungen anwesend. Und sie entscheiden darüber, wie sehr wir uns konzentrieren können.

Lernen ist ein glücklicher Vorgang. Insofern ist „glückliches Lernen" eine Tautologie. Er ist glücklich, weil er ein produktiver Vorgang ist. Was sind aber die Produktivkräfte des Lernens? Wie kommt die Bewegung des Lernens zustande? Da Lernen konkret ist: Wie können wir lernen, uns zu konzentrieren? Wie muss der Haushalt unserer Affekte, denn diese sind immer im Spiel, gefügt sein, dass er die Kraft zur Konzentration bereitstellt?

Den Haushalt der Affekte – man könnte auch sagen, die Totalität der eigenen Gegenwart – verliert die Schule in ihrer Standardkonstruktion aus dem Auge und damit verhindert sie das, wofür sie da ist: Lernen. Die Schulfolklore hat sich daran gewöhnt, das nicht so ernst zu nehmen. Sie würde sich aber womöglich irritiert zeigen, wenn sie wüsste, dass noch anderes verfehlt wird: Glück, Würde, Autonomie, Selbstbewusstsein. Das alles sind keine absoluten, keine metaphysischen Kategorien. Das alles sind Sensationen der Gegenwart. Und Gegenwart ist immer sensationell. Selbst im Versandungsprozess des Lebens, in dem die Wahrnehmungen immer schwächer werden und der Lernvorgang allmählich erstirbt, gibt es keine Entlassung aus der Gegenwart. Aber eine Wiederaufnahme des Lernprozesses ist jederzeit möglich. Das könnte der tiefere Sinn des Satzes sein: Für eine glückliche Kindheit ist es nie zu spät.[10] Insofern ist mein Reden über die Schule immer ein Reden über das Leben. Wenn Lernen eine glückliche Art des Gegenwärtigseins ist, dann ist dieses Glück abhängig von der Anwesenheit der Selbstdisziplin. Sie entscheidet darüber, welche Sensationen die Gegenwart erfüllen.

Wie kann man Selbstdisziplin lernen? Ich meine nicht nachlernen, ich meine primär lernen, in Elternhaus und Schule. Kann man es lernen, aus seinem eigenen Schatten zu treten, Subjekt seines Lebens zu werden? Manche sprechen auch von der Autorschaft des eigenen Lebens. Ich frage also nach den Fähigkeiten, den Blick auf uns selbst zu richten, um so dieses Selbst zu stärken und zu entwickeln, und den Blick nach außen zu richten, um auf die äußere Welt einzuwirken, dort Spuren seines Selbst zu erzeugen und zu hinterlassen. Die Frage beantwortet sich nicht von selbst. Von Selbstwirksamkeit wird in der Pädagogik viel gesprochen, aber gleichzeitig wird allseits – auch in der Schule selbst – viel getan, dass es ein Trugbild bleibt. Ich möchte zeigen, wie Selbstdisziplin gelernt werden kann, ohne dass eine weitere Bildungstheorie entstehen muss. Es ist heute möglich. An manchen Orten ist es bereits gelungen.

Wie in den großen Ideen die Pädagogik übersehen wird

Man muss sich einmal die Mühe machen, die Bücher der letzten Zeit zu sichten, in denen sich gefragt wird, wer der Mensch sei, wie er sein solle, wie er sein Leben in die eigene Hand nehmen könne, wie die Welt zu verbessern sei und wie das eigene Leben glücklicher werden könne. Themen sind zum Beispiel „Selbstdenken", „Aufbrechen", „Gelassenheit", „Glück", „Muße", „Selbstveränderung", „Freiheit", „Gerechtigkeit", „Autonomie", „Kreativität", „Würde", „Entschleunigung". Sie richten sich an Erwachsene und verlangen im Grunde von diesen Erwachsenen ein Nachlernen. Die Kräfte, die mit diesen The-

10 Diese Aussage stammt von Gerald Hüther auf einer Veranstaltung der Körber-Stiftung in Hamburg.

men aufgerufen werden, sind in der Regel unterentwickelt. Die Themen sollen ins Licht führen. Aber sie werden so lange den Schattenwelten verhaftet bleiben, wie die Ideen keine praktische Wirksamkeit bekommen, wie sie nur eine Ahnung von besserem oder erfüllterem Leben erzeugen. Die Themen sind einfach nur interessant. Sie haben nichts Drängendes und brechen nichts praktisch auf, führen also nicht aus der Unmündigkeit heraus. Sie formulieren Sehnsuchtspunkte, ohne Praxis zu forcieren.

Nach meinem Eindruck waren Menschen in ihrem Subjektsein lange Zeit völlig unterbelichtet, in der Philosophie, in den Sozialwissenschaften und in ihrem Alltag. Und ich muss nicht besonders originell sein, um festzustellen, dass Kinder einem geheimen gesellschaftlichen Lehrplan folgen, einem inoffiziellen Masterplan. In diesem Masterplan gibt es die Leitziele Konsum und ökonomisch-affirmative Effizienz. Die Kräfte der Selbstverantwortung und der Selbststeuerung stehen auf dem Papier, werden in der alltäglichen Lernpraxis aber nur scheinbar aufgerufen. Sie werden jedenfalls nur unzureichend wirksam. Wenn etwas als schädlich erkannt wird, behalten doch sehr oft die egoistischen, gesellschaftlich blinden Triebkräfte die Vorherrschaft. Man kann bei McDonald's sitzend die zukunftsgefährdenden Trends der Agrarindustrie beklagen. Der geheime Masterplan hat eine maximale, aber undurchschaute Wirksamkeit. Es geht um das Funktionieren in dieser Gesellschaft, nicht um das Gestalten von Gesellschaft, nicht um die Entwicklung von Demokratie, nicht um die Sicherung von Zukunft und nicht um die Kultivierung von Lebenskunst. In der Schule wird dem Homo oeconomicus in die Hände gespielt.

Nun kommen aber die eingangs genannten neuen Themen ins Spiel. Man erinnert sich daran, dass Leben mehr ist als das, was man dem Homo oeconomicus zuschreibt.

Erstaunlicherweise gibt es nur wenige Bücher, die sich der Frage annehmen, wie man denn die Qualitäten primär erlernt, mit denen die Welt und das individuelle Leben verbessert werden können. Wo ist die Auseinandersetzung darüber, wie Menschen/Kinder lernen, in ihrem Lernprozess einen Bezug zu sich selbst zu bekommen, der ihnen ermöglicht, aktiv zu werden, einzugreifen, ihr Leben in die eigenen Hände zu nehmen, innere Ruhe zu finden? Man tut so, als würde der Nachvollzug eines noch so intelligenten Gedankenganges reichen, um praktische Konsequenzen zu ziehen. Das ist aber nicht so. Es war für mich immer erstaunlich, dass der fehlende Link nicht bemerkt wird, der Link zwischen großer Kultur und den Ansprüchen der Intellektuellen einerseits und der pädagogischen Praxis andererseits.[11] Es erscheint manchmal so, als gäbe es ideale Menschen, die gleichsam direkt vom Himmel gefallen sind. Wir sind aber empirische Kinder der Evolution aus Fleisch und Blut mit einer je individuellen Bildungsgeschichte. Wenn in Büchern nun Mängel in der Welt festgestellt werden und Mängel im Verhalten und in der Befindlichkeit der konkreten Menschen, dann fragt man sich, wer die Impulse für eine Veränderung aufnehmen soll. Ist in der Schule gelernt worden, sich immer wieder neu zu denken und neu zu handeln? Das bezweifle ich ganz entschieden. Die Lernenden haben in ihrer Zeit, in der sie professionell gelernt haben, nicht das Entscheidende gelernt. Die Selbstwahrnehmung der Lehrenden unterliegt – und hier mache ich mich gewiss unbeliebt – einer Selbsttäuschung. Der Philosoph Wilhelm Schmid appelliert in einem Titel an die Welt der Erwachsenen: „Dem Leben Sinn geben"[12]. Aber was muss Schule beachten, damit ein Leben Erfüllung findet? Annemarie Pieper schreibt über die vielen Formen und Aspekte des Glücks, aber die Frage nach dem Glück im Lernvorgang kommt bei ihr nicht vor.[13]

Schulen sind so organisiert, dass wir leicht vergessen, worauf es eigentlich ankommt. Schulisches Lernen haben wir in sehr kleine Päckchen geschnürt. Das ist zwar nicht unbedingt falsch, aber was es heißt, Leben zu lernen, verlieren wir aus dem Auge und damit die entscheidende Lernmotivation. Ein Reden über Toleranz zum Beispiel

---

11 Es ist Reinhard Kahl, dem Filmemacher und wachsamen Beobachter gelingenden Lernens, zu verdanken, dass zwischen den Kulturwelten Brücken entstehen.

12 Wilhelm Schmid, Dem Leben Sinn geben, Berlin 2013.

13 Annemarie Pieper, Glückssache. Die Kunst, gut zu leben, Hamburg 2001.

ist nichts wert, wenn man Toleranz nicht lernt, wenn man nicht als Kind schon Toleranz als Lebensmodus erfährt und sich bewusst macht. Ein Reden über Glück ist nichts wert, wenn man Glück nicht lernt, es nicht als Möglichkeit schon als Kind zu realisieren versucht. Dafür ist das Leben in der Regel zu widersprüchlich und schmerzhaft, als dass es sich dabei um Selbstgänger handelte. Also: Toleranz und Glück kann man, ja muss man lernen. Wie soll das aber gelingen? Darauf müssen Lehrende, ob in der Schule oder zu Hause als Eltern, eine Antwort geben. In den kleinen Päckchen der Schule finden sich in der Regel diese Antworten nicht. Der Fachunterricht ist allzu häufig dort angesiedelt, wo ein Mensch zum Belehrten, aber nicht zum Lernenden wird. Den autodidaktischen Impuls, lebenslang zu lernen, bekommt er dort nur selten. Um es schon an dieser Stelle zu sagen: Die Totalfixierung der Schulen auf Fächer, also die Präsentation des Weltwissens in Fächerform, führt zu einem unendlichen Mangel an Selbstwahrnehmung und Selbsterkenntnis. Dabei steht diese Selbsterkenntnis an der Wiege unseres aufgeklärten Denkens. Weil dieser Pol in der Persönlichkeitsentwicklung zu kurz kommt, ist auch der Zugriff auf die Welt gehandicapt.

Ein kleiner Sidestep und ein neues Blickfeld

Noch etwas anderes kann man in den Diskussionen der letzten Jahre bemerken. Von Kindern und Jugendlichen wird gesagt, sie seien in einem beklagenswerten Zustand. Sie seien ohne Disziplin, ohne Konzentration, ohne Werte, antriebsschwach, übergewichtig. Das sagen die Vertreter jener Welt, die alles dafür getan haben, dass die Einflüsse systematischer medialer Verdummung auf Kinder und Jugendliche größer und größer wurden, dass die Fähigkeit, verzichten zu können, für jedes kommerzielle Interesse geopfert wurde, dass Besinnung und Muße als konsumfreie Zeit nicht erwünscht sind, dass Eltern sehr häufig weder ausreichend Zeit noch Energie für intensive Zuwendung haben. Das alles wird verstanden als Privatangelegenheit. Gibt es ein öffentliches, ein politisches Interesse an Zielen wie Toleranz, Engagement, Nachdenklichkeit, Gelassenheit (als Produktivkraft gegen Fanatismus), individuellem Glück, Selbstwirksamkeit? Ich kann es nur hoffen. Auf diese Ziele kommt es nämlich eigentlich an. Alles haben zu wollen und zu einem großen Teil auch haben zu können, tut nicht gut. Es führt zu einem Verlust an Lebensqualität und auch an Demokratiefähigkeit. Ich setze Qualitäten dagegen, die aber eine andere Schule verlangen: Engagement, Selbstwahrnehmung, praktische Intelligenz, Klima der Freundlichkeit, Gelassenheit, Muße und Meditation, selbstbewusste Bewegung. Wie eine neue Sicht auf diese Qualitäten Schule positiv verändern muss, ist Thema der folgenden Essays. Auch wenn es sich plakativ anhört, bleibt festzustellen, dass Kinder sich in unserer Gesellschaft allzu sehr angewöhnt haben, Glück und Intensität in Konsum, Drogen und medialer Selbststeigerung zu suchen. Man kann es ihnen nur schwer verübeln, wenn wir es ihnen vormachen und ihnen nicht – nicht einmal in der Schule – andere Lebensmöglichkeiten bieten. Die üblichen Arrangements geben diese anderen Möglichkeiten nicht her. Sie sind vielmehr so, dass man meint, Schule müsse in erster Linie die Klugen von den Dummen unterscheiden und voneinander scheiden. Es ist schon von vielen gesagt, und ich sage es noch einmal: Wir denken Pädagogik nicht radikal genug und deswegen leiden viele einzelne Menschen und die Gesellschaft insgesamt. Wie müssen Lernorte sein, damit die genannten positiven Lernziele erreicht werden?

Die Schule der Zukunft wird ambitioniert sein oder sie wird ein Ort des Elends sein. In letzterem Fall werden sich kaum noch Lehrkräfte finden. Kultur wird in erster Linie eine Kultur der Vermeidung sein. Sozialkompetenzen werden in überforderten Familien nicht mehr gewonnen. Wenn Schule die Funktion haben soll, konstruktiv in gesellschaftliches Leben einzuführen – und eine andere Institution ist nicht in Sicht –, dann muss sie Bindungskräfte entfalten, die nicht durch Fachunterricht und Fachkompetenz allein entfaltet werden können. Wenn Schule nicht bindet und positive Leidenschaften ermöglicht, werden sich Kinder von der Gesellschaft entfernen und scheitern.

Eine konstruktiv-kritische Haltung bildet sich nur, wenn ein ideeller Rahmen fasziniert.

Es gibt noch einen weiteren Grund für dieses Buch. Vermutlich ist kein nachgeburtlicher Vorgang komplexer als der des Lernens. Komplexität muss immer vereinfacht oder reduziert werden, damit sie im Alltag erträglich wird. Aber sie darf nicht so reduziert werden, dass sie verfälscht wird. Man muss Komplexität aushalten, selbst wenn man sie reduzieren will. Ich habe großen Zweifel, dass die Komplexität des Lernens in der Schule richtig reduziert wird. Die komplexe Struktur wird vielmehr in eine lineare übersetzt und damit nicht vereinfacht, sondern verfälscht. Es werden irreführende Kausalitäten unterstellt. Es werden falsche Konstruktionen von Input und Output erzeugt. Selbst im Begriff des Curriculums wird letztlich eine Linearität gedacht. Auch wenn dieses Denken zunehmend in eine Krise gerät, bleibt die Schule in ihren Standards doch im Bann dieser Linearität. Es gibt Schulen, die mutig andere Wege gehen. Die Regel ist aber, dass das Empfinden dessen, was für normal gehalten wird, eine große Macht besitzt. Ich werde versuchen, in meiner Darstellung von Produktivkräften des Lernens aus dem Bann der Normativität des Lehrens herauszukommen und eine Vereinfachung der Komplexität vorzunehmen, ohne sie zu verfälschen. Julian Nida-Rümelin verdeutlicht das Problem aus einem anderen Blickwinkel: „Die Persönlichkeit ist aber eine Einheit, ein komplexe Einheit, die wir nur oberflächlich durchschauen, da darf man sich nichts vormachen." Etwas später heißt es: Die humane Bildung „bietet Optionen zur Entwicklung der eigenen Persönlichkeit an und richtet nicht ab, sie achtet vor allem darauf, dass Vielfalt gegeben ist und Kinder und Jugendliche sich nicht nur noch als Lernmaschinen wahrnehmen, die mehr oder weniger erfolgreich sind, je nachdem, welchen Test sie wie gut bestehen. Humanitäts- und Bildungsverlust bilden auf diese Weise eine Einheit."[14]

---

[14] Nida-Rümelin/Zierer, Bildungskatastrophe, S. 106 f.

Lernen oder Fanatismus

Ein Gespenst geht um in der Welt, das Gespenst des Fanatismus. Es nimmt verschiedene Gestalten an: Wir sehen die Islamisten und die Neonazis als die Extremformen. Wir können in Europa beobachten, wie in den Banlieues, aber nicht nur dort, junge Leute, in ihrer Gesellschaft und in ihrer Biografie perspektivlos geworden, sich mit der Herrschaft eines islamischen Staates identifizieren, die auf Angst und Schrecken beruht. Sie finden es faszinierend, geschützt durch die Behauptung einer göttlichen Wahrheit, sich gegen ihre Feinde zu bewaffnen. Wir können beobachten, wie Neonazis Angst und Schrecken verbreiten und über ein Jahrzehnt mit dubioser Begleitung des Verfassungsschutzes Bürger unseres Landes erschießen, weil sie einmal aus einem anderen Land gekommen sind. Wir sehen auch, dass es eine Neigung gibt, bei verbrecherischen Übergriffen zuzuschauen und gar zu applaudieren, wie wir es schon aus den Anfängen der nationalsozialistischen Herrschaft kennen. Es gibt also aktuelle politische Gründe, sich erneut mit dem Lernen auseinanderzusetzen. Werfen wir einen kurzen Blick auf die Profile fanatischer junger Leute. Man kann viele von ihnen nicht einfach für dumm erklären. Sie sind nicht selten wortmächtig, haben nicht selten ein mindestens durchschnittliches Wissen. Aber sie sortieren die Welt nach Maßgabe eines starren Standpunktes und sind unfähig, sich selbst zu entwickeln. Manche von ihnen machen sich gar auf, in Europa Regierungsfunktionen zu übernehmen.

Wir müssen tatsächlich neu über das Lernen nachdenken. Wir stoßen immer wieder auf ein Ärgernis und auf eine Illusion. Es ist ein Ärgernis, dass in jeder Gesellschaftsanalyse wohlfeil die Stärkung des Bildungswesens gefordert wird, um Jugendliche vor der Hoffnungslosigkeit zu bewahren. Es passiert aber in der Hinsicht praktisch viel zu wenig. Es ist eine Illusion zu glauben, dass die Ausdehnung der Unterrichtszeit per se zum Erwerb der Mündigkeit führt. Im traditionellen Verständnis vom Lernen passen Lernen und Fanatismus sehr wohl zusammen. Lernen wird als Anhäufung von Wissen verstanden. Andere Kompetenzen, die mit Mündigkeit und Würde zu tun haben, werden trotz allen Bemühens in der Praxis nur unzureichend kultiviert. Ich versuche, in meinem Konzept der Produktivkräfte des Lernens diese Verknüpfung von Lernen und Fanatismus unmöglich zu machen. Ich möchte Lernen anders dimensionieren. Wenn die normative Seite schon nicht verschwinden kann, muss die produktive Seite als Gegenpol gestärkt werden. „Lernen ist die Vorfreude auf sich selbst."[15] Und insofern ist es immer individuell. Darin liegt eine positive Lebensintensität und die Erfahrung von Glück. Fanatiker verharren lautstark im Schatten ihrer selbst. In der Verengung des Fanatismus suchen die Fanatiker die Lebensintensität, die sie in einer produktiven Auseinandersetzung mit sich selbst und der Welt nicht finden. Wir sind dazu verdammt, Lernen neu zu bestimmen.

---

15 Dieser Satz wird viel zitiert. Er geht meines Wissens auf Peter Sloterdijk zurück.

2. Zweite Einstimmung auf pädagogischen Optimismus

Krisensymptome und praktische Hilflosigkeit

Gibt es ernsthaft Gründe, optimistisch zu sein, wenn man sich folgende Befunde vor Augen führt?

- Es gibt eine unglaubliche Zahl von Nichtlernern und Geringstlernern.
- Es gibt eine unglaubliche Zahl von funktionalen Analphabeten, die die Schule verlassen.
- Damit gibt es eine große Zahl von jungen Leuten, denen jede Lebensperspektive fehlt.
- Die beruflichen Anschlussmöglichkeiten von Hauptschulabgängern sind sehr schlecht.
- Die Zahl wirklicher Spitzenleistungen ist eher gering.
- Die Abhängigkeit des Schulerfolges von der sozialen Herkunft ist eklatant.
- Die Hilflosigkeit gegenüber den mitgebrachten Störungssymptomen der Kinder (z.B. ADHS, LRS, Dyskalkulie, selektiver Mutismus, Übergewicht, Untergewicht, Fehlen jeglicher positiver Selbstwirksamkeitserfahrungen) ist bedrückend.
- Die wachsende Zahl der Lernenden, die unter psychischen Problemen leiden, ist alarmierend. Schon im 4. Jahrgang vor dem Übergang in die weiterführende Schule leiden Kinder unter erhöhten krankhaften Stresswerten.
- Die von Lehrkräften subjektiv erfahrene Vergeblichkeit alltäglichen Tuns findet viele Ausdrucksformen.
- Die Reflexion dieser empfundenen Vergeblichkeit ist sehr ausdrucksarm.
- Die Burnout-Quote unter Lehrenden ist außergewöhnlich hoch.
- Der Ablehnungsgrad von Schule durch die Lernenden ist erschütternd.

- Die Unfähigkeit zur Disziplin ist in vielen Schulen erdrückend.
- Das Unglück, das viele Teilhaber des Systems empfinden, wird als Alltagsnormalität weitgehend verdrängt.
- Die Zustände in den Toiletten aller Schularten sind ekelerregend.
- Das Unbehagen und Ungenügen, das Schulverwaltungen empfinden, wird darin sichtbar, dass man bei der irritierenden Suche nach Benennungen von Schulen der Sekundarstufe I die Übersicht verloren hat (Hauptschule, Realschule, Gymnasium, Gesamtschule, Gemeinschaftsschule, Sekundarschule, Stadtteilschule ...).

Schauen wir auf die Kompetenzen, die die Menschen in die Nachschulzeit mitnehmen:

Die Ergebnisse der Wissenstests unter Erwachsenen werfen die Frage auf, wie viel Täuschung und Selbsttäuschung zur schulischen Praxis gehören, wenn so wenig nachhaltig gelernt wird. Die psychische Kraft, den Anforderungen des Lebens gewachsen zu sein, reicht bei einem großen Teil der Menschen nicht aus. Jeder vierte Deutsche leidet innerhalb eines Jahres an depressiven Symptomen. Die Sozialkompetenz eines großen Teils der Menschen ist derart unterentwickelt, dass dieser Teil sich angesichts der Not von Flüchtlingen in einer Welle des Hasses und der Gewalt treiben lässt. Soll das nun gar nichts damit zu tun haben, wie und was in der Schule gelernt wird? Jedenfalls waren diese Lernprozesse nicht geeignet, diese Symptome zu verhindern.

Bleiben wir bei dem schulischen Geschehen. Welches Lebensgefühl verbindet sich mit den oben genannten Phänomenen? Wie viel Zeit verbringen Kinder in der Schule mit welch beklagenswert geringen Lerneffekten? Wie stehen die Lernenden in der Welt, die sie sich ja eigentlich aneignen wollen? Wie stehen Lehrende und Eltern da, wenn sie merken, dass die Kinder als Lernende kraftlos sind, häufig unglücklich? Die kognitiven Gewinne und die Persönlichkeitsgewinne könnten nun wirklich größer sein, in vielen Fällen muss man gar von Verlusten sprechen. Die demoralisierend selektiven Effekte sind viel zu groß, die Emanzipationseffekte viel zu gering. Wer sagt, wir hätten ein funktionierendes Bildungssystem im Sinne humaner Bildung, ist entweder allzu anspruchslos oder ignorant.

Das Bündel an Problemen, die im deutschen Schulsystem auftreten, enthält ein Element, das so oft wiederholt wird, dass man sich daran gewöhnt hat: die systematische Benachteiligung der Schwachen. Selbst an die Bewertungen „Pädagogischer Skandal!" und „Sozialpolitisches Pulverfass!" hat man sich gewöhnt. Es ändert sich so gut wie nichts, allenfalls kosmetisch. Und es wird sich auch nichts ändern, wenn man sich in vergangene Welten zurückwünscht (da war es ja prinzipiell nicht anders) oder wenn man unentwegt einfach nur die Sekundarstufe I (5.-10. Jahrgang) umbenennt. Nein, wir müssen ein anderes Lernen in die Schule bringen. Es müssen Gründe geschaffen werden, dass Kinder sich in der Schule heimisch fühlen können. Seien Sie unbesorgt: Ich werde dem nicht eine neue nutzlose Aufregung entgegensetzen, sondern – möglichst gelassen – Alternativen.

Nur in scheinbarem Widerspruch dazu steht, dass immer mehr Schülerinnen und Schüler Abitur machen. Das mögen Vertreter eines trivialen Verständnisses von Elite nicht, das bringt viele sogar zur Weißglut. Sie zweifeln an der Wirksamkeit der Selektionsmechanismen. Die halbherzigen Reformierungen der Schule im Sinne einer Humanisierung von Bildung in den letzten Jahrzehnten haben aber in der Tat auch zu Zerreißproben geführt. Das Lehrerverhalten hat sich seit den 70er-Jahren humanisiert. Lehrende gestatten sich nicht mehr ohne Weiteres, Lernende kühl kalkuliert auszuschließen. Lernende sind nicht mehr einfach bewertbares Menschenmaterial. Mag verurteilen, wer das verurteilen will. Der hohe Abschluss wird allerdings zu einem Wert an sich. Die positiv zugewandte Haltung von Lehrenden führt dazu, dass man gelegentlich Augen zudrückt, also Lernversagen nicht sehen will und sich daran beteiligt, dass Lernen zu einem Simulationsgeschehen wird. Die Reformen der letzten Jahrzehnte waren nicht der Weisheit letzter Schluss. Sie führten in neue Problemspiralen. Wir springen zu kurz im Bemühen, eine humane Bildung zu etablieren.

Die heutige Schule erinnert an eine Person, die sich in Psychotherapie befindet. Sie sitzt im Therapieraum und weiß, dass etwas nicht stimmt. Das Leben fühlt sich schlecht an. Von Glück jedenfalls kann keine Rede sein. Darüber zu sprechen fällt ihr schwer. Sie rettet sich allenfalls in ein Plappern, gelegentlich durchaus elaboriert, um das Gefühl der Gelähmtheit, das sie hergeführt hat, zu überspielen. Die Worte, die den Schmerz berühren, will sie nicht aussprechen, dafür redet sie gern im Klageton, der ihr in allen Tonlagen so vertraut ist. Sie wird vielleicht beruhigt aus der Therapie entlassen, entschlossen, das Leben zu ändern. Sie stellt Dinge um, will sich für vernachlässigte Dinge Zeit nehmen, stellt aber fest, dass Zeit und Energie fehlen. Das System ihres Alltags schnappt immer wieder totalitär zu. Sie hat vieles umbenannt, aber nicht wirklich verändert. Es fehlt ihr die Kraft, wahrscheinlich auch der Mut. Die Krisensymptome sind nicht zu übersehen. Man muss von einer starken Depression sprechen. Die Psychotherapie muss wieder aufgenommen werden. Therapie wird zu einem rituellen Vorgang.

Wer mir die traurige Diagnose nicht glauben mag, lässt sich vielleicht von der amerikanischen Philosophin Martha C. Nussbaum irritieren, die in ihrem Buch ausführlich erläutert, warum Demokratie Bildung braucht:

> „Wir befinden uns mitten in einer schweren Krise von großer globaler Bedeutung. Nein, ich meine nicht die Wirtschaftskrise, die 2008 einsetzte. […] Nein, ich meine eine Krise, die bislang weitgehend unbemerkt bleibt, so wie ein Krebsgeschwür; eine Krise, die aber für die Zukunft einer demokratischen Selbstregierung langfristig wohl schädlicher ist: eine weltweite Krise der Bildungsarbeit."[16]

Sie wählt auch ein Krankheitsbild, um das Dramatische der Situation zu erfassen. Dummerweise gibt der Zustand nur wenigen Rätsel auf. Er gilt als mittelmäßig normal, könnte besser sein, mehr aber auch

---

[16] Martha C. Nussbaum, Nicht für den Profit. Warum Demokratie Bildung braucht, Überlingen 2012, S. 15.

nicht. Kleine Verbesserungen nach Pisa lösen schon Begeisterung aus. Es gibt Entwarnungen, nicht weil die oben beschriebenen Probleme geringer würden, sondern weil man im internationalen Maßstab Plätze gutgemacht hat. Wie viel Lernzeit wird verschwendet. Jeder sollte es einmal für sich selbst rekapitulieren, wie viel Lernzeit in den 9 bis 13 Schuljahren, in den 1.800 bis 2.600 Schultagen (ohne Hausaufgaben und unter Absehung des Milliardengeschäfts „Nachhilfeunterricht") verschwendet wurden. Was ist davon zu halten, dass nach einer Studie die Hirnaktivität der Kinder in der Freizeit am Nachmittag größer sein soll als während der Unterrichtszeit? Woher sollte man nach aller empirischen Evidenz der Probleme die Motivation für Verbesserung nehmen? Warum sollte man vor diesem Hintergrund mit dem Klagen aufhören und optimistischem Handeln beginnen?

Leben-Lernen und Selbstoptimierung

Immer wieder denken wir über unser Leben nach, zumindest über unsere Lebensführung. Das tun wir als Privatpersonen, als Philosophen, als Psychologen, als Liebende und als Leidende. Die einen ermutigen zu mehr Gelassenheit und Achtsamkeit, die anderen zu mehr Intensität und Leidenschaft. Es liegt immer die Sehnsucht nach einem besseren Leben, nach mehr Glück zugrunde. In dem Bereich, in dem wir ins selbstständige Leben hineinwachsen, in dem wir – wie es in jedem Lateinbuch steht – auf das Leben vorbereiten, also in der Schule, tun wir es in der Regel merkwürdig verhalten, irgendwie professionell verengt, ohne große Ambition, hauptsächlich didaktisch oder methodisch. So, als wäre über das Leben-Lernen alles gesagt, blicken wir fast ausschließlich auf Lernausschnitte oder auf Separatfelder und verfehlen elementare Bedingungen für das Leben-Lernen: Begeisterung, Geistesgegenwart, den langen Atem, die Offenheit für besondere Lernereignisse (Geistesblitze). Die Tugenden, die wir seit der Antike anstreben, Urteilskraft, Entscheidungsstärke, Besonnenheit, Gerechtigkeit und – aus einem anderen Kulturkreis kommend und fast ein Modewort geworden – Achtsamkeit, spielen eine eher beiläufige Rolle. Den Mangel an diesen Lebensqualitäten und -intensitäten stellen wir zwar fest und beklagen ihn. Die Frage aber, ob wir ihn in der Schule und im Elternhaus womöglich systematisch erzeugen, stellen wir nicht. Kinder sind existentiell auf die Frage „Wie leben?“ bezogen. Für Kinder gilt ganz besonders, was Ernst Tugendhat über „die Menschen“ sagt:

> „Die Menschen gehen einerseits in ihren jeweiligen Tätigkeiten und Einzelsorgen auf, andererseits beunruhigt sie die Frage, was sie im ganzen wollen, worauf es ihnen im Leben ankommt.“[17]

Die schlechte Tradition wirkt unerbittlich. Die negativen Kräfte dieser Tradition umgarnen selbst die Wohlmeinenden und Kritischen. Das beschreibt sehr schön Francois Jullien in seinem Buch „Leben“:

> „Aber das Leben erschöpft sich nicht nur; das Leben versandet. Es versandet in einem Zimmer, zwischen Wänden, in Gesten und sogar in Freundschaften, aufgesogen weniger von Gewohnheit als von Normalität. Man nimmt nicht mehr wahr, dass man lebt, oder das LEBEN hält Abstand von uns, weil man es nicht aus dem heimlichen Vergrabensein in all dem lösen kann, was sich rundherum wie eine unmerkliche Sandschicht anhäuft, eine unsichtbare, in der sich unsere Tätigkeiten, ohne dass man es fühlt, verlaufen und zurückziehen; aus der man nicht mehr ausbrechen kann, um von Neuem zu begegnen, von Neuem auf etwas zuzugehen und sich zu erheben – was man ‚frischen Schwung‘ oder ‚Aufgewecktheit‘ nennt.“[18]

Jullien hat in diesem Zitat über das scheiternde Leben geschrieben. Warum kann man in diesen Ausführungen so leicht das Wort Leben durch das Wort Schule ersetzen? Einfach deswegen, weil die Schule auf das Leben vorbereiten will. Und wenn man auf etwas vorbereiten will, dann muss man auch wissen, was es damit auf sich hat, ja noch mehr, dann muss Schule auch der Ort sein, in dem Leben auf besondere Weise stattfindet. In Wahrheit trägt Schule entscheidend zu dem von Jullien beklagten Prozess bei. Wir müssen diesen Prozess der schleichenden Versandung des Lebens, auf die Schule bezogen, durchschauen. Eine starke Schule ist ein Ort, an dem es blitzt und starke Emotionen gibt. Erst dann ist der lange Atem inspirierend und nicht einschläfernd.

---

17 Ernst Tugendhat, Egozentrik und Mystik. Eine anthropologische Studie, München 2003, S. 97.
18 Francois Jullien, Philosophie des Lebens, Wien 2012, S. 15.

Es gibt Gründe für Optimismus. Ich werde Sie am Ende zu einem Gedankenexperiment einladen, nach dem Optimismus bildungspolitisch begründbar ist und nicht nur in der Schublade der Utopie gesucht werden muss. Optimismus hat mit Optimierung zu tun. Und weil es um das individuelle Lernen geht, kann man von Selbstoptimierung sprechen. Nun erregt dieses Wort als vermeintlicher Kampfbegriff des Neoliberalismus mit seinen negativen psychosozialen Effekten großes Ärgernis. Diesen Begriff gilt es zu retten gegen neoliberale Vereinnahmungen. Ich bin mir der Gefahr bewusst, dass unter Optimierung die optimale Anpassung an Systemanforderungen jeglicher Art verstanden werden kann, die selbst nicht mehr dem eigenen Urteil unterliegen[19]. Diese Gefahr werde ich mitdenken und schon jetzt die exzellente Beschreibung des Philosophen Byung-Chul Han als Schutzschild einführen.

> „Im neoliberalen Regime findet die Ausbeutung nicht mehr als Entfremdung und Selbst-Entwirklichung, sondern als Freiheit und Selbst-Verwirklichung statt. Ich beute mich selbst in dem Glauben aus, dass ich mich verwirkliche. So ist auch das erste Stadium der Burn-out-Euphorie. Euphorisch stürze ich mich in die Arbeit. Am Ende breche ich zusammen. Ich verwirkliche mich zu Tode. Die neoliberale Herrschaft versteckt sich hinter der illusorischen Freiheit. Ja, sie gibt sich als Freiheit. Die Herrschaft vollendet sich in dem Moment, in dem sie mit der Freiheit zusammenfällt. Diese gefühlte Freiheit ist insofern verhängnisvoll, als sie keinen Widerspruch, ja keine Revolution möglich macht."

Es muss klar sein, dass eine pädagogische Revolution (mit all ihren „Selbst"-Konstruktionen wie Selbst-Regulierung, Selbst-Kompetenz, Selbst-Steuerung, Selbst-Verantwortung, Selbst-Bewusstsein, Selbst-Ironie, Selbst-Disziplin) kein neoliberales Bedürfnis befriedigt, sondern eine Lebensform begründet,

> „die Verbindliches und Verbindendes hervorzubringen vermag, ohne dass es eine Form von Gewalt und Ausschluss annimmt, eine Lebensform, in der auch

---

19 Ausführlich setzt sich damit Andreas Reckwitz in seinem Buch auseinander (Die Erfindung der Kreativität. Zum Prozess der gesellschaftlichen Ästhetisierung, Berlin 2012). Aber es klingen bei ihm auch die Möglichkeiten an, wie man den Fallen subtiler Anpassungen entgehen kann. Meine weiteren Ausführungen profitieren von diesen Überlegungen.

der Spiritualität jenseits der Esoterik als Therapieform, die nur systemverursachte Schäden repariert, Raum gegeben wird, eine Lebensform, in der eine wirkliches Geben, ein wirkliches Teilen jenseits des sharing möglich wird."[20]

Wer Selbstoptimierung nicht möchte, führt etwas im Schilde. Ich erinnere mich an den Anfang meiner Schulleitertätigkeit. Den kommunalen Politikern stellte ich meine Ideen vor, wie Kinder ihre Leistungsfähigkeit bzw. ihr Lernen optimieren können. Ein Politiker wandte ein, das sei doch höchst fragwürdig. Es komme darauf an, dass ausreichend junge Leute auf dem Markt sein müssten, die einfache Tätigkeiten ausübten und keine Rosinen im Kopf hätten. Dazu passt der Satz des amerikanischen Politikers Donald Trump: „Ich liebe die Ungebildeten." Natürlich geht es um Selbstoptimierung.[21] Das ist aber eine Frage der Fähigkeit zur Selbstwahrnehmung, zum Engagement, zum motivierten Gebrauch der Intelligenz, zu zweckmäßigen Bewegungen, zur Gelassenheit, Muße und Meditation. Und diese Fragen können nur positiv beantwortet werden, wenn ein emotionaler Rahmen des Zutrauens, der Wärme, der Zumutung und Ermutigung vorhanden ist. Der wichtigste Grund für Optimismus liegt in der Besinnung auf das emotionale Fundament allen Lernens und aller Lehr- und Lernstrategien.

Vier Ereignisse müssen in pädagogischen Visionen immer wieder Beachtung finden, die den Lähmungen, Versandungen und Versteifungen im Lernprozess entgegenwirken. In ihnen verbinden sich auf besondere Weise Emotionalität und Geist. Das sind Begeisterung, Geistesgegenwart, Geistesblitze und langer Atem. Lernen muss begeistern, wenn es gelingen soll. Das Wort Begeisterung benennt zunächst einen emotionalen Zustand. Dass Geist im Spiele ist, ist kein

---

20 Byung-Chul Han, Sehnsucht nach dem Feind, in: DIE ZEIT Nr. 5/2015.

21 Wortreich wird dieser Anspruch denunziert. Manche sprechen vom Selbstdesign als die modische Variante des Bestrebens, attraktiv zu sein. Die Geschichte des philosophischen Denkens bemüht sich um Antworten auf die Frage, was gutes und gelingendes Leben sei. Diese Frage stellt sich jedem einzelnen Menschen in seinem Lernprozess, wenn man nicht dem Paternalismus folgt, der immer noch in allen politischen Lagern eingenistet ist. In diesem ganzen Buch wehre ich mich gegen das pädagogische „Design", dass wir vor allem Belehrte sind. Denn darin liegt die pädagogische Grundlage des misslingenden Lebens (natürlich gibt es noch weitere). Die Produktivkräfte des Lernens sind zumindest das Gegengewicht zum traditionellen Design der Anpassung ans Gegebene.

Zufall. Dem Leben, wie es Jullien beschreibt, ist die Begeisterung ausgetrieben worden. Auch Geistesgegenwart ist ein emotional aufgeladener Zustand, in dem geistige Wirksamkeit von Intuition, Spontaneität, also auch Emotionalität lebt. Geistesblitze sind unerhörte Ereignisse im Leben, die unter günstigen lernklimatischen Bedingungen zustande kommen. Sie machen das Leben intensiv. Oft sind es solche Ereignisse, die das Leben verändern.[22] Der lange Atem scheint nicht in die Reihe zu passen. Er steht für Disziplin, Durchhaltevermögen, Bei-der-Sache-Sein. Genau das trifft auch zu. Aber warum „Atem"? Warum bemühen wir das Wort Atem, um geistige Disziplin zu beschreiben? Vermutlich gibt es nicht viele Begriffe, die in den letzten Jahrzehnten auch in den Publikationen der westlichen Welt so viel Aufmerksamkeit erweckt haben wie dieser. In der Yogawelt ist er zu Hause wie auch in den Publikationen strenger Denker und Forscher wie Thomas Metzinger und Wolf Singer.[23] Aber auch in jeder Geburtsvorbereitung spielt der Atem eine zentrale Rolle, um eine der größten menschlichen Anstrengungen über einen längeren Zeitraum zu bewältigen. Es geht also beim Atmen in diesem Sinne auch darum, einen Zustand ertragen zu können, der nicht in jeder Hinsicht guttut, der vielleicht sogar schmerzt. Lernen ist kein billiger, kein harmloser Zustand. Es handelt sich um das Gegenteil von Bequemlichkeit. Es ist immer durchsetzt von großen Ereignissen, zumindest von deren Vorbereitungen. All diese Facetten des Lernens sind Ingredienzien einer Fähigkeit, der Fähigkeit zur Selbstdisziplin.

Und diese Selbstdisziplin ist nicht nur die Angelegenheit weniger Gesegneter. Die genannten Qualitäten werden glücklichen Bildungsbiografien zugeschrieben. Die Geistesgrößen mit diesen Qualitäten werden immer wieder porträtiert. Dabei sind diese Qualitäten elementar für jeden Bildungsprozess. Warum sollten die großen Denker von deren Genuss zehren, der Durchschnittsschüler aber auf sie verzichten können? Nein, Bildung ist nur im Zeichen dieser Qualitäten erfolgreich. Und es ist die Aufgabe der Schule, für diese Qualitäten zu

---

22 Siehe auch: Manfred Geier, Geistesblitze. Eine andere Geschichte der Philosophie, Reinbek 2013.

23 Auf Thomas Metzinger und Wolf Singer werde ich später noch genauer eingehen.

sorgen. Kein Kind kann darauf verzichten, wenn es Erfolg haben soll. Emotionale Ergriffenheit und geistige Entwicklung bilden eine Einheit, die für jeden gilt. Es wird zu zeigen sein, wie die Belebung dieser Einheit Lehren und Lernen attraktiv, aufregend und erfüllend macht.

Lehren, Lernen und die Glückserwartung

In der ZEIT konnte man einen Artikel über die Forschungsarbeiten von Professor Howard Gardner lesen.[24] Er hat viele Jahre zur Frage geforscht, wann Arbeit glücklich mache. Zwei Berufsgruppen sind ihm aufgefallen, die Genforscher und die Journalisten. Er sagt: „Die Genforscher sind begeistert von ihrem Beruf. Die Journalisten sind verzweifelt." Von den Lehrkräften erfahren wir in dem Interview leider nichts. Ich bin sicher, dass sie den Journalisten näher stehen als den Genforschern. Und die Lernenden? Auch hier sind die Indizien stark genug für die Annahme, dass sie mehrheitlich in ihren Selbstwahrnehmungen den Journalisten gleichen. Professor Gardner nennt drei Gründe für Glücksgewinnung in der Arbeit: Exzellenz, Ethik und Engagement (die drei E). Um zu überprüfen, ob man auf dem richtigen Weg ist, nennt er die drei M: mission, models, mirror, also Mission, Vorbilder, Spiegel. Damit lässt sich arbeiten. Aber es ist für unsere Zwecke noch nicht ausreichend. Die Kriterien für Glück und Erfolg sind eigentlich in keinem Tätigkeitsfeld leichter erfüllbar als in dem des Lehrens und Lernens. Pädagogik ohne Optimismus, ohne Glücksversprechen geht nicht. Pessimistische Pädagogen, unglückliche Pädagogen befinden sich in einem unauflöslichen Selbstwiderspruch.

Welche Motivation treibt mich persönlich an, meinen Gedanken weiter nachzugehen? Fast alle kennen den berühmten Gedanken von Antoine de Saint-Exupéry, wenn man die Energie zum Schiffebauen erzeugen wolle, müsse man die Sehnsucht nach dem Meer spüren. Er wird häufig zitiert, hat aber nur selten praktische Konsequenzen. Worauf will ich nun hinaus? In welcher Welt will ich leben? Warum will ich Lernbedingungen optimieren und Schule verändern? Warum

---

[24] Amrai Coen, Professor „Good Work", in: DIE ZEIT Nr. 44/2013.

möchte ich persönlich, dass überhaupt gelernt wird? Was motiviert mich? Aktiv und begeistert Lernende haben nicht nur sich selbst glücklich gemacht, sondern auch mich als Lehrenden. Scheiterndes Lernen haben nicht nur die Betroffenen frustriert, sondern auch mich als Lehrenden. Ich bin mir sicher, dass genau das mich zum Lehrerberuf entscheidend qualifiziert hat. Aber ich weiß auch, wie sich emotionale Spannungen auf Abwegen entladen und dabei das Unglück akkumulieren, und wie sich dabei Zynismus und wechselseitige Schuldzuweisungen zu Mustern verfestigen. Es entsteht subjektives Leid. Das Leid ist verbreiteter als man glaubt. Es bekommt den Charakter einer systematischen Prägung, einer déformation professionelle. Man muss nur der Schulfolklore nachlauschen. Die vielen Fallen des Schulalltags sind systembedingt, auch wenn es pädagogische Helden gibt, die sie womöglich alle umgehen können. Ich jedenfalls weiß, wann ich in der Schule unglücklich war und wann glücklich. Grundlagen für glückendes Lehren und Lernen zu denken und sichtbar zu machen bereitet mir Freude und verschafft mir deswegen große Motivation. Man muss sich – frei nach Camus – Lehrende und Lernende als glückliche Menschen vorstellen. Etwas Besseres kann der Gesellschaft nicht passieren.

II. Die alte Schule und die Schattenwelt

1. Schule als Ort der schwachen Botschaften

Was sind starke Botschaften?

Nehmen wir einmal an, der Lehrstoff der Schule sei genau der wichtige Teil des gesellschaftlichen Wissens, der an die nachfolgende Generation weitergegeben werden muss. Damit werde individuelle Bildung und gesellschaftlicher Fortschritt gesichert. Die Erwachsenen treten auf mit der wichtigen Ankündigung einer starken Botschaft: „Kinder, wir haben euch etwas Wichtiges zu sagen! Für den Empfang habt ihr 9, vielleicht auch 13 Jahre Zeit." Das ist ein Versprechen! Das ist eine starke Botschaft! Starke Botschaften gab es schon immer in der Geschichte, z. B. „das gelobte Land" in der Bibel oder „Freiheit, Gleichheit, Brüderlichkeit" in der säkularen Geschichte. Oder das Glücksversprechen der amerikanischen Verfassung. Oder „Wohlstand für alle" nach Ludwig Erhard. Oder „Selbstbestimmung für alle" nach Karl Marx. Gelten diese starken Botschaften heute noch? Haben wir eventuell andere starke Botschaften, die uns anleiten? „Bildung für alle" könnte eine solche Botschaft sein, seitdem die Schule zur Standardausstattung der Gesellschaft gehört. Wie schön, wo wir doch von so vielen Menschen aus allen Teilen der Welt wissen, dass ihnen das Glück der Bildung Kraft für individuelle Freiheit und gesellschaftliche Befreiung gegeben hat. Doch das hängt häufig von glücklichen Zufällen ab. Wir behaupten seit langer Zeit, dass der glückende Bildungsvorgang nicht an das zufällige Glück oder an ein Privileg gebunden sein darf. Jeder ist zur Bildung bereit und fähig, wenn er auf die Welt kommt. Das, was die Natur vorgesehen hat, soll nun auch gesellschaftlich umgesetzt werden. Der Bildungsanspruch ist demokratisiert worden. Das große Ereignis der Bildung steht jedem mit der Geburt bevor. „Bildung für alle" kann sich in der Tat messen mit „Freiheit für alle" und „Selbstbestimmung für alle". Wie lässt sich aus dieser starken politischen Botschaft der Funke für jeden einzelnen

Lernenden schlagen? Der Satz „Ich will gebildet sein" ist als solcher niemandem in die Wiege gelegt. Er wird jedoch in jeder ungestörten Sozialisation vorbereitet. Die autogene Bildungsbotschaft müsste in jeder glückenden Biografie irgendwann gehört werden. Was gehört dazu, die starke Botschaft zu hören?

Da fällt einem nun im Blick auf die Geschichte der Schule eine gewisse Paradoxie oder – vielleicht besser – Idiotie auf. Um ihre Botschaften zu Gehör bringen zu können, haben Lehrende in früheren Zeiten noch eine Art Gewaltherrschaft ausgeübt. Sie durften prügeln. Sie taten es manchmal besonnen ritualisiert, manchmal wie von Sinnen. Ich habe es noch erlebt. Schillers „Glocke" auswendig zu können, gehörte zum Arsenal der Botschaften früherer Lehrergenerationen. Mit Stockhieben sollten die Botschaften ankommen. Prügeln ist heute verboten. Nun hat man aber das Gefühl, dass es in manchen Schulen oder Klassen überhaupt nicht mehr um das Ankommen von Botschaften geht. Es wird dieser Vorgang allenfalls simuliert. Es gibt Schulen, die das offen zugeben, indem sie Hilfeschreie aussenden, z.B. in Berlin oder dem Hamburger Süden. Dieser Mut wird gelegentlich honoriert, gelegentlich als Nestbeschmutzung bestraft. Wie sich Lehrende unter solchen Bedingungen fühlen, soll an anderer Stelle genauer nachempfunden werden. Ich will aber gar nicht nur die Extremformen des Scheiterns betrachten, sondern auch die alltägliche, „normale" Arbeit. Was hat es da mit den Botschaften auf sich?

Traditionelle Strategien, Botschaften eine starke Wirkung zu geben

Die Begeisterung, die von starken Botschaften ausgeht, kann kaum von der Botschaft der kleinen Dinge ausgehen. Es muss etwas anderes sein, das hier Begeisterung auslösen kann. Disziplin als quasi-charakterliche Grundhaltung ist es nicht. Ekstatische Nüchternheit entsteht in der Regel selten. Zuneigung zum Lehrer ist immer hilfreich, aber nur schwer organisierbar. Eine starke autodidaktische Dynamik setzt eine Lernkultur voraus, die in den folgenden Essays porträtiert werden soll. Wir können aber zunächst einmal nicht darauf bauen, dass

Karl der Große, die binomischen Formeln, chemische Kristallbildungen oder die Photosynthese als begeisternde starke Botschaften unterrichtet werden können. Schauen wir uns die Lehrpläne, Bildungspläne, Bildungsstandards, Kompetenzraster, oder wie immer die schulischen Vorgaben und Ziele benannt werden, an. Schauen wir uns an, was in einem Jahrgang an unterschiedlichen Dingen gelernt werden soll. Schauen wir uns an, was alles unvermittelt nebeneinander steht. Starke Botschaften? Große Ideen? Abwegig! Wie ein langweiliger Episodenroman ohne Zugkraft. Es passiert im Blick der Lernenden einfach nichts Bedeutendes. Versuche, Verbindungen zwischen den Lehrstoffen herzustellen, vielleicht sogar beflügelnde Ideen zu gewinnen, werden unternommen, scheitern aber häufig. Der kritische Beobachter schulischer Praxis und ermutigende Begleiter schulischer Veränderungen Reinhard Kahl spricht vom Bulimie-Lernen, einem Konsumvorgang, der im Erbrechen des Konsumierten die Vollendung findet. Geist, Seele, Selbstbildung werden im Alltag als Luxuskategorien angesehen, manchmal sogar belächelt.

Das große Zauberwort, mit dem dennoch die Vermittlung gelingen soll, heißt Disziplin. Und in der Tat bringen viele Lernende die Disziplin mit, über die Runden zu kommen oder gar „in der Schule gut zu sein". Viele Lernende sind hingegen disziplinlos bis zum Anschein der Charakterlosigkeit. Die herausragend wichtige Eigenschaft, diszipliniert zu sein, wird aber häufig argumentativ missbraucht. Mit dem Mangel an Disziplin als einer Charaktereigenschaft wird alles Scheitern erklärt und die Vermittler des Weltwissens sind damit entlastet.

Konstruktiver scheint eine andere schulische Gewohnheit der Problemlösung. Man erzeugt einen permanenten Themenwechsel, indem man nach Einzel- oder Doppelstunden Fach und Thema wechselt. Dann entsteht wenigstens Abwechslung in der Langeweile, eine Verschleierung der Uninspiriertheit des Geschehens. Lehrende haben die Abwechslung meistens gedeutet als Ausdruck eines elementaren Wunsches der Lernenden. In Wahrheit ist sie Ausdruck eines Mangels. Wenn schon keine Begeisterung in der Sache, dann wenigstens

Bespaßung durch Abwechslung. Am Ende kann man auch hier sehr verbreitet ein Sich-Schleppen von Stunde zu Stunde beobachten. Jullien spricht vom Vorgang der Versandung.

Noch konstruktiver als die Abwechslungsstrategien scheinen die Motivationsstrategien. Lehrende geben sich unglaublich viel Mühe, Stunden mit Motivationsphasen zu beginnen. Manchmal sind die Motivationsphasen das Interessanteste einer Stunde. Wenn Lernende schon in dieser Phase nicht zu packen sind, wie dann in der problemorientierten Detailarbeit? Wie soll das geschehen, wenn schon seit mehreren Stunden der Kontakt zur Sache verloren wurde? Originalität der Lehrkraft und kleine Witzchen, wenn es das Naturell erlaubt, sind hilfreich. Aber sie kompensieren keinen elementaren Mangel. Sie verkleinern allenfalls das Gefühl der Unzufriedenheit auf allen Seiten.

Allen, die Schule nur als Lernende aus alter Zeit kennen, sei gesagt, dass im Bereich der Unterrichtsmethodik in den letzten Jahren eine Entwicklung stattgefunden hat, die atemberaubend ist. Sie würden Schule kaum wieder erkennen. Eine Lehrkraft, die mit dem Buch in der Hand vorn steht und im Frage-Antwort-Spiel unterrichtet, hätte das Referendariat nicht erfolgreich überstanden. Nicht nur von Stunde zu Stunde gibt es viel Abwechslung, auch in der Stunde selbst. Die Anforderungen an die Lehrenden sind dabei extrem hoch. Methodische Varianten verlangen sehr viel Vorbereitungszeit. Die methodische Varianz ist ein wichtiges Kriterium für die Qualität der Lehrkraft. Die gute Lehrkraft schafft immer wieder Anlässe, damit Lernende aktiv werden. Manchmal findet ein solcher Zauber statt, dass einem Hören und Sehen vergehen. Die methodische Virtuosität bewegt sich dann am Rande eines methodischen Aktionismus. Ich will das aber nicht gering schätzen. Lernende zu aktivieren ist ein pädagogisches Kernanliegen. Folgende Fragen sind damit aber noch nicht beantwortet: Welche Qualität steckt in diesen Aktivitäten? Die Lernenden tun etwas, wissen sie aber auch, was sie tun? Bekommen sie Zeit, um das Gelernte mit persönlicher Bedeutung aufzuladen? Entsteht ein innerer Impuls, für eigenständiges Weiterhandeln? Ein autodidaktischer Impuls? Kommt die Produktivkraft des Engagements ins Spiel?

Meine Befürchtung ist, dass mit dieser methodischen Kompetenz die Ebene überspielt wird, auf der eigentlich Lernen stattfindet. Oder das mit aller methodischen Raffinesse Gelernte wird nicht auf der Ebene persönlicher Lernentwicklung wirksam. Mit dieser methodischen Raffinesse wird Schule erträglich, manchmal sogar sehr interessant, aber nicht produktiv. Sie droht sich in einen Aktionismus zu retten, weil die Persönlichkeit der Lernenden nicht im Mittelpunkt steht.

Weniger spektakulär sind die Entwicklungen im didaktischen Bereich. Ich habe unendlich viele Unterrichtsentwürfe gelesen. Die Überlegungen in dem Bereich waren wenig innovativ, um nicht zu sagen langweilig. Man verweist auf Standardwerke, auf Lehr- und Bildungspläne und leitet daraus die Entscheidungen für die Unterrichtsstunde ab. Es gibt immer wieder Streit zu einzelnen fachdidaktischen Fragen (Sollte man die Vektorrechnung in Mathematik behandeln oder andere Themen lieber vertiefen? In welchem Jahrgang sollte man Gleichungen mit Unbekannten behandeln? Sollte man in jedem Fall „Faust" gelesen haben, wenn man Abitur machen will? Sollte man noch Gedichte auswendig lernen lassen? Welche Bedeutung soll die grammatische Korrektheit im Sprechakt des Fremdsprachenunterrichts spielen?). Flankiert werden die Fragen von gestanzten Kurzanalysen: Die Schüler können ja heute viel weniger. Sie sind heute fauler als früher. Jedenfalls bekommen Lerninhalte nur im glücklichen Einzelfall Ereignischarakter. Nur bei wirklich herausragenden und mutigen Referendaren habe ich erlebt, dass auf bestimmte vitale Gegebenheiten der Klasse oder einzelner Schülerinnen und Schüler Rücksicht genommen wurde und andere Wege gegangen wurden. Ich habe nur wenige souveräne Studienleiter kennengelernt, die nicht mit einem abstrakten Leistungsbegriff in die Bewertung von Unterricht gegangen sind.

Schwache Botschaften, starke Handlungen

Das Problem in diesen methodischen und didaktischen Trends ist, dass immer noch, wie raffiniert auch arrangiert, geglaubt wird, die Botschaften der Fächer seien stark und es hänge von dem Niveau des

Empfängers ab, ob er der Stärke der Botschaft gerecht wird. Das drückt sich auch in dem verbreiteten Bonmot aus: „Ich unterrichte Fächer, nicht Kinder." Die Variante „Ich unterrichte in erster Linie Kinder, nicht Fächer" wendet sich hingegen kritisch gegen die traditionelle Schule.

Gelegentlich wird im bildungspolitischen Diskurs auf inhaltliche und didaktische Defizite aufmerksam gemacht. Man stellt beispielsweise fest, dass ein wichtiger Lernstoff in der Schule nicht vorkommt. So ist das in den letzten Jahren auch in Schleswig-Holstein geschehen. Man meinte erkannt zu haben, dass die Lernenden zu wenig über Arbeit, Wirtschaft und Verbraucherbildung wissen. Man könne diesen wichtigen Lernstoff nicht dem Spezialgebiet eines Wahlpflichtfaches überlassen, für das sich nur ein kleiner Teil der Schülerschaft entscheidet. Man wollte also in der Schule eine Botschaft stärken und die Inhalte dieser Botschaft in einem Fach bündeln. Neue Botschaft, d.h. ein neues Fach. Die Zeit für dieses Fach muss aber anderen Fächern weggenommen werden. Als Beamter, der ich noch bin, bin ich gehalten, mich in meiner Polemik zu mäßigen. Deswegen betrachten Sie das Maßvolle der folgenden Formulierungen als Akt der Selbstverleugnung. Man fand, dass die musischen Fächer für den Bildungsweg nicht so wichtig sind. Hier sollte gekürzt werden, damit das Fach Arbeit/Wirtschaft/Verbraucherbildung reüssieren kann. Wenn ich kein Beamter wäre, würde ich das skandalös nennen. Gerade auf dem Feld der Ästhetik verbinden sich Reflexivität und Engagement auf besondere Weise. Kontraproduktiv war das Vorhaben im doppelten Sinne. Erstens schwächt es das musische Lernen. Zweitens bannt es sehr wohl wichtige Themen in einen quasi-professionellen Rahmen, in dem es durch die Etablierung als Fach in erster Linie darum geht, Bewertbarkeit herzustellen. Schulen, die die Schwächung des musischen Bereiches nicht akzeptieren wollten, haben sich extrem verkünstelt, um am Ende eine Note ins Zeugnis zaubern zu können. Dafür mussten die Lehrkräfte viel unproduktive Mehrarbeit leisten. Und, liebe Leserin, lieber Leser, wir haben das im vollen Bewusstsein, Unsinn zu produzieren, mitgemacht, nicht ohne uns einzureden, dass wir das

Schlimmste abgewendet haben. Es sollten neue starke Botschaften ausgesandt werden. Am Ende war es in der Bilanz eine Schwächung auf ganzer Linie.

Am Beispiele der Mathematik lässt sich zeigen, was es mit der Vergeblichkeit in der Welt schulischer Arrangements auf sich hat. Einerseits hat das Fach eine gewisse natürliche Autorität. Keiner bezweifelt die Bedeutung von Mathematik, ob im eigenen Leben oder in vielen Berufen. Dennoch wird niemand behaupten, das Fach erzeuge per se starke Botschaften. Es gibt viele Lernende, die gut sind in Mathematik. Sie bekommen Bestätigung und werden häufig immer besser. Es gibt Lernende, die die Wege des Unterrichts nicht immer mitgegangen sind. Sie sind schlecht in Mathematik und werden häufig immer schlechter. Die Studien und Untersuchungen unter Erwachsenen zeitigen desaströse Ergebnisse. 72 Prozent scheitern an einfachen Dreisatzaufgaben. „Mehr als Zweidrittel der Hochschulberechtigten erreichen in Mathematik nicht das Niveau, das man am Ende der Schulzeit von ihnen erwartet", erfahren wir in der ZEIT.[25] Professor Olaf Köller wird mit der Aussage zitiert, dass an vielen Schülern der Mathematikunterricht der Mittelstufe vorbeigegangen zu sein scheint. Interessant ist, wie darüber diskutiert wird. Manche sagen, es machten zu viele ohne ausreichende Begabung Abitur. An der Fähigkeit zur Mathematik könne man doch gut die Klugen von den Dummen unterscheiden. Andere sagen, man müsse den Mathematikunterricht einfach ausdehnen. Watzlawick hat das wunderbar karikiert. Wenn etwas nicht funktioniert, dann helfe nur „Mehr davon!". Wieder andere wollen Mathematik als Prüfungsfach verbindlich machen. Es gibt viele pathetische Klagen, die aber nicht darüber hinwegtäuschen können, dass mathematische Defizite nicht automatisch zur Lebensuntüchtigkeit führen. Man tut sehr enttäuscht, weil Mathematik per se nicht die starke Botschaft sei. Nein, das ist sie wirklich nicht. Aber Mathematik könnte ja doch vielleicht Freude machen, und zwar nicht nur denen, die für sich entdeckt haben, dass sie gut in Mathematik sind. Der Zusammenhang zwischen Intelligenz und Mathematikerfolgen

---

25 Martin Spiewak, Ewige Rechenschwäche, in: DIE ZEIT 13/15.

ist sehr fragwürdig. Die mathematische Intelligenz ist in ihrer Praxis gebunden an elementare Haltungen, die mit dem Lernklima und den Lernstrategien zu tun haben, an dem Zutrauen in die Wirksamkeit eigener Anstrengungen, an der Freude als intrinsische Motivation und, wie gesagt, an Lernstrategien, die in einer produktiven Schulkultur entstehen. Ohne Lust auf mathematisches Denken wird dieses erfolglos bleiben. Auswendiglernen und die Verlockung guter Noten kräftigen nicht auf Dauer. Man wird mir die Bemerkung sicher übel nehmen, dass sich am Beispiel des Faches Mathematik die ganze Tragik professionellen empirischen Forschens in Kombination mit den hohlsten Formen der Klage offenbart.

Wenn schon keine starken Botschaften, dann müsste es doch wenigstens die Chance auf den berühmten erfüllten Augenblick geben. Er kann auftreten als Geistesblitz oder als intensiver emotionaler Moment. Kein Thema und kein Fach sind von dieser Möglichkeit ausgenommen. Ich greife einmal die Poesie heraus. Oben habe ich schon gesagt, dass „Die Glocke" in früherer Zeit Kindern eingeprügelt wurde, indem sie die Ballade auswendig lernen mussten. Die Demontage poetischer Kraft endet leider nicht mit dem Ende der Prügelstrafe. Im Deutschen sprechen wir vom Auswendiglernen. Die englische Übersetzung für auswendig lernen ist to learn by heart. Das beschreibt viel besser den Prozess der Aneignung eines Gedichtes. Das Empfinden, die Ergriffenheit, die Freude, der Witz, die Pointe, der Klang, all das macht das poetische Erleben aus, nicht nur die Rekonstruktion der poetischen Technik, nicht nur die Antwort auf die Frage: Was bedeutet dies oder das? Die Präsenz eines Textes fordert die Präsenz des Lesers. Man darf ruhig von einem erhabenen Augenblick sprechen, zumindest von einem Moment, in dem ich in meiner Emotionalität angesprochen werde. Ich muss nicht vor Ergriffenheit weinen, ich darf auch über ein freches Heine-Gedicht lachen oder mich politisch provozieren lassen oder angesichts einer Hermetik erschöpft scheitern und immer wieder Elemente nachklingen lassen. Die poetische Sprache ist auf eine besondere Form des Erlebens angelegt. Dem

Leser tritt etwas gegenüber, das auf besondere Weise anspricht. Walter Benjamin würde von einer Aura sprechen, andere von einer mystischen Erfahrung. Nun kann man sagen, das könne in der Schule nicht vorkommen. Wenn das tatsächlich so wäre, sollte man auf die Thematisierung von Lyrik verzichten. Man würde nämlich mehr zerstören als gewinnen. Wenn man nicht glaubt, dass man in der Lyrik sein Leben auf besondere Weise gewinnen kann, dann sollte man verzichten. Ich möchte an dieser Stelle noch einmal Robert Gernhardt zu Wort kommen lassen:

> „Haben wirklich die Dichter und nur die Dichter versagt? Nicht auch die Vermittler wie die Schule, die dem jungen Menschen von heute keine Gedichte mehr zuzumuten wagt, ganz gleich ob von heute oder von gestern? Oder liegt der Schwarze Peter bei den so zeitverfallenen wie zerstreuten jungen Menschen von heute? Sind die Medien schuld, die allenthalben und rund um die Uhr für Zerstreuung sorgen? Oder passt die Poesie je länger, desto weniger in eine zunehmend reizhungrige und abwechslungssüchtige Zeit? Erinnern wir uns an Goethes Diktum von 1797: ‚Die Poesie verlangt, ja sie gebietet Sammlung.' Doch wen verlangt es heute noch, sich einer solch strengen Gebieterin zu unterwerfen?“[26]

Wenn man den unpassenden Klageton bei Gernhardt einmal vergisst, nach dem alles schlechter wird, als wäre es je, zumindest was die Schule angeht, besser gewesen, dann wird doch klar, wofür die Poesie und die ästhetische Erfahrung überhaupt stehen, nämlich den Gewinn von Leben in einem besonderen Augenblick, die Verdichtung und Intensivierung von Leben. „Sammlung“, wie Goethe sagt.[27]

In der Schule wurde interpretiert. Der Interpretationsanspruch trat mir als Schüler wie eine fremde Macht entgegen, der ich irgendwie gewachsen sein musste. Sie fragte nicht nach meiner individuellen Art der Aneignung, der Selbstkonfrontation als irgendwie Ergriffener oder zumindest individuell Angesprochener. Hans Ulrich Gumbrecht macht die Verluststrategie im Interpretieren deutlich in seinem Buch „Diesseits der Hermeneutik“. Er schreibt über das Ziel seiner Lehrveranstaltungen, „ein hinreichend guter Lehrer zu sein, um für meine

---

26 Gernhardt, Was das Gedicht alles kann: Alles, S. 70.

27 Siehe das Kapitel: „Produktivkraft der Muße, Gelassenheit und Meditation“.

Studenten Momente der Intensität zu beschwören und spürbar zu machen – Momente, an die ich gern und zumeist mit Wehmut zurückdenke, auch wenn die Intensität im Augenblick des Geschehens etwas Schmerzliches hatte."[28] Die poetische Erfahrung ist bei Gumbrecht Teil einer umfassenden ästhetischen Erfahrung. Er stellt keine Rangfolge her, wenn er von der erfahrbaren Schönheit des Körpers in einer bestimmten Bewegung, dem Moment des Übergangs einer Mozart-Arie in polyphone Komplexität, der Versenkung in ein Gemälde von Edward Hopper, dem Gefühl für ein perfekt entworfenes Haus, das den eigenen Körper umfängt, wenn er also von all dem spricht und gleichberechtigt die wunderbare Bewegung beim Touchdown-Pass des Quarterbacks seiner Football-Lieblingsmannschaft in dieser Reihe ästhetischer Erfahrungen ansiedelt. In diesen Momenten beginnt das Leben zu schwingen, die Dinge bekommen eine Aura. Walter Benjamin sagt zu den Bildern van Goghs, dieser habe die Aura mitgemalt. Man wird dazu neigen zu sagen: Ja, bei Studenten ist das vielleicht möglich. Gumbrecht spricht von Studenten. Für Schülerinnen und Schüler gilt der Anspruch auf ästhetische Erfahrung noch dringlicher. Er ist unabdingbar, um besondere Intensitäten erleben zu können, derentwegen es Poesie als Kunstform überhaupt gibt. Manchmal findet menschenwürdiges Leben sogar nur in solchen Momenten statt. Erst kürzlich ist mir klar geworden, was es heißt, wenn eine schwarze Sklavin ihrem Baby einen Blues zum Einschlafen singt. Die unendliche Traurigkeit dieses Momentes wird in dem Lied spürbar, in dem das Leben noch seinen einzigen Sinn hat.

Poetische Erfahrung hat allerdings nur geringe Chancen in der Schule. Das könnte ein Grund sein, dass das Lesen von Gedichten in der Gesellschaft nur einem sehr kleinen Kreis von Menschen, die mit autodidaktischen Fähigkeiten gesegnet sind, vorbehalten bleibt. Mit der Veröffentlichung von Gedichten wird man jedenfalls nicht reich. Merkwürdig, wo doch jeder in der Schule Gedichte interpretiert hat! Sollte es keine Freude gemacht haben, mit diesem besonderen Blick

---

28 Hans Ulrich Gumbrecht, Diesseits der Hermeneutik. Die Produktion von Präsenz, Frankfurt a.M. 2004, S. 118.

auf die Welt in Berührung gekommen zu sein? Sollten ästhetische Erfahrungen, durch die Leben intensiv oder brisant wird, für die Schule überhaupt ungeeignet sein? Ganz und gar nicht. Der Mangel an starken Botschaften schließt gewiss nicht die Erfahrung von Glücksmomenten in der ästhetischen Erfahrung aus.

Wir müssen also nicht mit der Abwesenheit starker Botschaften auch einen Mangel an Begeisterung, Inspiration und Intensität als Normalität schicksalsergeben hinnehmen. Es gibt Schulen, die eine Idee von Bildung haben. Sie ermöglichen Kindern, ihre Heldenfantasien zu befriedigen und dabei auch Realitätssinn zu entwickeln. Für mich war immer eine Leitidee, dass drei Figuren in jedem Kind genährt werden wollen: der Forscher, der Künstler und der Manager.[29] Diese Figuren streben nach einem hohen Grad von Selbstwirksamkeit. Entwicklungsergebnisse sind nicht nur in Klassenarbeiten überprüfbar. Der Forschergeist wird in manchen Schulen vornehmlich auf dem Feld der Naturwissenschaften kultiviert, manchmal aber auch in sozialen Bereichen. Es gibt Schulen, die Lernende zum Theaterspielen anregen. Sie sagen: Theater ist gut für Mathematik. Dieses Paradox hat einen tiefen Sinn für pädagogische Arbeit. Die Begeisterung und Disziplin, die man im Theaterspielen entwickelt, gräbt sich ein in eine Lernhaltung. Ein Schüler ist mir bekannt, der viel Zeit für Wettkämpfe und Meisterschaften in seinem Segelsport aufbringen musste. Er hat an sich selbst und auch bei anderen die Erfahrung gemacht, dass in Phasen hoher sportlicher Konzentration die Konzentration im schulischen Lernen insgesamt eher zunahm. Es gibt Schulen, die großen Wert auf literarisches Schreiben legen, regelmäßig Lesungen im Literarischen Café durchführen und ein Erstaunen bei Zuhörern darüber erzeugen, wie Lebensintensitäten sprachlichen Ausdruck finden und wie kleine Kunstwerke (häufig Gedichte) in der Lesung starke Erlebnisse erzeugen. Schulen, die eine musikalische Ausbildung verbindlich verfolgen, erzielen sehr gute Ergebnisse in allen möglichen kognitiven Bereichen. Der Manager in jedem Menschen wird in der Regel

---

29 Ich verdanke diese Überlegungen der Beschäftigung mit dem Buch: Detlef B. Linke, Hölderlin als Hirnforscher, Frankfurt a.M. 2005.

nur appellativ angesprochen. Er ist äußerst wichtig, denn er hält unseren Alltag, unser Leben zusammen. Er steht für die Herstellung einer sachbezogenen Ordnung. Er steht für die sachbezogene Disziplin, durch die Übersicht entsteht. Das will gelernt sein. Wie viele Kinder gehen mittags oder nachmittags nach Hause nach einem fragmentarisierten Morgen, ohne eine Übersicht gewonnen zu haben, ohne das Gefühl für eine äußere und innere Ordnung. Manchmal, in der Regel aber nicht, bemühen sich die Eltern zu Hause, diese Ordnung herzustellen. Die Kinder tun viel, wissen aber nicht, was sie tun. Und deswegen können sie auch nur wenig intentional tun. Sie warten auf Anweisung. Sie sind weit davon entfernt, autodidaktisch Impulse aufzunehmen. Schulen nehmen sich jedenfalls für das Selbstmanagement von Kindern viel zu wenig Zeit.

Schulen sind nicht Orte der starken Botschaften. Sie können, ja müssen aber Orte der starken Handlungen werden. Das wird nicht schwerfallen, wenn die porträtierten Produktivkräfte wirksam werden können. Mehrere der folgenden Essays unternehmen den Versuch, die Abwesenheit von starken Botschaften nicht zu beklagen, sondern den Raum zu entwerfen, in denen starke Produktivkräfte entstehen und wirken können.

2. Selbsttäuschungen pädagogischer Professionalität

Kritik des naiven Professionalismus

Über Professionalität wird im Allgemeinen sehr naiv gesprochen.

Der Begriff Professionalität ist gemeinhin positiv besetzt. Wenn jemand etwas professionell macht, dann macht er es vermeintlich gut. Er berücksichtigt das in seinem Beruf angesammelte Wissen in seiner Tätigkeit. Das Urteil, unprofessionell zu sein, ist vernichtend. „Gelungen" und „misslungen" sind klar unterscheidbar, Kompetenzen genau definierbar. Sie stehen in jedem Lehrbuch. Disziplin ergibt sich spezifisch aus dem Arbeitsprofil. Der Professionelle ist eher nüchtern, nicht emotional ergriffen. Er operiert kompetent, begrifflich sauber. Der Psychologe zum Beispiel hantiert ganz unemotional mit den Emotionen der Klienten. Der Zahnarzt geht cool mit den Schmerzen des Patienten um. Aber was ist mit der Lehrkraft, die weiß, dass Lernen ohne Emotionen wie Fußball ohne Tore ist? Man bewegt sich taktisch, rennt sich die Seele aus dem Leib, findet aber keine Erfüllung im Torschrei. Es wurde immer wieder versucht, im Schulwesen die Emotionen zu unterdrücken. Sachlichkeit wurde bis zur Verstümmelung des lernenden Menschen betrieben. Jede spontane Regung wurde als Störung empfunden. Sprachlabore waren lange Zeit der letzte Schrei im Fremdsprachenunterricht. Meine erste Schule, in der ich Lehrer war, hatte viele Klassenräume ohne Fenster. Stillarbeit – eigentlich ein wichtiges Element im Lernprozess – diente der Unterdrückung der Emotion. In einer Schule, die Probleme mit der Emotion hat, entsteht viel Emotionales: Aggressivität, Traurigkeit, Verzweiflung und Depressivität. Warum hat man manchmal den Eindruck, dass Watzlawick mit seiner „Anleitung zum Unglücklichsein" das Drehbuch für schulische Inszenierungen geschrieben hat?

Es ist nicht so einfach mit der Professionalität. Worin liegt die Naivität? Die professionelle Effizienz bekommt immer wieder absolutistische Züge. Bei der Tour de France zum Beispiel gibt es vermutlich keinen Profi, der glaubt, ohne Doping Erfolg zu haben. Es gibt wahrscheinlich auch keinen Manager in dieser Branche, der das glaubt.

Was heißt hier professionelles Handeln? Viele Landwirte behandeln ihre Tiere so, dass sie ein Leben voller Leid fristen. Sie sprechen von ökonomischer Notwendigkeit. Was heißt hier professionelles Handeln? Desperados der Börse und der Hedge-Fonds investieren, wo der Profit am höchsten ist, egal, ob Menschen Schaden nehmen. Diese Desperados würden sich ihrer Professionalität rühmen. Die Beispiele könnten vermutlich ein ganzes Buch füllen. Wir müssen von der Möglichkeit ausgehen, dass unsere professionellen Handlungsfelder für selbstverständlich gehalten werden, obwohl sie in anderer Zeit oder aus anderer Perspektive das ganz und gar nicht sind. Was heißt Professionalität im Lehrerberuf? Ist das professionelle Feld richtig abgesteckt oder blenden die Profis auch hier Wirklichkeitsdimensionen aus? Wie lässt sich hier die déformation professionelle beschreiben?

Die Nazis haben sich gern nach dem Untergang ihrer Herrschaft mit den Geboten der Professionalität herausgeredet, wenn sie zur Organisation ihrer Schandtaten Stellung nehmen sollten. Sie sprachen von Pflicht, von Befehlsstrukturen, von den Geboten des Systems, davon, dass man sich nicht entziehen konnte, und davon, dass sich immer andere gefunden hätten, wenn sie sich geweigert hätten, ihre „Aufgabe" zu erfüllen. „Wenn ich es nicht gemacht hätte, hätte es ein anderer gemacht." Die Pointe von Hannah Arendts Kritik am Eichmann-Prozess war, dass es sich tatsächlich um Professionalität gehandelt hat. Es war weniger die obsessive Triebhaftigkeit zum Bösen im Spiel als die Unfähigkeit selbst zu denken. Wir hatten es nicht so sehr mit Monstern zu tun, als viel mehr mit Ausbünden der Mittelmäßigkeit, aus der das Subjekt des eigenständigen Denkens verschwunden ist. Hannah Arendt sprach deswegen von der Banalität des Bösen, weil es tatsächlich um ein Funktionieren in einem totalitären System ging. Zeitgenössisch war das eine außerordentliche Provokation. Sie war heftigsten Anfeindungen ausgesetzt, weil man das Monströse brauchte, um das Barbarische zu verstehen. Ihre Provokation ist aber nötig bis auf den heutigen Tag, an dem sich Gedankenlosigkeit immer noch hinter Professionalität verbirgt. Harald Welzer stellt in seinem Buch „Selbstdenken" eine endlose Reihe von Beispielen vor, in denen

Menschen in ihrer Konsumwelt so agieren, dass sie ohne mit der Wimper zu zucken an der Zerstörung der Welt teilhaben. Um hier die Verbindung zur Schule herzustellen, muss man sich fragen, ob wir es schaffen, eine Haltung zu fördern, die sich nicht auf die gedankenlose Vollstreckung professioneller Handlungsvorgaben beschränkt, die viel mehr die Kraft hat, unprofessionell zu denken und zu handeln, wo es moralisch geboten ist. Schule müsste doch der ideale Ort sein, um das zu lernen.

Man wird nicht auf den Gedanken kommen, der Produzent von Coca Cola müsse glücklich sein, ebenso wenig der Produzent von Gummibärchen, Zigaretten, Gammelfleisch oder Waffen. Wenn er es dennoch ist, hat er (in einem anderen Sinne) Glück gehabt. Mit dem Inhalt seiner insgesamt schädigenden Tätigkeit kann das Glück aber nicht zu tun haben. Jeder Laie kann leicht durchschauen, dass hier etwas nicht stimmt. Offenbar ermöglicht der Blick aus dem professionellen Binnenraum diese Erkenntnis nur selten. Wir brauchen wohl nicht nur im Geheimdienst Menschen wie Snowden, die die Professionsmauern niederreißen und Transparenz schaffen. Wer die Krimis von Wolfgang Schorlau kennt, weiß, wie viel Gemeinheit und Leid in den Binnenwelten von Berufsfeldern und Branchen erzeugt werden. Bei aller Radikalität mancher Kritik an der Pädagogik gibt es doch an der Absicht, die nachfolgende Generation mit dem Wissen, dem Können und den Kompetenzen vorangegangener Generationen in Berührung zu bringen, kaum etwas auszusetzen. Und dennoch geben viele sensible Menschen frustriert, enttäuscht, unglücklich diese Profession auf und wählen eine andere, oder sie leiden vor sich hin, bis sie nicht mehr können. Was haben wir nicht im Blick, wenn es um die sinnvollste und selbstverständlichste Sache der Welt geht, nämlich die nachfolgende Generation zu bilden? Brauchen wir auch in der pädagogischen Berufswelt einen Edward Snowden?

Heinrich Böll lässt in seiner „Anekdote zur Senkung der Arbeitsmoral" zwei Unternehmer auftreten. Der eine unternimmt gerade einmal so viel, dass er möglichst schnell am Strand liegen kann, um zu dösen. Der andere unternimmt so viel, dass er schließlich ein kleines maritimes Produktionsimperium besitzt. Auf die Frage des bescheidenen Fischers, was das Ziel des Ehrgeizes sei, antwortet der expansive: am Strand liegen, um zu dösen. Man kann nun wirklich darüber streiten, ob „dösen" das höchste Lebensglück ist. Interessant ist aber, dass in beiden Fällen das Ziel des professionellen Tuns außerhalb des professionellen Bereichs liegt. Das ist nicht untypisch. Die fremdbestimmten Motive können sehr unterschiedlich sein. Man kann auf Macht spekulieren, auf hohe Pensionen, auf Ruhm oder eben auf Freizeit. Für den Lehrerberuf hat die Folklore als Glücksquelle dementsprechend die Länge der Ferien ausgemacht. In dieser Folklore ist der Lehrerberuf allerdings allemal fremdbestimmt.

Von Aristoteles wissen wir, dass Glück wie eine Art Handwerk gesehen werden muss, dass es in Verbindung steht zu konkreten Formen des Tätigseins. Die Vergrößerung von Kompetenzen (mit Aristoteles könnten wir von techne sprechen) führt danach zur Vergrößerung von Glück. Da das Wissen in professionellen Kontexten immer größer wird, müsste auch das Glück stetig wachsen. Auch im Lehrerberuf. Danach müsste man sich um das Glück von Lehrern keine große Sorge machen. Die Unterrichtstechniken, die handwerkliche Kompetenz, das didaktisch-methodische Wissen in unserer Bildungslandschaft war noch nie so hoch wie heute. Es müsste also glücklich zugehen an den deutschen Schulen. Wenn man die Alltagserfahrung zugrunde legt, kann davon aber keine Rede sein. Wen immer man zum Prozentsatz der Lehrenden fragt, die in ihrer Arbeit glücklich sind, es schwankt die Prozentzahl zwischen 20 und 60. Könnte es sein, dass in operativen und technischen Steigerungen der Erfolg und das Glück des Lehrenden und Lernenden nicht aufgeht?

Richard Rorty, ein amerikanischer Philosoph, findet das Professionalitätsverständnis der Philosophie nach der Aufklärung, nach Darwin und in der Demokratie problematisch. In einem Essay in „Philosophie & die Zukunft" schreibt er, dass „wir Philosophen nicht bereit sind, eine gewisse Entprofessionalisierung zu akzeptieren" und aufhören müssen, „uns über die Reinheit unserer Disziplin Sorgen zu machen und [...] uns selbst zu dramatisieren [...]". „In dem Bestreben, die Unversehrtheit und Autonomie unserer Disziplin durch die Beschränkung ihrer Reichweite zu bewahren", sieht Rorty einen falschen „Drang zur Professionalisierung".[30] Rorty beruft sich auf Dewey, der nicht nur Philosoph, sondern auch Reformpädagoge war (wie so viele Philosophen). Er lehnt mit Dewey die Unterscheidung zwischen dem metaphysischen Menschen (als philosophischem Gegenstand) und dem empirischen Menschen (als wissenschaftlichem Gegenstand) ab. Mit dieser Unterscheidung wäre die Philosophie eigentlich nicht im demokratischen Zeitalter angekommen. Hier wird etwas angesprochen, das in dramatischer Weise für die Pädagogik gilt. Das Kind wird weitgehend noch immer als ahistorisches, gleichsam apriorisches Wesen gesehen, an das ahistorisch und apriorisch Ansprüche herangetragen werden. Insofern behandeln wir Lernende immer noch als Kinder Gottes, als vom Himmel gefallen (selbst die Atheisten tun das) und nicht als Kinder der Evolution. Wir neigen noch immer dazu, Kinder auf der einen Seite heilig zu sprechen und auf der anderen Seite als empirische Wesen mit ihren Widersprüchen und in ihrem Scheitern eher gering zu schätzen. Kinder bringen als Lernende in Wirklichkeit immer die Schwere ihres Körpers und Beschwernisse und Freuden ihrer Selbst-Konstruktionen mit. Die Erste-Person-Perspektive und die subjektiven Gründe für die Erzeugung von Aufmerksamkeit sind danach in einem Lernprozess niemals hintergehbar. Kann es sein, dass Schule durch die Jahrhunderte unter dem Missverständnis gespaltener Wahrnehmungen leidet? Kann es sein, dass dieses Missverständnis eine Quelle verbreiteten Unglücks ist? Was ist zu tun, damit Lernende sich demokratisch und empirisch bedeutsam partizipierend und konstruierend auf ihre Welt einlassen und sich aus einer radikalen Gegenwärtigkeit heraus selbstreflexiv in den Blick bekommen? Die traditionelle Schule konstruiert sich immer noch einen idealen Schüler. Die empirischen Schüler unterscheiden sich im Grad der Annäherung an das Ideal. Sie sind also im Prinzip immer defizitär. Das Ideal ist definiert durch die Summe der Erwartungen, wie sie in Lehrplänen und Bildungszielen ausgedrückt sind.

---

30 Richard Rorty, Philosophie & die Zukunft, Frankfurt a.M. 2000, S. 19 ff.

Diese professionellen Grundannahmen müssen dringend überwunden werden. Wir müssen ausgehen von den empirischen Schülerinnen und Schülern, die allemal eine Sehnsucht nach Intensität, Engagement und Glück haben.

Professionalität im Bann vordemokratischer Strukturen

Die schulische Professionalität ist nach wie vor gefangen in traditionellen Mustern. Schule und Gesellschaft bestätigten sich wechselseitig in der Wahrnehmung von Kindern. Es gab und gibt immer noch vier Kategorien der Schulausbildung mit Sonderschulabschluss, Hauptschulabschluss, Realschulabschluss und Abitur. Für alle Abgänger gab es traditionell einen gesellschaftlichen Bedarf und ein berufliches Angebot. Die Arrangements waren so, dass die sich selbst erfüllenden Prophezeiungen den Eindruck von Naturgegebenheiten erzeugten. Bei den einen wirkte der Placebo-Effekt, bei den anderen der umgekehrte Placebo-Effekt, auch Tomato-Effekt genannt. In Südamerika glaubte man lange Zeit, Tomaten seien giftig, und siehe da: Man beobachtete beim Verzehr Vergiftungserscheinungen. Es sage also niemand, dass in dem gesellschaftlichen Arrangement eine anthropologisch begründbare Begabungsausstattung zur Geltung gekommen sei. Nein, hier handelte es sich um Formierungen, die einen gesellschaftlichen, keinen anthropologischen Sinn hatten. Man nahm in Kauf, dass eine Vielzahl von Menschen ihre Bildungschancen nicht nutzten. Vor dem Hintergrund meiner dörflichen Herkunft könnte ich eine Reihe von Beispielen aus dem Freundeskreis nennen. Aber das Ganze war unauffällig, da für fast alle ein berufliches Angebot da war.

Ein vordemokratisches Homogenitätsphantasma spielt noch immer eine herausragende Rolle. Mir wurde als Schüler in meiner Schule nahegelegt, ich solle mich als Gymnasiast nicht mit Hauptschülern abgeben, weil das für mich schädlich sei. Nun waren aber meine Freunde, mit denen ich Fußball spielte, in der Mehrheit Hauptschüler. Ich weiß nicht, welche meiner Identitäten dominanter war, der Gymnasiast oder der Fußballer. Aber ich weiß, dass die Freundschaft zu den Hauptschülern für meine Lehrertätigkeit außerordentlich nützlich war. Unsere Gesellschaft ist nicht homogen und wird es nicht sein. Ich kann mich christlich, feministisch, ökologisch oder als Fußballfan engagieren. Wenn ich demokratisch sein will, muss ich gelernt haben, mit den Identitätsvarianten zu leben, also darauf verzichten, Differenzen zu beseitigen. Die menschlichen Schäden, die durch die homogenisierenden Schnitte zugefügt wurden, muss man nicht eigens beschreiben. Jeder kann sie sich leicht ausmalen.

Es muss mit der Verbannung der Emotionalität aus der pädagogischen Professionalität zu tun haben, wenn nur von wenigen die Gemeinheit empfunden wurde, die man Zehnjährigen zufügt, indem man sie sortiert, noch bevor sie ein Bewusstsein von dem bekommen können, was in dem Moment passiert. Der Zynismus reicht so weit, dass noch vor wenigen Jahren eine politische Bewegung in Hamburg unter dem Slogan „Wir wollen lernen!" mobil machte. Gemeint war, dass Zehn- bis Zwölfjährige nur dann lernen können, wenn sie von vermeintlich leistungsschwächeren Kindern, die dem Slogan nach nicht lernen können, getrennt werden. Diese Bewegung hatte Erfolg. In gewisser Hinsicht befinden wir uns mit unserem Schulwesen noch im 19. Jahrhundert. Manchmal hilft der Blick auf die Mythen eines anderen Kulturkreises. Die Männer Saudi-Arabiens glauben, dass Frauen unfruchtbar werden, wenn sie eigenständig Auto fahren. Das glauben sie schon sehr lange und sehr fest. Wir halten das in unserem Kulturkreis für falsch. Dafür glauben wir, dass man eine Population von zehnjährigen Kindern aufteilen muss nach Bildungsprognosen. Dass es danach noch zu Korrekturen kommen kann, vornehmlich „nach unten", wird als Zeichen der Durchlässigkeit angesehen. Ich glaube ja, dass Frauen durch Autofahren nicht unfruchtbar werden und dass Kinder zehnjährig durch kategoriale Trennungen nicht gefördert, sondern entmutigt werden.

Viele sagen, der Bann des traditionellen ökonomischen Diktats für die Pädagogik sei gebrochen. Menschen sollen nicht mehr zugeschnitten werden auf bestimmte Berufsprofile. Es müsse vielmehr eine Homogenisierung auf höchstem Niveau stattfinden. Exzellenz für alle!

Gunter Dueck vertritt das mit Vehemenz in seinem Buch „Aufbrechen! Warum wir eine Exzellenzgesellschaft werden müssen“.[31] „Jeder muss und kann studieren“ oder „Was heute mittelmäßig ist, geht morgen gar nicht mehr“ sind seine Leitsätze. Auch wenn er sich gegen die Herrschaft des Homo oeconomicus wendet, sie bleibt in diesem Diskurs dominant. Ich will nicht gegen das ökonomische Kalkül polemisieren. Aber lernende Kinder müssen frei davon sein. Es scheint fast, als hätten wir es nicht in der Hand, dieses oder jenes Leben zu führen, so wenig wie es der Wille des Menschen war, aufrecht zu gehen. In der Tat haben es nicht Soziologen oder Ökonomen in der Hand. Nicht einmal Pädagogen haben es in der Hand. Sie haben aber den größten Einfluss. Sie entscheiden, ob Menschen auf ein ökonomisches Format zugeschnitten oder selbstverantwortliche Subjekte des eigenen Lebens werden können. Dazu müssen diese Pädagogen allerdings selbst die Verantwortung übernehmen. Sie müssen den Bann des ökonomischen Kalküls brechen. Andere werden es nicht tun. Pädagogik ist, wenn sie es mit sich ernst meint, die Befähigung zur Freiheit.

Die auffällige Unterfinanzierung des deutschen Schulwesens hat vielleicht auch damit zu tun, dass die Ahnung besteht, dass eine höhere Bildungswirksamkeit bei den gegebenen Strukturen nur schwer möglich ist, sodass das Bildungssystem finanziell womöglich ein Fass ohne Boden ist. Manchmal hat man den Eindruck, dass Bildung ein Baum ist, der in den Amtsstuben von Politikern steht und immer dann festlich geschmückt wird, wenn man sonst nicht so recht weiterweiß. Nach den Festtagen regiert wieder der Finanzminister in gewohnter Nüchternheit. Das Bildungssystem ist nicht auf Optimismus angelegt. Wenn eine Gesellschaft wirklich von ihren Schulen begeistert wäre oder große Hoffnung in deren Möglichkeiten hegte, dann würde sie sich Schulen mehr kosten lassen. Es scheint eine Ahnung zu geben,

---

31 Gunter Dueck, Aufbrechen! Warum wie eine Exzellenzgesellschaft werden müssen, Frankfurt a.M. 2010.

dass „Anbau" nicht reicht, zum „Umbau" aber die Kraft fehlt.[32] In dieser Frage wirkt auch wieder die beharrende Allianz von tradierter Professionalität und Schulfolklore.

Die bestehende Schullandschaft macht es nicht unmöglich, aber unglaublich schwer, Strukturen zu schaffen, die glückendes und glückliches Arbeiten für alle ermöglichen. Maria Montessori sagt, jeder (jeder!) Mensch brauche eine Mission. Das sei eine Bedingung des Glücks, die in der Schule angelegt sein müsse. Technokratisch ist da nichts zu machen, zumindest dann nicht, wenn das Elementare fehlt. In einer bestimmten Phase der Entwicklung heißt das: Kinder wollen Helden sein. Wenn sie keine positiven Helden werden, werden sie negative.

An den Rändern des professionellen pädagogischen Alltags

Lehrersein ist eine außergewöhnliche Profession. Sie unterscheidet sich in ihrem Kern von fast allen anderen Professionen und nicht nur deswegen, weil es sich um ein besonderes Teilsystem handelt. Nein, sie ist im Prinzip anders. Sie ist an den Grenzen weich. Sie will sich auf das Leben einlassen und das Leben immer wieder neu verstehen angesichts der Menschen, die das Leben lernen wollen. Sie hat es mit der Dialektik zu tun, klar konturiertes Wissen zu ermöglichen und dieses Wissen immer wieder im größeren Zusammenhang infrage zu stellen. Und dabei Kriterien zu erlauben, die mit dem jeweils individuellen Leben zu tun haben.

Wer pädagogisch arbeitet, steht in einer Verantwortung wie nur wenige sonst. Wenn Kinder befähigt werden sollen, Ideen zu entwickeln, dann sind sie nicht nur in ihrer kognitiven Kompetenz, sondern auch in ihrer emotionalen Begabung gefordert. Persönliche Entwicklung lebt von der Entwicklung von Ideen (auf welchem Niveau auch immer), die niemals nur kognitiv sind. Sie bedürfen der emotionalen Animierung und eines besonderen sozialen Klimas. Auch der Lehrer

---

32 Die Notwendigkeit des Umbaus stellt Richard David Precht ausführlich dar, in: „Anna, die Schule und der liebe Gott. Der Verrat des Bildungssystems an unseren Kindern", München 2013.

entwickelt nur Ideen, wenn es Gründe zur Freude und zum Optimismus gibt. Emotionen sind immer individuell, anarchisch, nicht kalkulierbar. Der Gegensatz von Verstand und Gefühl ist ein Trugbild der falschen Professionalität. Dieses Trugbild ist ein entscheidender Grund für das Scheitern so vieler Bildungsbiografien. „Selbst-Denken ist nur als ein emotionales Vermögen vorstellbar", lernen wir von Harald Welzer.[33]

Es ist in der pädagogischen Diskussion keine Selbstverständlichkeit, nach dem glücklichen Lehrer zu fragen. Aber der glückliche Lehrer ist nicht nur denkbar, er ist im Blick auf eine erfolgreiche und erfüllende Tätigkeit unabdingbar. Wenn ich als Lehrer nicht glücklich sein kann, sollte ich Radprofi oder Börsenhai werden. Nicht umsonst stellt der Hirnforscher Gerhard Roth die Persönlichkeitsbildung in den Mittelpunkt seines Buches über Pädagogik.[34] Die Tugenden, die erfolgreiche pädagogische Arbeit im Sinne der Persönlichkeitsbildung ausmachen, sind gleichzeitig die Qualitäten, die den glücklichen Lehrenden ausmachen.

Unsere Professionalität im traditionellen Sinne steht jedenfalls grundsätzlich in Frage. Wir stoßen an ihre Grenzen. Diese Grenzerfahrung realisieren wir als berufliche Probleme oder gar berufliches Scheitern. Man kann das dann Burn-Out nennen oder Depression. Es ist jedenfalls das Gegenteil von Glück. Aber wie gehen wir mit diesen Grenzerfahrungen um? Die Ängstlichen ziehen sich zurück in den Binnenraum, in die Scheinsicherheit einer Professionalitätsmitte und beklagen die Unsicherheiten und Niedergänge der alten Ordnung. Die Mutigen definieren angesichts der Veränderungen der Welt und neuer Erkenntnisse die Lehrerprofessionalität neu oder sie bestimmen ihre Funktion neu im Sinne eines größeren Bildungszusammenhanges. Man sollte die traditionellen Lehrpläne und Lernziele als Homogenisierungsinstrumente infrage stellen. Man kann neu und besser von Bildungsstandards sprechen, denn sie lassen mehr Freiheit im

33 Harald Welzer, Selbstdenken. Eine Anleitung zum Widerstand, Frankfurt a.M. 2013, S. 291.
34 Gerhard Roth, Bildung braucht Persönlichkeit. Wie Lernen gelingt, Stuttgart 2011.

Prozess des Lehrens. Die Schule kommt aber in ihren Grundarrangements nicht hinterher. Im Modell des klassischen Stundengebens und curricularer Enge werden wir den Anforderungen nicht gerecht.

Die Professionalitätskrisen mit ihren Grenzerfahrungen gibt es auch in anderen Berufen. Die Grenzerfahrungen eines Pflegers im Altenheim können zu dem Befund führen: All das, was ich hier tue, hat nichts mehr mit wirksamer Pflege zu tun. Die Grenzerfahrungen des Arztes können zu dem Befund führen: All das, was ich hier tue, hat nichts mehr mit wirksamem Heilen zu tun. Oder was sollen die Ökonomieprofessoren sagen, die nicht einmal mehr akute Krisensymptome bemerken und nach ökonomischen Todesfällen genauso weiterarbeiten wie zuvor? Zu welchem Beruf, der es mit Menschen zu tun hat, könnte man nicht Ähnliches formulieren? Die Standardreaktionen sind Rückzug, ohnmächtige Klage über den Zustand der Berufswelt oder komplette Ignoranz. Es gehört offenbar viel dazu, die Grenzen zu überschreiten und Neuland zu betreten. Aber es gibt sie, die Pioniere und die Engagierten.

Wenn es um Schule geht, wenn es um Bildung geht, geht es um den Erwerb von Leichtigkeit im Tun. Das ist zu schwer, um es dem traditionellen Profi in uns zu überlassen. Bei allem, was Kinder tun, muss immer der Wille zum Griff nach den Sternen motiviert werden, muss immer das ungebändigte Phantasma des Über-Sich-Hinauswachsens im Spiele sein. Wenn die Stürmer und Dränger des späten 18. Jahrhunderts eine Kampfansage gegen die verengten Welten alter Ordnungen und vereinseitigter Rationalität der Aufklärung mit dem emphatischen Ausruf: „Heißt das gelebt?" richten, dann mag man heute darüber lächeln. Aber in jeder widerborstigen Regung des Schülers und noch in jeder verbotenen Eskapade des Kleinbürgers findet der Ausruf einen Widerhall. Wenn wir etwas nicht eingelöst haben, dann ist es die Melange aus Aufklärung, Sturm und Drang und Idealismus, in der alle Teile des menschlichen Kosmos ihre Kraft entfalten. Die Gebrüder Humboldt, die Namensgeber meiner Schule, repräsentieren diese Kraft, die sich nicht auf einen Begriff bringen lässt, aber im reflexiven Umgang mit Schulalltag erfahrbar zu machen ist.

Die Qualitäten, die ich in den späteren Kapiteln porträtiere, stehen für Dynamik. Der erfolgreich Lernende und auch der erfolgreich Lehrende wissen um die Bedeutung, die in der Kraft der Freundlichkeit, der praktischen Intelligenz, des Engagements, der Selbstwahrnehmung, der Muße und der Bewegung liegt. Es sollte deutlich werden, dass diese Produktivkräfte in der Lage sind, die Versteifungen aufzulösen, um einem Vorgang Freiheit zu geben, der Lernen heißt. Dass der Lernvorgang in der pädagogischen Folklore hingegen als leidvoller angesehen wird, ist der eigentliche Skandal.

3. Armer Sisyphos – glücklicher Sisyphos

Armer Sisyphos

Sisyphos ist ein Störenfried der alten Ordnung. Er hält sich nicht an die Normen seiner Zeit. Er überlistet und verärgert die Götter. Selbst deren Todesurteil unterwirft er sich nicht. Schließlich erweisen sie sich aber als mächtiger. Zur Strafe muss Sisyphos in der Unterwelt einen Felsblock einen steilen Hang hinaufrollen. Vor dem Gipfel wird Sisyphos der Felsblock zu schwer, sodass dieser wieder hinunterrollt. Der Vorgang muss sich immer wiederholen, ohne Unterbrechung. Nun muss Sisyphos herhalten als Urbild menschlicher Vergeblichkeit.

Zeigt sich in dieser Geschichte – wie in einer frühen Vorahnung – das Schicksal der Lehrenden im Zeitalter der Demokratie? Die Befindlichkeitsbeschreibungen legen das nahe. Ist nicht das Versprechen der allgemeinen Schulpflicht und der „Bildung für alle" eine Illusion, die uns von der Demokratie mit fatalen Effekten aufgezwungen wurde? Es scheint vieles dafür zu sprechen. Die Gesellschaft kann irgendwie gut mit dieser Illusion leben. Die Beteiligten in den pädagogischen Betrieben, den Schulen, leiden aber in großer Zahl unter ihr. Davon war bereits die Rede. Im Laufe der Geschichte der letzten hundert Jahre stoßen wir auf viele Maßnahmen, das Leid in dieser Anstalt der Demokratie für alle einigermaßen erträglich zu machen. Man braucht schließlich den pädagogischen Sisyphos schicksalsergeben. Seine Selbstzweifel müssen den Charakter subjektiver Störungen behalten. Der Stein muss rollen, nach oben oder unten, es darf möglichst keine Besinnung erfolgen, es muss alles im Fluss sein, die Unterbrechung des Flusses muss möglichst als ernegieaufwändiger empfunden werden als dessen Fortlauf. Die Bewegung versteht sich von selbst, ist gewissermaßen autopoetisch. Wie bei einem Marathonlauf wird unterwegs Wasser zur Erleichterung gereicht, das Tempo kann variiert werden, bestenfalls stehen am Straßenrand applaudierende Zuschauer. Die Lehrenden arrangieren, organisieren, verordnen, bewerten und pfeifen aus dem letzten Loch. Gleichzeitig werden sie angewiesen, bewertet und verpflichtet, sodass sie murren und klagen.

Aber all das muss möglichst gebannt sein in Ritualen, in einer Prozessnormalität.

Es sind immer wieder naiv anmutende Parzivals, die sich auf die Suche nach dem heiligen Gral machen und es für eine gewisse Zeit schaffen, den Eindruck zu erwecken, als könne der Stein oben ankommen. Das Bildungswesen insgesamt lässt sich dadurch aber kaum irritieren. Lernen als Freiheitsakt, als intensiv erfahrener Highway des Lernsubjekts wird nicht systembildend. Es gibt die curriculare Bahn, auf der Bewegung stattfindet. Dass diese Bewegung direkt an Sisyphos erinnert, verhindern die alltäglichen Eskapaden, die kleinen und großen Frechheiten der Moderne, die kollektiven Selbstblendungen der Lehrenden und Lernenden und natürlich die Gewissheit der Normalität: Es war ja noch nie anders.

Zum Thema „Schule" gibt es eine Art naturalistische Elendsliteratur. Häufig retten sich viele Akteure in lähmenden Zynismus. Verzweiflungsgesten, Omnipotenzgesten, Humoresken. Manchmal geht es in ihr auch um Sieg und Niederlage. Man befindet sich in einem Stellungskrieg, Schüler diesseits, Lehrer jenseits des Grabens. Gelegentlich wird die Schülerfront in dieser Wahrnehmung noch durch als impertinent empfundene Eltern gestärkt. Filmische Darstellungen („Frau Müller muss weg") machen Furore. Diese Literatur dient allenfalls der psychischen Entlastung.

Schauen wir auf einige Beispiele der großen Literatur, die erstaunlicherweise häufig Schullektüre ist. Erfahrungen bekommen in Figuren Gestalt, die das Scheitern und Leiden der besonders und normal Begabten bezeugen: Heilner in „Unterm Rad", Moritz in „Frühlingserwachen", Törleß in „Verwirrungen des Zöglings Törleß" oder auch Professor Unrat als Lehrkraft. Diese Beispiele sagen in gewisser Hinsicht mehr über die Schulwirklichkeit aus als so manche professionelle Verlautbarung. Gehört es zum Realitätssinn oder zur herausragenden Sensibilität dieser Autoren, dass immer Tragik im Spiele ist? Am Ende steht nicht selten der Tod.

Theorien, die sich zuhauf bilden, verkrampfen sich immer wieder in Messungen und Appellativen und animieren zu Selbststeigerungen der pädagogischen Subjekte und Verfeinerungen der pädagogischen Strategien. Fachliteratur stellt das Handwerkszeug zur Diskussion, erneuert es innovativ, warnt gelegentlich vor Illusionen der Progressivität und redet teilweise streng, teilweise sehr empathisch auf die Lehrenden ein. Diese Literatur ist in der Regel hilfreich, wird aber im pädagogischen Alltag kaum zur Kenntnis genommen. Kluge Köpfe wenden sich an kluge Köpfe, aber es entsteht weder ein stabiles kognitives noch ein stabiles emotionales Band. Die Adressaten haben allenfalls das Gefühl, es werde immer mehr an der Normativitätsschraube gedreht. Insofern ist die Kommunikation der klugen Köpfe längst gestört, Anschlüsse gibt es nur unter großen Anstrengungen, aber häufig mit so schwachen Energien, dass sie kaum wirksam werden. Viele Theorien führen ein trauriges Außenseiterdasein. Nicht selten hat man den Eindruck, dass Universitätsprofessoren sich redlich bemühen und das Beste für die Lehrenden wollen, diese aber in ganz anderen Diskurszusammenhängen und emotionalen Horizonten stehen. Schule und Universität stehen sich fremd gegenüber.

Schließlich gibt es die Literatur, die in einer eher radikal-kritischen Tradition steht und eine neue Form von Schule möchte, eine neue Architektur von Schule im gegenständlichen und ideellen Sinne. Das ist sympathisch und wohl begründet. Die Kritiker schauen z.T. von außen auf die Schule, kommen aber auch aus ihrem Binnenraum, wie die beiden großartigen Schulleiterinnen Ulrike Kegler und Enja Riegel. Warum zerschellen Kritik und vorbildhafte Gestaltungen noch immer an dem unerschütterlichen Empfinden davon, was pädagogisch normal ist, und – das ist vermutlich eine Folge – an einer politischen Mutlosigkeit? Es scheint jedenfalls nicht so, dass die Innovationsanstrengungen alltägliches Unglück insgesamt nachhaltig verringern.

Aber die Schule ist ja kein Bereich mit einem traurigen gesellschaftlichen Einzelschicksal. Es ist trauriger Spiegel eines traurigen Denkens in anderen Bereichen. Ich habe an anderer Stelle schon ausgeführt, dass in unserer Welt der selbstverantwortliche, sich selbst steuernde Mensch als kindliche Illusion abgetan wird. Totalitäre Systeme zerschlagen das freie Subjekt, wo es das Haupt erhebt. Erstaunlicherweise haben sich Menschen gerade dort in Lebensgefahr gebracht, um sich das Recht individueller Souveränität und Freiheit zu nehmen. Es verblüfft nun aber, dass sich das Verschwinden des Subjekts dort zu vollziehen scheint, wo Demokratie und damit Freiheit herrschen sollen. Die marxistischen Gruppen in den 70er-Jahren zum Beispiel haben sich über alle lustig gemacht, die das Wort Moral, Handlungsfähigkeit, Pluralität oder Selbstwirksamkeit in den Mund nahmen. Die Systemtheorie von Luhmann hat auch wenig mit dem Subjekt im Sinn, das für sich und seine Umwelt Verantwortung übernimmt. Systeme funktionieren aus einer Eigendynamik. Sie brauchen kein Subjekt. Selbst der heutige politische Liberalismus meint die Freiheit der Waren- und Kapitalbewegungen und nicht die Freiheit der Menschen. Systeme werden subjektlos und bringen damit die Freiheit der Menschen zum Verschwinden. Manche dieser Theoretiker entwickeln dabei so etwas wie eine ekstatische Nüchternheit. Sie sind die erkennenden Subjekte, die sich in Übereinstimmung mit der Zeit zu befinden meinen. Wenn hier Steine gerollt werden, dann müssen sie gerollt werden. Ein Tor, der das moralisch betrachtet. Systembestimmungen und mythische Determiniertheit gehen hier durchaus Hand in Hand.[35]

Die Erfahrung zieht sich durch die Zeiten pädagogischer Arbeit, dass wir es, wie überall, mit blinden Flecken zu tun haben, vielleicht auch mit dem einen blinden Fleck. Es scheint manchmal, als gebe es ein Mysterium des Misslingens. Und wenn es eine Formel gibt, in der dieses Mysterium gepflegt wird, dann in dem Satz: „So schlecht wie heute waren die Schüler noch nie." Das ist durch alle Zeiten das professionelle Erkennungszeichen, ob in der Schule oder in der Universität, seit dem Einzug eines demokratischen Anspruchs in die Welt der

---

[35] Und in der Tat, die Indizien für diese Position sind erdrückend. Die Träume der Aufklärung, des Sturm und Drang, der Klassik, der Frühromantik, sie scheinen alle mentale Entgleisungen des Überschwangs gewesen zu sein. Die Rede von der westlichen Wertegemeinschaft ist nach Vietnam- und Irakkrieg, nach den von dieser Gemeinschaft protegierten oder betriebenen Folterungen in Südamerika und Guantanamo nur noch als Ideologie überlebensfähig. Der ökonomische Schutz dieser Wertegemeinschaft verträgt sich ganz offenbar damit, dass das Mittelmeer zu einem Massengrab geworden ist. Gemessen an dem Machtzentrum „Finanzkapital" ist der Sozialstaat Angelegenheit eines Unterstaatssekretärs.

Bildung. Die Alltagsprofession trägt also die Vision des Besseren immer als Vergangenheitsphantasma mit sich herum. Professionelle Selbsttäuschungen und Selbstblendungen sind oben schon genauer beschrieben worden.

Ideologischer Schutzpatron für den armen Sisyphos ist die Schulfolklore. Man hat es leider in bestimmter Hinsicht mit einer Konvergenz zu tun zwischen Schulfolklore und Professionalität. Abwehr, Faulheit, Vermeidung als normale Grundhaltung der Lernenden sind die Gassenhauer des Volksmundes. Heldengeschichten werden erzählt. Politiker kokettieren damit, sitzengeblieben zu sein, mehrfach, als sei das die Bedingung für Prominenz und Erfolg. Und die pädagogischen Profis? In den Verlautbarungen und Strategien der Professionalität gibt es Beispiele in Hülle und Fülle, die das Alltagsbewusstsein affirmieren, die implizit von der selbstverständlichen Vermeidung und Abwehr der Schüler ausgehen. Gespräche in vielen Lehrerzimmern sind in diesem Sinne beredt. Und es gibt so viele Lehrkräfte, die in ihrem außerordentlichen Bemühen eine Spannkraft entwickeln, die zur Totalerschöpfung führt. Aber auch solche, die in ihrer Gleichgültigkeit auf Aussonderung setzen. Der Mainstream der Wahrnehmung von Schule ist immer noch: Wenn Kinder Schüler werden, müssen sie ein Programm durchlaufen, das sie im Grunde nicht wollen. Das war so und wird immer so sein. Und natürlich freuen sich die Eltern, wenn ihre Kinder die Programmpunkte erfüllen, also „gut in der Schule sind". Das ist der Beweis, dass es doch geht. Die Unterschiede seien nun mal so.

Das Sisyphos-Drama des individuellen Misslingens korrespondiert mit einem anderen Drama des pädagogischen Misslingens. Das wird uns in einem anderen Mythos dargestellt, dem Höhlengleichnis von Platon. Das Höhlengleichnis ist in aller Munde, aber erstaunlich ist doch, dass es nicht als pädagogisches Gleichnis gelesen wird. Nur kurz: Menschen befinden sich in einer Höhle und sind in ihrer Wahrnehmung komplett festgelegt. Sie können nur auf die Höhlenwand schauen. In ihrem Rücken befindet sich ein Feuer, sodass auf der Höhlenwand die Schatten der Dinge zu sehen sind, die sich hinter ihnen befinden. Die gefesselten Menschen halten die Schatten für die objektive Wirklichkeit. Nun schafft eine Person die Befreiung aus der Fixierung, bewegt sich aus der Höhle ans Licht, sieht also viel mehr und vor allem anders. Die Bewegung verändert die Einstellung der Person zu den Dingen, das Gesamtszenario der Höhle wird der Person bewusst. Sie will die anderen Höhlenbewohner über ihren Zustand belehren, droht von diesen aber erschlagen zu werden. Mit diesem Belehrungsversuch beginnt das pädagogische Drama.

Warum sollten Menschen die eigene Wahrnehmung für falsch, die eines anderen aber für wahr halten? Kaum zu glauben, dass in diesem Gleichnis Ahnungen zum Ausdruck kommen, die viele Jahrhunderte später erkenntnistheoretisch und hirnphysiologisch diskutiert wurden.

Wir lernen,

1. dass die Bewegung aus der Höhle ans Licht voller Anstrengung und Irritation ist,
2. dass die Motivation, diese Anstrengung auf sich zu nehmen, keinem pädagogischen, sondern einem autodidaktischen Impuls folgt,
3. dass eine Ahnung von einem beglückenden Besseren entstehen muss, wenn man die Anstrengung auf sich nehmen will.

Wer wollte der Verlockung widerstehen, auf die Analogien in der heutigen Welt hinzuweisen? Harald Welzer schreibt in seinem Buch „Selbstdenken" von vielen Fixierungen, fetischistischem Alltagsverhalten, erstarrten Einstellungen und Dogmen des Alltäglichen. Gibt es ein glücklicheres Leben als das gelebte? Ist nicht jede Person, die keine Variabilität in der Einstellung kennt, zur Höhlen-Existenz oder zur Sisyphos-Existenz verurteilt? Wir Erwachsenen tun uns sehr schwer, uns von Fixierungen zu befreien, empfinden es dann aber als großes Glück, wenn es gelingt. Wie kann man diesen positiven Erfahrungsschatz anreichern? Leuchten wir noch einmal in die Schule hinein. Als Lehrende verlangen wir von den Kindern, dass sie Rechtschreibung und Rechenverfahren lernen, damit sie sich irgendwann neue Welten leichter erschließen, damit sie die Welt in ihrer Fülle und Schönheit wahrnehmen können. Das müssen sie uns glauben. Aber ernsthaft: Wie muss dieses Versprechen inszeniert werden, um nicht an der Ablehnung der Kinder zu scheitern? Es muss immer ein Vorschein des Glücks sichtbar sein – natürlich nicht unbedingt bei jeder konkreten Sache, aber doch im Gesamtklima der Schule. Schule muss schon viele Versprechen erfüllt haben, wenn die Bereitschaft leicht fallen soll, das Plusquamperfekt und die Unterscheidung von Küstenformationen zu lernen. Den Weg aus der Höhle muss jeder selbst finden, durch eigene Bewegung, gewissermaßen autodidaktisch.

Warum ist es so, dass der Ort, dem Aufklärung, Emanzipation, Vitalisierung, kurz Lernen ins Stammbuch geschrieben wurde, noch immer der Ort der Vermeidung, der Abwehr, der Versteifung, subtiler Zwangskultur ist? Es gibt großartige Schulen, es gibt außerordentliche Bemühungen in Praxis und Theorie, es gibt Beispiele, in denen das Stammbuch Programm ist, sogar in gewisser Hinsicht curricular wird. Aber das Gros? Wenn die Nachhilfekultur ein milliardenschweres Erfolgsgeschäft geworden ist, wenn der Teil der Risikoschüler bis zu einem Viertel der Gesamtpopulation ausmacht, wenn schon kleinste Verbesserungen ein hörbares Aufatmen in der Gesellschaft auslösen, wenn Studien zum Ergebnis kommen, dass die Hirnaktivitäten der Kinder in der Freizeit größer sind als in der Schulzeit, wenn Kollegien, medial verstärkt, die Krise ihrer Schulen ausrufen, wenn Rettungsanker gesucht werden, die nun „Werte" oder „Disziplin" heißen mögen oder im Sprung ins ganz Andere, ins umstandslos Offene und Freie, in den Glauben an antipädagogische Selbstläufe, dann, ja dann legt mit Kafka „der Galeriebesucher das Gesicht auf die Brüstung und […] weint […], ohne es zu wissen."[36]

Es gibt einen unendlichen Mangel an Selbstbewusstsein bzgl. des eigenen Tuns. Der glückliche Lernende und der glückliche Lehrende erscheinen wie Paradoxien in der Schulfolklore. „Ich möchte heutzu-

---

36 Franz Kafka, Auf der Galerie, Frankfurt a.M. 1970, S. 129.

tage kein Lehrer sein!", ruft der Volksmund in einer seiner unreflektierten Meinungsspielarten dem Sisyphos-Lehrer zu und meint natürlich beider Jammer, der Lehrenden und der Lernenden.

Glücklicher Sisyphos

Darf ein Lehrender aber unglücklich sein? Natürlich – wird man sagen – gibt es das Menschenrecht auf Unglück. Aber darf ein Lehrender, wenn er seiner Bestimmung gerecht werden will, unglücklich sein? Diese Frage wurde meines Wissens noch nie in einem Studienseminar der Lehrerausbildung gestellt. Wer spricht schon von einem glücklichen Lehrer? Man spricht von dem guten Lehrer, dem verständnisvollen Lehrer, von dem Lehrer, der sein Handwerk versteht. Die Erfahrung einer Dienstzeit als Lehrer und Schulleiter von ca. 40 Jahren gebietet geradezu, die Rede vom glücklichen Lehrer zu eröffnen.

„Man muss sich Lehrer als glückliche Menschen vorstellen." Das ist eine Anleihe bei Albert Camus. So mancher schreibt dem Lehrer eine Sisyphos-Existenz zu und meint damit alle Vergeblichkeit und alles Leid erklärt zu haben. Camus schreibt:

> „Die Götter hatten Sisyphos dazu verurteilt, unablässig einen Felsblock einen Berg hinaufzuwälzen, von dessen Gipfel der Stein von selbst wieder hinunterrollte. Sie hatten mit einiger Berechtigung bedacht, dass es keine fürchterlichere Strafe gibt als eine unnütze und aussichtslose Arbeit."[37] Am Ende heißt es: „Wir müssen uns Sisyphos als einen glücklichen Menschen vorstellen."[38]

Wenn die Schulwirklichkeit so ist, wie sie der Mythos für Sisyphos beschreibt – und manche Verlautbarungen legen das nahe –, gibt es nach Camus für das Glück nur die Chance der Anerkennung des Absurden, die Bewusstheit des absurden Tuns. Der Lehrer muss auf die Hoffnung verzichten, die Götter könnten helfen, verzichten auf die Entlastungserwartungen an Regierungen, die wie metaphysische Erleichterungsinstanzen angerufen werden, verzichten auf die trügeri-

---

37 Albert Camus, Der Mythos des Sisyphos, Reinbek 1999, S. 141.
38 Ibid., S. 145.

sche Hoffnung, die Arbeit könnte zu finalem Erfolg führen. Der Lehrer hat heroisch sein Schicksal anzunehmen und findet darin die Quelle seines Glücks. „Antike Weisheit verbindet sich mit modernem Heroismus."[39] Soweit Camus' Glücksversprechen.

Wer möchte den heroischen Verzicht Camus' auf den Klagemodus nicht übernehmen? Die Deutung des Mythos scheint mir damit aber nicht ausgeschöpft. Wenn Sisyphos darauf verzichten kann, das Hinaufrollen des Steins als eine beklagenswerte Bestrafung anzusehen, aus der nur die Götter erlösen können, die sie auch verhängt haben, dann kann ich auch zu einem neuen selbstreflexiv gewonnenen Handeln kommen. Dann kann ich auch das Konzept dieses Handelns überdenken und ein neues gewinnen, dann kann ich mich auch befreien aus einer Routine, von der ich weiß, dass sie sinnlos ist. Dann könnte ich auch – und das ist der Heroismus 2. Grades – sagen: Der Stein bleibt unten, meine Kräfte reichen nicht. Wer A sagt, muss nicht B sagen, wenn er erkennt, dass A falsch ist. Oder ich kann sagen: Die Kräfte, die mir im Wege stehen, sind zu groß. Es scheint ein übermächtiges Interesse daran zu geben, dass der Stein sein Ziel nicht erreicht oder dass ich mich im Hochrollen des Steines verausgabe. Vielleicht ist diese Kraft auch daran interessiert, dass ich stumpfsinnig etwas tue. Das könnte ich immerhin erkennen. Oder ich könnte in einem heroischen Akt der Selbsterkenntnis feststellen: Ich habe mich in meinem Stumpfsinn eingerichtet und mich von meiner Pseudoaktion nicht abbringen lassen, gewissermaßen als existentiellem Zeitvertreib.

Nach dieser Erkenntnis könnte aber auch alles anders werden.

Ich glaube ja, das Glück des Sisyphos liegt in etwas ganz anderem. Sisyphos ist überzeugt, dass der Stein auf den Berg gehört. Er ist engagiert am Werke. Die Interpretation, es sei eine Strafe der Götter, stammt nicht von ihm, sondern von seiner Umgebung, von Menschen, die schon Platon in seinem Höhlengleichnis beschrieben hat. Die Behauptung der Strafe ist die ideologische Darstellung der Folkloristen jener Zeit, die die erfolglose Bewegung für den Teil einer gottgewollten Ordnung halten. Sisyphos experimentiert aber, er gibt nicht auf,

39 Ibid., S. 144.

aber er hadert immer wieder mit sich und fragt sich, ob er alle Kräfte zweckmäßig nutzt, ob er womöglich starrsinnig an einem Ziel festhält, obwohl seine Kräfte nicht reichen oder ob er nicht genug Abstand zu seinem Handeln findet, um es zweckmäßiger anzugehen. Er macht viele Erfahrungen und kommt schließlich zu einer faszinierenden Erkenntnis: Es gibt keine Alternative zu dieser Bewegung. Diese Bewegung ist anstrengend, ich habe aber die Chance, sie leichter zu machen und damit erfolgreicher. Sisyphos bemerkt noch etwas. Der Gipfel selbst als endgültiger Zielpunkt ist ein trügerisches Phantasma. Die Ankunft dort ist ein kurzes Intermezzo. Wir wissen heute, dass jeder Bergsteiger wieder hinabsteigt und sich auf dem Gipfel keine Hütte baut. Es ist bestenfalls der Ort, wo wir temporär Ruhe finden, vielleicht der Ort der Meditation, vielleicht aber auch der Ort des Sterbens wie bei den amerikanischen Ureinwohnern. Sisyphos jedenfalls hat sein Glück in der Bewegung gesucht und sich auf den Moment der Ruhe auf dem Gipfel gefreut.

Sisyphos hat große Nachfolger gefunden, die sich verhöhnen und verfolgen lassen mussten, die in ihrem zum Teil singulären Einsatz zu Lebzeiten keinen Erfolg hatten, deren Energie sich aber dennoch stetig zu vermehren schien. Die Bewegungsenergie bewirkte zumindest ein Gefühl des Elitären gegenüber denen, die im Stillstand ihr Heil suchten. Und hier zumindest verdient das Elitäre Hochachtung.

Als Lehrende sollten wir den Vergleich mit Sisyphos nicht scheuen. Wir sollten uns vielmehr am Glück des Sisyphos orientieren und von diesem inspirieren lassen. Wir gehören zu der Elite, die stets auf der Suche nach der optimierenden Bewegung ist und sich darüber austauscht. Wir können lernen, weil wir kooperieren, weil wir nicht allein sind, wie Sisyphos, der allenfalls in der Hinsicht ein armer ist, weil er allein gelassen wurde, wie so viele seiner imposanten Nachfolger. Aber da sind wir als Lehrende in einer glücklicheren Lage.

Kann man den blinden Fleck also in den Blick bekommen?

Können wir uns von den Fetischen unserer Normalität, vielleicht auch von den Mythen unseres Schulalltags, lösen, um neue Räume für – zumindest etwas mehr – praktischen Zauber zu entdecken? Müssen wir die Grenzen unserer Professionalität vielleicht neu abstecken, um neuen Handlungsraum zu schaffen und um Produktivkräfte zu entdecken, die schulische Arbeit erfolgreicher, freudvoller und leichter machen? Das Kriterium für gelingende Arbeit ist die Gewinnung von Leichtigkeit. Und sie ist der Grund, sich als Lehrender oder Lernender in und an seiner Arbeit zu freuen.

Lernen hilft, das Leben leichter zu machen. Die Paradoxie der Folklore liegt in der Umkehrung dieses Satzes, Lernen also als Erschwernis des Lebens zu betrachten. Dieses Empfinden hat wahrlich Tradition.

Schon oben habe ich das Kriterium der Erleichterung des Lebens durch Lernen angesprochen, von der Ahnung, aus der Gefangenschaft der Höhle ans Licht zu gelangen. Ich möchte ein Beispiel aus meinem sauerländischen Heimatdorf geben. Dort lebte in der ersten Hälfte des 20. Jahrhunderts die vorwiegend plattdeutsch schreibende Dichterin Christine Koch. Es gehörte zur Tugend ihrer Zeit, dass eine Frau duldsam und treu die Schwere des Daseins ertrug. Was die Alltagsbelastung anging, unterschied sich Christine Koch nicht von anderen Frauen. Da nun Rebellion gegen diese Schwere in sozialer Enge nicht in Frage kam und da sie nicht nur auf das vermeintlich „wahre Leben" hoffen wollte, das nicht von dieser Welt ist, blieb ihr, da Begabung und Wille dies ermöglichten, nur die Poetisierung des Alltags. Man kann in den Gedichten nachempfinden, wie die Poesie Christine Koch beflügelte und ihr eine Leichtigkeit verschaffte, die der Alltag, vor allem im Zweiten Weltkrieg, im Grunde ausschloss. Der bleiernen Erdschwere, die schon den Tod im Leben vorscheinen lässt, versucht sie sich zu entreißen.

Es gibt Zeiten, in denen der schmerzenden Welt das Schöne abgerungen werden muss. Die ohnmächtige Klage fleht nur um Erlösung. In der Poesie hingegen findet sich Aktivität. Sie ist alles andere als unpolitisch. Sie enthält ein Versprechen auf das Schöne, das Glückliche. Und damit ist sie – auch – visionär. Und Vision ist nicht nur Zukunftsphantasma, sie ist immer auch eine gegenwärtige Kraft. Die schwarze Sklavin, die ihr Baby mit einem Blues in den Schlaf singt, schenkt ihm das einzig Schöne, was die Welt für es bereit hält. Der alles eintrübende Tod eines geliebten Menschen kann – poetisch – innere Bewegung erzeugen. So schrieb Goethe 1816 nach dem Tod seiner Frau Christiane:

> Du versuchst, o Sonne, vergebens
> durch die düsteren Wolken zu scheinen!
> Der ganze Gewinn meines Lebens
> ist, ihren Verlust zu beweinen.[40]

Auch der glückliche Sisyphos ist manchmal nicht zu beneiden. Aber er hört auch unter schwierigsten Bedingungen nicht auf, sich zu bewegen. Und wenn die Momente des Glücks nur kurz aufschimmern, bleibt ihm nichts anderes, als Novalis' Satz zu erinnern: „Indem ich dem Endlichen einen unendlichen Schein verleihe, romantisiere ich es." Es wäre spannend, dem weiter nachzugehen, wie in einer Form poetischer Reflexivität Leichtigkeit entsteht. Es gibt womöglich kein richtiges Leben im falschen, wie Adorno behauptet, aber ein besseres und natürlich immer den glücklichen Augenblick. Das weiß – Gott sei Dank – unser Sisyphos.

Gibt es denn begeisterndes Lernen als Normalzustand? Die professionellen Diskurse finden auf hohem Niveau statt. Leider verfehlen sie häufig eine Ebene, die für begeisterndes Lernen grundlegend ist. Mit dieser Ebene möchte ich mich im Weiteren beschäftigen, im Bewusstsein, dass sich Begeisterung nicht in kognitiven Abläufen erfüllt. Auf dieser Ebene lassen sich Merkmale finden, die grundlegend sind, die man Existenziale des Lernens nennen könnte. Aus einer anderen Perspektive sollte man von Produktivkräften sprechen. Dieser Begriff eignet sich deswegen besonders gut, weil er die eigendynamische Seite im Lernprozess betont. Er betont die Dynamik, in der Didaktik immer in Autodidaktik umschlagen muss, wenn sie ihren Sinn nicht verfehlen will. Schule kann ein wunderbarer Ort des Lernens, der Selbsterfahrung und der Persönlichkeitsentwicklung sein. Dabei handelt es sich um den Grund für Glück überhaupt. Gelingendes Lehren und gelingendes Lernen sind zwei Seiten derselben Medaille.

---

40 Auf ihrer Grabplatte auf dem Jakobsfriedhof in Weimar.

Der glückliche Sisyphos und die Produktivkräfte des Lernens

Mich interessiert also eine Frage, von der ich glaube, dass es eine Schlüsselfrage pädagogischen Gelingens ist. Was ist, wenn man alle Raffinessen pädagogischer Professionalität abzieht, elementar für einen erfolgreichen und glücklichen Lehr- und Lernprozess? Was ist Bedingung dafür, dass all die Raffinessen überhaupt wirksam werden können? Es werden die Produktivkräfte porträtiert, deren Wirksamkeit Lehrende und Lernende glücklich und damit Schule gut macht. Glück wird impliziter Bezugspunkt meiner Überlegungen sein.

Die Produktivkräfte des Lernens gehen immer vom empirischen Schüler aus, nicht vom idealen. Sie beenden praktisch die Vorherrschaft der Zentralperspektive in der Pädagogik, in der Kunst und in Kulturtheorien ist das schon vollzogen worden.[41] Man könnte auch sagen: Sie begründen das Ende des Zentralismus in der Pädagogik, der in einem historischen Vorbild vorsichtshalber „demokratisch" genannt wurde, ohne diesen Anspruch einzulösen. Eine Zentrale macht Vorgaben. Untergeordnete Zentralen vergeben Aufgaben, Zeit, Materialien, Werkzeuge. Es gibt Helden der Arbeit, die große Arbeitsmengen schaffen. Es muss sie geben, damit die Faulen wissen, dass sie faul sind und als Faule sichtbar werden. Entlassungsmöglichkeiten gibt es nicht. So funktioniert im Grunde auch das Bildungssystem. Die Kultusbehörden machen Vorgaben, erlassen Lehrpläne, Bildungsziele, legen personelle Ausstattungen fest. Schulen und Lehrkräfte setzen diese Vorgaben um und die Lernenden zeigen, wie gut sie unter diesen Bedingungen sind. Wohlgemerkt: unter diesen Bedingungen.

Das Koordinatensystem muss sich ändern, wenn es darum gehen soll, dass die Kräfte der empirischen jungen Menschen sich entfalten sollen. In dem neuen Koordinatensystem ist jeder Lernende sein eigener Unternehmer. Wenn man so will, kommt es der Idee von Adam Smith sehr nahe, der im 18. Jahrhundert eine Utopie des Kapitalismus entworfen hat. Wenn diese auch historisch grandios verfehlt wurde, könnte sie doch im Lernprozess Wirklichkeit werden. Es geht immer

---

41 Nur einige Namen: Picasso, Schönberg, Joyce, Einstein, Foucault. Auch in der Pädagogik zeigt sich das Umdenken in der zunehmenden Bedeutung des Konstruktivismus.

um ein Maximum an Selbstbestimmtheit und insofern könnte man sagen: Was den Lernprozess angeht, verwirklicht sich Karl Marx in Adam Smith, was die Beseitigung entfremdeter Arbeits-, in diesem Fall Lernbedingungen angeht.

An die Stelle der alten Strukturen des „demokratischen" Zentralismus tritt aber nicht die Strukturlosigkeit. Wir denken das Lernen von den Kindern aus, ohne die Standards zu vergessen. Es muss eine Polarität von Offenheit und Verbindlichkeit, von Freiheit und Ordnung in der Pädagogik geben, wenn die Produktivkräfte für den Einzelnen wirksam werden sollen.

Die Entscheidung für die Auswahl der porträtierten Produktivkräfte ist selbstverständlich diskutierbar. Ich habe mich für diese Produktivkräfte entschieden, weil die Nutzung dieser Kräfte einen Mehrwert schafft. Praxis erzeugt bessere Praxis. Die Produktivkräfte sind in ihrer praktischen Wirksamkeit sichtbar. Wenn sie wirken, haben wir es in jedem Fall mit einem sichtbaren positiven Geschehen zu tun. Humane Bildung, stressfreies Lernen, Kreativität zu fordern, ist höchst ehrenwert, aber es ist nicht leicht zu überprüfen, vor allem nicht von den lernenden Akteuren selbst. Ob sich die von mir hervorgehobenen Produktivkräfte für die Stimulierung des Lernens eignen, werden sie in den jeweiligen Porträts überprüfen können, aber auch am Ende, wenn es darum geht, sie in der Summe im schulischen Alltag strukturbildend werden zu lassen.

III. Produktivkräfte des Lernens

1. Die Produktivkraft der Selbstwahrnehmung: Ich weiß, was ich tue

Pädagogische Miniaturen zur Selbstwahrnehmung

1. *Die Schüler wissen häufig nicht, was sie tun. Wie soll da Selbstverantwortung entstehen? Wenn die Schüler das Gefühl haben, sie seien nicht fertig geworden und das Ergebnis sei nicht gut, sagen sie lieber: Ich habe gar nichts gemacht. Sie haben Angst vor der Blamage.*

   Dominik Hoppe, Schüler bis 2015

2. *Hatten wir den Stoff verstanden, war Frontalunterricht in Ordnung. Sonst nicht. Wenn wir Angst hatten, dass die Zeit nicht reicht, dann fehlte sie auch tatsächlich. Häufig stand von Anfang an fest, dass der Stoff in einer bestimmten Zeit nicht zu schaffen war. Wie gesagt, dann entsteht Angst und Stress, in der Regel aber kein Erfolg.*

   Dominik Hoppe, Schüler bis 2015

3. *Das unangenehme Gefühl beim Hören der eigenen Tonbandstimmen wird vor allem durch den Umstand ausgelöst, die wiedergegebene Stimme nicht mehr regulieren zu können. Beim Sprechen sind wir pausenlos bemüht, unsere Stimme durch minutiöse Anpassungen des Kehlkopfs, der übrigens die meisten Nervenverbindungen zu Muskelfasern im Körper besitzt, auszugleichen. Ständig zensieren wie unsere Stimme und unser Sprechen. Doch damit nicht genug, wir zensieren auch diese Zensur […], weil wir uns nicht eingestehen können, unfähig zu sein, unsere eigene Stimme zu hören, ohne sie gleichzeitig zu regulieren.*

   Später, als ich schon in der Pubertät war, verlegte sich mein Vater immer mehr darauf, die Stimmen seiner Sekretärinnen und weiblichen Angestellten aufzunehmen.

   Wenn mein Vater ihnen anschließend diese Aufnahmen vorspielte, schnitten sie seltsame Grimassen und vollführten Körperbewegungen, die ich zuvor noch nie an ihnen gesehen hatte. Nicht allein, dass sie die Lippen fast synchron zu dem Gesprochenen bewegten, sie versuchten durch das Verziehen des Gesichts, das Drehen und Wenden des Körpers nun genau die ständige Regulation beim

Sprechen herzustellen, die ihnen mithilfe des Kehlkopfs nicht mehr möglich war.[42]

Frank Witzel, Schriftsteller

4. *Wir hatten viele Arbeiten zu schreiben, die oft schlecht ausfielen. Das Thema war aber mit der Arbeit erledigt. Es ging danach zum nächsten Thema. Es kam auf den Fortschritt im Unterrichtsstoff an, nicht auf den Lernfortschritt der Schüler. Wenn wir auch nicht uns selbst kennenlernten, lernten wir doch die Lehrer kennen, um einzuschätzen, wie man sich verhalten muss, um nicht negativ aufzufallen (z.B. bei nicht gemachten Hausaufgaben). Die meisten Schüler haben nach dem Minimalprinzip gearbeitet. Ich habe die Schule gewechselt und lernte etwas über Erziehungs- und Unterrichtsstile. Ich konnte dann im Nachhinein verstehen, warum so vieles an meiner alten Schule im Gefühl der Enttäuschung und Überforderung geendet hat.*

Lena Schmitte, Schülerin

5. *Selbstwahrnehmung ist für uns vor allem bei der Vorbereitung auf Klausuren hilfreich, da wir gezielt die Themen vorbereiten und wiederholen können, bei denen wir einschätzen können, dass wir sie noch nicht so gut beherrschen. Wir schrieben beispielsweise letzte Woche unser Geographie-Abitur und als Vorbereitung darauf haben wir Lernzettel verfasst. Da wir einschätzen konnten, in welchen Themenbereichen wir noch unsicher waren und welche wir schon besser beherrschten, konnten wir auf diese Aspekte hin unser Lernen ausrichten. Selbstwahrnehmung kann sich für uns außerdem insofern ausdrücken, als man auch zu viel lernen kann und daraufhin wahrnimmt, dass man eine Pause braucht, um weiterhin erfolgreiches Lernen zu gewährleisten. Auch hier lässt sich die Geographieklausur anführen, da wir zwischendurch oft das Gefühl hatten, unseren Kopf entlasten zu müssen, um den aufgenommenen Informationen Zeit zu geben, sich zu festigen. Wir haben auch bei Gruppenarbeiten festgestellt, dass Selbstwahrnehmung besonders insofern eine große Rolle spielt, als man einschätzen kann, welches Thema einem selbst und dem Partner am ehesten liegt. Hier spielt vermutlich aber auch die Gewöhnung an den Lernpartner und damit die gegenseitige Wahrnehmung eine große Rolle.*

Nele Benz und Nadja Körner, Schülerinnen

6. *Wie heißt es bei der greisen Colette: „Ich hatte eigentlich ein wunderschönes Leben. Leider habe ich es zu spät gemerkt."*[43]

Roger Willemsen, Schriftsteller

---

42 Frank Witzel, Erfindung der Roten Armee Fraktion durch einen manisch-depressiven Teenager im Sommer 1969, Berlin 2015, S. 460.

43 Roger Willemsen, Der Knacks, Frankfurt a.M. 2008, S. 71.

7. *Also ist die Angst vor dem Schmerz der Enttäuschung so stark, dass die Realität lieber verleugnet als die Enttäuschung riskiert wird. Die Angst vor der Entzauberung erweist sich als anti-realistisches Prinzip.*[44]

Roger Willemsen, Schriftsteller

Der aktive Blick auf sich selbst

Wenn ich weiß, was ich tue, bin ich dabei, das Reich der Freiheit für mich zu vergrößern. Wenn ich weiß, was ich tue, habe ich die Chance, in Alternativen zu denken und Alternativen für mein praktisches Tun zu gewinnen. Selbstwahrnehmung ist eine Aktivität. Jeder kennt eine Fülle von Befangenheiten, in denen er steckt. Oft aber nur irgendwie theoretisch, wirklich weiß man es oft nicht. Es bleibt häufig eine blasse Ahnung. Man stellt fest, dass man nicht recht von der Stelle kommt, dass man sich ständig wiederholt, dass man in seinem Handeln erfolglos ist, obwohl man sich doch so sehr anstrengt, und dass diese Anstrengung dann offenbar keinen Wert hat, weil sie ja nichts bewirkt. Lernende in der Schule werden gelegentlich ärgerlich und argumentieren mit dem Quantum ihrer Bemühungen, um eine bessere Note zu begründen. Nicht nur im alltäglichen praktischen Handeln entstehen so Frustrationen, sondern in der ganzen Lebensführung. Ratgeberliteratur knüpft in der Regel an das Bedürfnis, Klarheit zu finden, an, befriedigt es aber nicht. Der Blick auf sich selbst wird standardmäßig jedenfalls kaum geübt, es sei denn, glückliche Bedingungen in der Erziehung haben die Einübung und regelmäßige Übung dieser Fähigkeit ermöglicht. Die Entwicklung dieser Fähigkeit spielt in der Schule nur eine untergeordnete Rolle, wenn überhaupt. Es wird in der Regel appelliert, aber nicht praktiziert.

Der Blick auf sich selbst ist die entscheidende Lernbedingung und er scheint so unglaublich schwer. Er ist nicht nur Bedingung für Erfolg, sondern auch für das Glücksempfinden. Fehlt die Fähigkeit, sich selbst in den Blick zu bekommen, werden junge Leute allerdings nicht auf Glück und Intensitäten verzichten wollen, sie werden sie vielmehr in den probaten gesellschaftlichen Angeboten suchen, von denen wir

[44] Ibid., S. 84.

nur eins wissen: Sie führen in die Irre. Es sind allemal Ablenkungsstrategien: Konsum, Rausch durch Drogen, mediale Selbststeigerungen. Wie schafft man es nun, die Anstrengung für diesen Blick auf sich selbst aufzubringen und diesen Blick zu einer alltäglichen Übung zu machen?

Bevor ich auf die Schule als Lernort für diesen Blick eingehe, möchte ich noch grundsätzlicher, angesichts der unglaublichen Vernachlässigung dieser Qualität, für deren Bedeutung sensibilisieren. Ich weiß nicht, ob Sie die Situation kennen. Sie liegen abends im Bett. Ereignisse, häufig Sorgen, belagern den Kopf, machen das Herz eng und lassen Sie nicht schlafen. Obwohl sie zeitlich und örtlich nichts mit Ihrer Müdigkeit und Bereitschaft zum Schlafen zu tun haben, beherrschen sie Sie hier und jetzt. Jedoch kenne ich auch die ganz andere Situation. Ich liege da, betrachte das Schöne, das Traurige, das Sorgenvolle und das Ungeklärte. Aber ich betrachte. Ich halte es auf Distanz. Ich habe also Abstand. Auch das Unangenehme wirkt nicht erneut, gleichsam als wiederholende Verstärkung, pathologisch. Das nenne ich Glück. Sie kennen vielleicht auch die geradezu schmerzhafte Anstrengung, mit dem Fahrrad ein äußerst steiles Teilstück fahren zu müssen. Sie schauen hoch zu dem noch fernen Gipfel und sind ganz und gar in dieser Anstrengung. Sie scheint unerträglich zu werden. Sie stecken, fixiert auf den Gipfel, in dieser Anstrengung fest, als wäre man ihr Opfer und drohe von ihr verschlungen zu werden. Am liebsten würden Sie absteigen und schieben. Die Situation stellt sich anders dar, wenn Sie sich nicht in der Anstrengung verlieren, wenn Sie in der distanzierten Wahrnehmung bleiben. Sie nehmen einen Blickwechsel vor, schauen nicht nach oben, zum fernen Gipfel, sondern auf sich, finden Ihren Atem, Ihren Rhythmus. Sie bleiben im Hier und Jetzt und identifizieren sich nicht mit dem Schmerz. Wenn Sie oben sind, wissen Sie, was Sie getan haben, aber Sie sind in einer positiven Aktivität geblieben. Ich bleibe im sportlichen Bereich. Ich starte im Tal der Alpen eine Bergwanderung und habe zunächst ein stark bewaldetes Teilstück zu gehen. Der Blick nach oben ist mir verstellt, ich erwische aber immer wieder Stellen, von denen ich hinabschauen kann. Die Bewegung vollzieht sich mit einer großen Leichtigkeit. Ich komme mir wie ein sich bewegender Gipfel vor, der mir stets einen neuen Blick in die Weite und Tiefe erlaubt. Wenn ich dann in die vegetationsfreie Zone komme, geht es mir gelegentlich wie dem oben beschriebenen Radfahrer, vor allem wenn ich die angesteuerte Alpenhütte in der Ferne schon gesehen habe. Nur mit dieser Fähigkeit zum Blickwechsel kann ich mir erklären, wie Menschen nicht unter der Folter eingebrochen sind. Nur so kann ich mir erklären, dass Menschen im Wissen um eine schwere Krankheit und den nahen Tod noch souverän bleiben. Der spanische Dichter Jorge Semprun hat sich gegen den Schmerz, den ihm die bellenden deutschen Befehle im Konzentrationslager bereitet haben, immunisiert, indem er deutsche Gedichte memoriert hat. Sie haben ihm geholfen, nicht in dem Schmerz restlos zu verschwinden. Wir können jedenfalls festhalten, dass wir im Zustand größter positiver Aktivität sind, wenn Selbstwahrnehmung stattfindet.

Die Kraft der Selbstwahrnehmung ist auch durch kulturelle Erfahrungen sehr spezifisch determiniert. Das chilischarfe Essen, das mich zum Weinen bringt, beglückt den Mexikaner. Es ist doch sehr erstaunlich, dass in der einen Welt etwas als Schmerz wahrgenommen wird, in der anderen aber ein sozialer Standard ist. Würden wir freiwillig tun, was amerikanische Ureinwohner oder manche Yogis in Ekstasen versetzt? Amerikanische Ureinwohner und Yogis würden sicherlich den Kopf schütteln, wenn sie die Strapazen der Tour de France betrachteten. Wenn der Leistungssport einen Sinn haben soll, dann doch den, die Produktivkraft der Selbstwahrnehmung als Energiequelle gerade in Extremsituationen zum Sprudeln zu bringen. Wenn der Sinn des Leistungssports allein im Sprudeln der Geldquelle liegt, ist es zum Doping nicht mehr weit. Beim Doping besteht der (Selbst)Betrug darin, dass sowohl für den Sportler als auch für den Zuschauer die Faszination dieser Produktivkraft zerstört wird und es damit zu einer grotesken Selbstentfremdung kommt.

Die Selbstwahrnehmung als Glückserfahrung

Ich habe schon oben darauf hingewiesen, dass es in der Welt der Kultur ein Problembewusstsein gibt, das aber in der Schulpraxis keine Resonanz findet. Das bewusstlose Tun, die Logik ökonomischer Effizienz um jeden Preis, die Zweckrationalität sind Begriffe, die großes Unbehagen auslösen. Das sind operative Verstrickungen. Man hat den Eindruck, dass das in der Schule nicht zur Kenntnis genommen wird. Dass „Neoliberalismus" eher zum Schimpfwort geworden ist, bezeugt nur das verbreitete kritische Verständnis, dass Leben mehr ist als nur ökonomischer Erfolg oder dessen Vorbereitung. Warum glauben wir, dass es Kindern nicht auf die Fülle des Lebens ankomme? Der Wissenschaftsjournalist Stefan Klein macht in seinem Büchlein „Einfach glücklich" auch dem Laien klar, wie man durch reflexive Kraft Glück gewinnen, ja lernen kann.[45] Befangenheit ist ein Gegenspieler von Glück, ist aber auch ein emotionaler Zustand. Es handelt sich um eine lähmende Emotion, die wir uns nicht bewusst machen, von der wir uns deswegen auch nicht befreien und zu der wir auch keine Alternativen entwickeln können. Klein ruft die antike Philosophie auf den Plan, aber auch die Hirnforschung, die das Wissen der Antike weitgehend bestätigt. Aber der Gewinn der Selbstbefreiung fällt einem nicht in den Schoß. So schreibt er:

> „Die heutige Hirnforschung bestätigt, dass unsere Wahrnehmung von Glück weit mehr davon abhängt, wie unser Gehirn empfindet, als von äußeren Umständen. Außerdem zeigt sie, dass einmalige Anstrengungen nicht ausreichen, um unsere Reaktionen zu ändern. Wiederholung und Gewohnheit sind nötig, um das Gehirn neu zu verdrahten. Das setzt die Bereitschaft zu etwas Mühe voraus."[46]

Wie sehr das gelingt, ist eine Frage nach dem langen Atem und nach der Selbstdisziplin. Wiederholung und Übung sind dabei nicht das Gegenteil von Kreativität. Andreas Reckwitz setzt sich ausführlich mit der Frage auseinander. Er stellt fest, „dass es nicht das vorgeblich

---

45 Stefan Klein, Einfach glücklich, Frankfurt a.M. 2014.
46 Ibid., S. 40.

neue Produkt, sondern die gekonnte Wiederholung ist, die im Kern die ästhetische Befriedigung eigendynamischer Wahrnehmungen und Emotionen hervorbringt."[47] Ich bin sicher, dass dieser Aspekt der Selbstoptimierung auch eine große Ausstrahlung auf das individuelle Engagement hat, das nötig ist, um die Welt besser zu machen.[48]

Wir können viel von der östlichen Philosophie lernen. Ihr geht es um die angstfreie Selbstwahrnehmung, die nicht von Schuldgefühlen kontaminiert ist. Es geht ihr stärker als der westlichen Philosophie, die sich damit schwerer tut, um subjektive Erfahrungsräume. Selbstexperimente, Selbstversuche dienen der Erkenntnisgewinnung. Im Einfachen kann man sich sehr überraschend begegnen. Wie denkt man mit verspannten Schultern? Wie lernt man mit Wut im Bauch? Wie lernt man im Zeichen der Angst? Wie im Zeichen der Begierde? Wie, wenn wir uns ärgern? Es lohnt sich, Verspannung, Wut, Angst, Begierde, Ärger zu identifizieren. Das zu erkennen entscheidet darüber, ob etwas gelingt oder nicht.

Ich habe bereits Professor Gardner erwähnt, der den Spiegel als ein Mittel versteht, die Qualität des eigenen Weges zu überprüfen. Ich kann meine Mission noch so hoch ansiedeln, ohne die Vergewisserung in der Selbstwahrnehmung drohe ich in die Irre zu gehen und meine Energien zu verpulvern. Vergessen wir also nicht: Aufgabe und Spiegel brauchen einander. Die Selbstwahrnehmung braucht aber auch ihren Gegenpart, das Engagement. Ohne den Willen, Grenzen zu überschreiten, kann der Spiegel eine sehr trügerische Funktion übernehmen. Manche Spiegel konservieren, was sie einmal zeigen mussten. Ich schaue in den Spiegel, den ich mir selbst vorhalte, und sehe immer dasselbe. Der Spiegel kann ohne Engagement auch sehr affirmativ sein.

---

47 Andreas Reckwitz, Die Erfindung der Kreativität, Berlin 2012, S. 364.

48 Siehe nächstes Kapitel.

Das Logbuch: praktisches Lernfeld und Metapher des Leben-Lernens

Welche Rolle spielt die Produktivkraft der Selbstwahrnehmung nun in der Schule? Das eigene operative Handeln der Lernenden in der Schule muss einem reflexiven Handeln ausgesetzt werden. Das geschieht aber in der Praxis völlig unzureichend. Das operative Handeln verfehlt damit häufig seine Wirkung. Selbstreflexivität ruft den Zeugen in mir auf, der mein Handeln begleitet, der mir sagt, ob mich eine Sache anregt oder kalt lässt, der mir sagt, ob die Arbeit an einer Sache zumindest gegenwärtig vergeblich ist oder ob ich mich womöglich um einen neuen Zugang bemühen sollte. Dieser Zeuge sagt mir eventuell auch, dass es mir zwar keinen Spaß macht, ich aber einsehen muss, dass dieses Wissen einen zukünftigen Wert hat, dass also der lange Atem gefragt ist. Mein Tun bekommt für mich subjektive Relevanz. Eine Operation erhält Energie, weil ich sie mit Bedeutung auflade. Je reifer die Reflexivität, umso weniger ist mein Tun von positiver äußerer Bewertung abhängig. Obwohl mir mein Realitätssinn sagte, dass ich nicht, wie ich es mir erträumt hatte, in die Fußstapfen von Fritz Walter trete, habe ich mit Freuden Fußball gespielt.

Als Lehrende treten wir immer noch auf, als wären wir Boten starker Botschaften, die glauben, die Identifikation mit einer vermeintlich großen Sache würde reichen und damit setze sich der Zug operativen Handelns in Bewegung. Es ist zwar richtig und wichtig, dass wir unsere Begeisterung für eine Sache zeigen, doch wir müssen es akzeptieren, wenn wir mit unserer Begeisterung nicht ansteckend sind, wenn die Energiewelle auf Lernende nicht umstandslos überschwappt. Ich kenne viele Lehrende, die sehr enttäuscht und traurig sind, wenn die Resonanz ausbleibt. Selbst die Emanzipiertesten retten sich nicht selten in Selbstschutz, indem sie den Kindern die Schuld misslingenden Lernens zuweisen. Selbst mit einem raffinierten Lehrer-Input ist es nicht getan, zumindest nicht für alle Empfänger. Als Lehrender übernehme ich eine starke Rolle mit schwacher Botschaft und erzeuge Zu- oder Abwendung. Was es denn wird, wird oft zu einer Beziehungskiste. Das geht häufig nicht gut aus. Jedenfalls sind die Emotionen, die dabei entstehen, für die Beteiligten nicht selten Energieräuber, da falsche Erwartungen und Enttäuschungen im Spiel sind. Ich glaube, dass das jeder kennt, der in der Schule ist oder war. So werden Chancen verspielt. Man vergisst in den kleinen und großen Beziehungsdramen zwischen Lehrenden und Lernenden, dass es eine Selbstverständlichkeit ist, dass Lehrende bei den unterschiedlichen Lernenden nicht auf denselben Empfang stoßen. Es ist dringend nötig, dass der Lehrende in dieser Hinsicht entlastet wird. Wir haben es hier mit einer sprudelnden Quelle verbreiteten Unglücks zu tun. Das heißt nicht, dass wir die Lehrenden entlasten und die Lernenden belasten und diesen die Verantwortung zuschreiben, wenn sie die vermeintlich starke Botschaft nicht empfangen haben. Im klassischen Input-Geben entstehen allemal die klassischen Fallen der kommunikativen Störungen. Es fehlt an Selbstwahrnehmung. In jeder guten Supervision lernt man zu wissen, was man tut, wenn man etwas tut.

Auch wenn wir es im Grunde besser wissen, tun wir in der Alltagspraxis immer noch so, als müsse man bloß zuhören und sich von der sachlichen Präsentation beeindrucken lassen. Wer nicht die nötige Achtsamkeit aufbringt, gilt als Versager oder gar als boshaft. Damit betreten wir einen Teufelskreis. Worauf es elementar ankommt: Der Lernende muss sich im Spiegel als Lernender anschauen. Das ist nicht selbstverständlich und geschieht nicht von selbst. Es ist ein Bildungsakt, der in Permanenz stattfinden muss, gewissermaßen als Begleitmusik. Damit steht der Lernerfolg selbst auf dem Spiel. Schule muss die Selbstwahrnehmung konstitutiv machen (natürlich auch für Lehrende). Es reicht nicht, am Ende der Stunde zu fragen, ob es gefallen hat wie ein Konsumartikel, und der Verkäufer kann zufrieden sein oder nicht. Damit bleibt die Reflexion ein Schlaglicht ohne Konsequenz. Selbstwahrnehmung ist immer die Konfrontation mit der eigenen Emotionalität, mit der eigenen Erfahrung des Berührtseins oder des Kaltbleibens. Diese Konfrontation braucht Zeit, wichtige Bildungszeit.

Diese Zeit hat man jedoch nicht, wenn man von Stofffragment zu Stofffragment eilt, wenn man dem trivialen Geboten der Quantität folgt. In der Mathematik schafft man so keine Mathematiker, sondern Simulierende. Im Geschichtsunterricht passieren auf diese Weise die unglaublichsten Dinge. Geschichtslehrer – und ich weiß, wovon ich rede – tauschen sich unentwegt darüber aus, wie weit sie gekommen sind. Hat man die Französische Revolution bis Ende des 11. Jahrgangs geschafft? Ist man am Ende der Schulzeit über den Nationalsozialismus hinausgekommen? So entsteht alles Mögliche, aber kein historisches Bewusstsein. So filtert man allenfalls die Lernenden heraus, die auch Geschichte studieren, um denselben Unterricht später fortzusetzen. So bekommt man heraus, wer angeblich „Geschichte" kann und wer nicht. Wenn die Ergebnisse unbefriedigend sind, liegt es an den schwachen Schülern oder am Mangel an Zeit. Man muss sich überhaupt einmal die Stofffülle der Fächer ansehen. Sie ist fatal. Und viele Lehrende beklagen noch, dass sie auf so vieles verzichten müssen. Es gibt immer Lernende, die diese Fülle spielend bewältigen, weil sie eine spielerische Leichtigkeit mitbringen oder weil sie über außerordentliche autodidaktische Qualitäten verfügen. Sie müssen dann manchmal als Beweis herhalten, dass Ideal und Empirie zusammenfallen können, und die anderen befinden sich in einem graduell unterschiedenen Abstand vom Ideal. Viele Lehrende rühmen sich, dass sie quantitativ alles geschafft haben.[49] Man kann den „Faust" trivial rezipieren. Man kann Gedichte interpretieren, ohne dass auch nur die Spur von Ergriffenheit entsteht. Wenn man Erwachsene fragt, wie das Leben durch Gedichte gewonnen habe oder wie denn der Dreisatz gehe oder wo Menschen in der Geschichte aus Not in Fluchtbewegungen geraten seien, dann bekommt man mit den Antworten häufig das Gefühl von Vergeblichkeit.

Die Lösung kann nur sein, in der Schule die Selbstwahrnehmung zur alltäglichen Übung zu machen. Das operative Handeln muss von reflexivem begleitet werden. Meine Erfahrung ist, dass das gern vermieden wird, weil die Anstrengung dabei mindestens so groß ist wie auf der operativen Seite. An meiner Schule haben wir ein Logbuch

[49] Ich habe noch die Aussage eines Ausbildungslehrers während meines Referendariats im Ohr, der zufrieden feststellte, der Referendar habe heute ordentlich etwas „weggeschafft". Die Formulierung hat einen verräterischen Doppelsinn.

eingeführt, in dem auf der linken Seite das operative Handeln registriert wird (allein das hat schon einen reflexiven Aspekt) und auf der rechten Seite, wie es subjektiv ankommt. Hier zeigen sich große Qualitätsunterschiede. Aber selbst die Formulierung „Mathe ist doof" ist eine Grundlage, auf der individuelle Hilfe eine Anknüpfung findet. Die Emotion ist auf dem Tisch. Man kann mit dieser Wahrnehmung auch an dem zugrunde liegenden Problem arbeiten. Mit ihr wird die Tür zur Lösung des Problems ein Stück geöffnet.[50] Ich weiß noch genau, wie dieses Logbuch provozierend war für die pädagogischen Gewohnheitssysteme. Im Grunde kann man damit nicht mehr nach Schema F fortfahren, da sich auf der rechten Seite, also im Rahmen der Selbstwahrnehmungen, die Handlungsnotwendigkeiten offenbaren. Nun muss man mit der Individualisierung ernst machen. Es entsteht ein dreifach positiver Effekt. Erstens erfahre ich als Lernender und Lehrender, was für den individuellen Lernprozess nötig ist. Zweitens wird die völlig unterentwickelte Schreibkompetenz bei so vielen Lernenden geschult. Diese müssen sich in einem kleinen, später größeren Text mit sich selbst auseinandersetzen. Eine außerordentlich wichtige Übung. Selbstwahrnehmung fördert ganz entschieden auch wichtige operative Kompetenzen. Drittens hat die so praktizierte Selbstwahrnehmung einen sehr positiven Einfluss auf die Entstehung von wirksamer Selbstdisziplin. Ich weiß, was ich tue, was ich tun will und was ich tun muss. Wie gesagt, das Vermeidungsverhalten bei der Einführung einer solchen Praxis ist groß. Der Lerneffekt ist bei konsequenter Praxis aber ebenso groß.

Wenn man sich dann noch ausmalt, welche Gestaltungsmöglichkeiten für Schule aus diesen Selbstwahrnehmungskompetenzen und Selbstwahrnehmungsresultaten erwachsen, dann kann dem Pädagogen nur warm ums Herz werden. Kooperative Hilfsarrangements können entstehen. Lernende können kooperativ oder auch individuell ihren Highway finden. Wie viele Lernende bleiben in der traditionellen Schule unter ihren Möglichkeiten, weil sie einer didaktischen

---

[50] Ich weiß, dass jede Lehrkraft an dieser Stelle einwirft, woher sie die Zeit nehmen solle. Darüber müssen wir natürlich noch nachdenken. Das ändert aber nichts an der Tatsache, dass das Gesagte stimmt.

Gleichmacherei anheimfallen? Und vor allem: Was ist das Problem von Schulversagern? Diese bekommen sich als Lernende nicht in den Blick, sondern nur als Sollende, die den Ansprüchen nie ausreichend genügen. Gerade die Schwächeren brauchen das Bild von sich selbst als Lernende. Es ist kein Luxus, sondern ein Existenzial. Es dürfte kein Tag vergehen, an dem einem Lernenden nicht die Gelegenheit gegeben wird, das Neue des Tages zu reflektieren, dessen Bedeutung sich bewusst zu machen. Das ist notwendig, um eine innere Ordnung zu finden und zu verfeinern. Darin liegt der Gewinn an Selbstdisziplin. Wir sehen aber daran auch, dass die schulische Organisation allein nach dem Fachprinzip für diese notwendige Aufgabe nicht ausreicht.

In der geschulten Selbstwahrnehmung liegt noch eine andere Kraft. Ich kann prognostisch mit einem Lernakt umgehen. Ich kann etwas sagen über die erwartete Erfahrung. Ich kann etwas sagen über das Bedürfnis, das mich zu einer Handlung animiert. Auf diese Weise werde ich zum Subjekt meines eigenen Tuns und nicht zum Vollstrecker einer fremden Erwartung. Ich kann begründet mit Handlungsmodi umgehen: Risiko, Verzicht, Begeisterung. Lernen bedeutet auf diese Weise, sich auf die Reise machen, um Erfahrungen zu sammeln.

Für diese Tätigkeit der Selbstwahrnehmung, die etwas mit Leben-Lernen zu tun hat, fehlt in der Schule Zeit, und zwar Zeit, die kein Luxus ist, sondern für elementares Lernen gebraucht wird.

Wie wäre es mit einem Logbuch für Lehrende, ja, für die Schule insgesamt? Es wäre die beste Voraussetzung für nachhaltige Innovation. Es geht um die Produktivkräfte, die die eigendynamische Seite auch im Lehrprozess betonen. Sie betonen die Dynamik, in der Schulentwicklung sich nicht bindet an die Weisungen immer wieder neuer Landesregierungen[51], sondern einen autodidaktischen Charakter gewinnt, wenn sie ihren Zweck nicht verfehlen will, Kindern einen Entwicklungsraum bereit zu stellen. Schule kann ein wunderbarer Ort

[51] Die Klage vieler Lehrkräfte, mit jedem Regierungswechsel immer wieder neuen Rahmenbedingungen ausgesetzt zu werden, ist nicht per se Ausdruck einer Innovationsfeindlichkeit, sondern Ausdruck des Gefühls von Vergeblichkeit, des Gefühls von Hamsterrad. Es ist schon erschütternd, wie intellektuell geschulte Menschen in dem für die Zukunft einer Gesellschaft vielleicht wichtigsten Organ auf Anweisungen fixiert werden. Sie sind zornig, wenn diese nicht kommen, und sie sind zornig, wenn diese nicht günstig für sie sind.

des Lernens, des Lehrens, der Selbsterfahrung und der Persönlichkeitsentwicklung sein. Das setzt den Mut zur Selbstwahrnehmung voraus.

2. Die Produktivkraft des Engagements: Ich tue, was ich will

Pädagogische Miniaturen zum Engagement

1. *Engagiert sein kann jeder, ob dick oder dünn, groß oder klein, jung oder alt, klug oder weniger klug.*

   Joshua Wieberneit, Schüler bis 2015

2. *Oft war es so, dass der Lehrer wollte, dass alle, wirklich alle einen Stoff beherrschen sollten. Er wurde ständig wiederholt. Im Fördern waren wir alle gleich. Viele waren unterfordert. Es war langweilig. Die Stimmung wurde für alle schlecht.*

   Julius Meese, Schüler bis 2015

3. *Vor den Sommerferien hatte ich mit meiner Klasse ein Hörspielprojekt mit blinden Kindern gemacht. Das Ergebnis habe ich nicht für möglich gehalten. Einen Zehntklässler, den ich in der Schule eher negativ und als sehr störend in Vertretungsstunden wahrnehme, aus denen ich ihn kannte, begegnete ich bei einem Fußballspiel meines Sohnes. Er war Jugendbetreuer der Gegner. Wie er dort agierte, hat mich sehr beeindruckt. Gleiches gilt für zwei Achtklässler, die nach dem Weihnachtsbasar das Schülerkaffee aufräumten.*

   Tobias Langer, Lehrer

4. *Unterrichtseinheit zu E.A. Poe und E.T.A. Hoffmann im Grundkurs – 12: Am Ende der UE folgende Überraschung für mich: Ohne einen diesbezüglichen Auftrag erhalten zu haben hatten sie für die letzte Stunde ein kleines Bühnenbild entworfen: ein mit schwarzen Tüchern völlig abgedunkelter Raum, nur 2 Kerzen am Pult, auch die Schülerinnen und Schüler ganz in schwarz gekleidet; sie lasen abwechselnd ausgewählte Passagen aus den Texten vor – mir lief es richtig kalt den Rücken runter!*

   Helga Reier, Lehrerin

5. *Ich lese einen Artikel über Tomatenbauern in Ghana. Ihr Elend wird immer größer, weil sie der subventionierten europäischen Konkurrenz nicht gewachsen sind. Die Heuchelei der europäischen Politik, die unter dem Deckmantel der Hilfe Ruin und Fluchtgründe erzeugt, ist schwer erträglich. Ich fühle mich aufgefordert, etwas zu tun, mich zu engagieren. Es bleibt aber nur ohnmächtiges Geschimpfe unter Freunden. Mein Wissen hat Relevanz, aber keine Resonanz. Dieses Wissen lähmt mich und zerstört am Ende mein Interesse (ein wenig auch mich selbst).*

   Antonius Soest

6. *Ich sehe einen auffällig unangepassten Schüler, der gerade das Abitur nicht geschafft hat. In der Wiederholung des 13. Jahrgangs arbeitet er wie im Rausch,*

nächtelang, eingehüllt in eine Dauerwolke aus Zigarettenqualm. Er ist davon beseelt, die Welt zu verändern und sich mit dem nötigen theoretischen Rüstzeug auszustatten. Er wollte besser sein als die Lehrenden. Und in gewisser Hinsicht hat er es geschafft. Mit Bravour hat er das Abitur bestanden und ist auch im anschließenden Studium intellektuell sehr auffällig.

Antonius Soest

7. *Engagement ist bei uns meistens im Zusammenhang eines Referats oder einer Klausurersatzleistung im Spiel. Unser Lernen wird dann erfolgreicher. Das liegt für uns vor allem an den zum Teil selbstgewählten Themen, mit denen man sich identifiziert und für die man sich einsetzen möchte. Wir haben festgestellt, dass dies meistens zu einem größeren Lernerfolg führt als bei Themen, für die man sich nicht so sehr interessiert. Dies wurde vor allem im Projekt des 12. Jahrgangs deutlich, in dem es um eine selbst gewählte engagierte Auseinandersetzung mit der Welt geht. Am Ende präsentieren die meisten Teilnehmer mit ihrer selbstgewählten Aufgabenstellung sehr gute Ergebnisse. Uns wurden die positiven Auswirkungen von Engagement in Bezug auf schulische Aufgaben besonders bei einer Klausurersatzleistung im Fach Deutsch deutlich. Uns wurde als Thema zugeteilt, ein Gedicht zu interpretieren. Wir fuhren in die Zentralbibliothek in Hamburg und informierten uns ausführlich und mit viel Interesse. Das wurde irgendwie ein Ereignis in unserem Leben. Wir reichten die Interpretation ein und hielten ein Referat, was dann auch zu einer sehr guten Note führte, über die wir uns aufgrund unseres hohen Engagements für das Projekt sehr freuten.*

Nele Benz und Nadja Körner, Schülerinnen

8. *Im Sportunterricht haben Schülergruppen eigenständig Bewegungsformen ausgewählt, gelernt und vor allem auch selbst gelehrt. Einmal war es Pilates und keiner der Mitschüler wollte seine lehrenden Kameraden wirklich ernst nehmen. Allerdings merkten sie nach kurzer Zeit, dass es doch so anstrengend und fordernd ist, wie es von den Lehrenden angekündigt war. Alle genossen am Ende die verdiente Ruhe, und zwar viel mehr, als sie vorher gedacht hatten.*

Dominik Hoppe, Schüler bis 2015

9. *Es war um diese Stunde, da stand mein Freund Tunda, 32 Jahre alt, gesund und frisch, ein junger starker Mann von allerhand Talenten, auf dem Platz vor der Made leine, inmitten der Hauptstadt der Welt und wusste nicht, was er machen sollte. Er hatte keinen Beruf, keine Liebe, keine Lust, keine Hoffnung, keinen Ehrgeiz und nicht einmal Egoismus. So überflüssig wie er war niemand in der Welt.*[52]

Joseph Roth, Schriftsteller

52 Joseph Roth, Die Flucht ohne Ende, Werke 4, Bonn 1988, S. 142.

Engagement: Akte der Freiheit

Innovatives Handeln heißt immer, sich mit Grenzen auseinanderzusetzen. Lernen ist immer innovatives Handeln. Lernen ist immer Ausdehnung eines Horizonts. Lernen verändert beim Lernenden den Blick auf die Welt und auf sich selbst. Es ist Auseinandersetzung mit den Grenzen einer Sache oder der eigenen Person. Ich erinnere mich an eine Situation im 8. Jahrgang. Ich saß da vor einem Satz, den ich gerade geschrieben hatte, und hielt es nicht für möglich, dass dieser Satz von mir stammen sollte. Der Satz war anders als die anderen, die ich von mir kannte. Er hatte einen anderen Zugriff auf die Welt und eine Individualität. An den Satz selber kann ich mich nicht mehr erinnern, an das Gefühl aber sehr wohl. Vielleicht würde ich den Satz heute als banal empfinden. Aber er war ein Ausdruck meiner selbst und nicht in erster Linie die Erfüllung der Erwartung eines anderen. Ich war begeistert und hatte in dem Moment das Gefühl, dass ich im Schreiben innovativ sein kann. Das ist entscheidend, denn dieses Gefühl ist zu einer Kraftquelle geworden. Ist das aber schon ein Beispiel für Engagement?

Man stellt sich unter Engagement einen Überschuss an Aktivität vor. Engagiert darf sich demnach jemand nennen, der der Allgemeinheit von sich etwas gibt und damit nicht ein materielles Tauschgeschäft betreibt. Er tut etwas, was er nicht tun muss. Wenn er es nicht täte, würde er keinen unmittelbaren Nachteil haben. Engagierte stehen in dem Ruf, sich für Benachteiligte einzusetzen, für in Not Geratene, für die gesellschaftliche und ökologische Aufrechterhaltung der Lebensgrundlagen. In meiner Generation war politisches Engagement ein moralisches Muss. Sich gegen den Vietnamkrieg zu engagieren, war ein Gebot der Menschlichkeit. Engagement folgt keinem Curriculum, sondern ist ein Akt der Freiheit. Man sucht die Grenze, die den Horizont eng macht und überwindet sie. Aber auch der ehrenamtliche Feuerwehrmann ist engagiert. Er will im Notfall helfen. Um das zu können, muss er aber ein Lernprogramm durchlaufen. Er erarbeitet sich einen individuellen Handlungshorizont, den er zunächst noch nicht hatte. Das tut er, ohne es zu müssen. Engagierte halten sich in der Regel für herausragend. Sie unterscheiden sich von der breiten Masse der Nicht-Engagierten. Sie erleben sich nicht selten im Nimbus des Elitären. Der Nicht-Engagierte ist danach der Bornierte, dem sein privates Eigeninteresse über alles geht, während der Engagierte Verzicht leistet um des Allgemeinwohls willen oder für ein großes Ziel.

Ich glaube, dass das eine verengte Sicht ist. Es steht nämlich in merkwürdigem Widerspruch zu der Erfahrung mit aufwachsenden jungen Leuten, die – und da würde ich fast eine Ausnahmslosigkeit unterstellen – allesamt Helden sein wollen. Im Heldsein liegt eine grandiose Art der Selbstbehauptung, aber im Zeichen der Integration. Diese Selbstbehauptung findet im Zentrum der Gemeinschaft statt, nicht am Rande. Selbst der Außenseiter sucht im Heldsein-Wollen das Zentrum. Wenn eine Gemeinschaft jungen Leuten diese Chance nimmt, werden diese nicht selten negative Helden. Manche werden auch depressiv oder autoaggressiv. Negative Helden bewegen sich am Rande einer Gemeinschaft, spüren sich selbst eher in der Praxis des Störens ohne positive Vision. Ich gehe jedenfalls davon aus, dass Engagement im Sinne des offensiven Umgangs mit den Dingen der Welt und mit den eigenen Möglichkeiten zur anthropologischen Grundausstattung der Menschen gehört. Die Formen dieses offensiven Umgangs können sich je nach Naturell stark unterscheiden. Roger Willemsens Satz wird man wohl zustimmen müssen: „Der Selbstverlust wird erkennbar in der Unfähigkeit, etwas zu wollen."[53]

In einem früheren Kapitel habe ich mich schon geoutet, wie ich mich in meiner Kindheit als Held fantasiert habe. Ich kenne keinen meiner Freunde aus meiner Kindheit, die frei von solchen Fantasien gewesen wären. Im ländlichen Gebiet hatten wir viele Vorteile, diese Fantasien auszuleben. Es gab dort aber auch erhebliche Nachteile. Kinder hatten zwar Freiräume (wie viele Hütten haben wir im Wald gebaut und unser kleines eigenes Sozialsystem errichtet), erlebten aber auch eine unglaubliche Ignoranz der Erziehungsinstanzen gegenüber den je individuellen Bedürfnissen und Begabungen. Diese Ignoranz zeigte sich im häuslichen und im schulischen Bereich. Ich weiß

53 Willemsen, Der Knacks, S. 92.

von einem alten Freund, der als Kind auf das Gymnasium gewechselt ist und eine große Freude am Schreiben hatte. Sich so auszudrücken und darin Stärke zu zeigen war für ihn ein Lebenselixier. Die erste Note, die er für einen Aufsatz bekam, war ein „mangelhaft". Er hat sich lange Zeit davon nicht erholt und es hat lange gedauert, bis er diese Stärke für sich wieder entdeckt hat und ein Schreibender wurde.

Wenn Erwachsene den Impuls zum Engagiertsein verloren haben, hat das eine Geschichte und ist keine anthropologische Gegebenheit. Kinder sind jedenfalls von der Wiege an engagiert. Sie setzen sich mit Grenzen auseinander, und zwar so, dass sie in ihrer Neigung zum Wagnis gelegentlich von den Erwachsenen geschützt werden müssen. Wenn ihnen aber der Raum dafür genommen wird, ist das für jeden Einzelnen sehr traurig. Diese frühe Form der Selbstentmündigung von Kindern ist manchmal biografisch entsetzlich. Als Entmündigte können Kinder nicht mehr lernen. Wenn Lernen immer innovativ ist, dann ist es auch immer engagiert. Sonst ist es kein Lernen. Selbst ein Imitieren ist in dem Sinne ein Lernen, da es in einem Bereich stattfindet, über den ich noch nicht verfüge. Simulieren ist kein Lernen, da es sich um eine Pseudoaktivität handelt, in der nur ein Handeln vorgetäuscht wird, um einen guten Eindruck zu machen.

Schule muss um diese Produktivkraft des Engagements wissen und muss ihr Raum geben. Ich bin weit davon entfernt, zum Abgesang auf das Curriculum anzustimmen. Aber die Rolle des Curriculums in der heutigen Praxis ist im Hinblick auf diese wichtige Produktivkraft eher schädlich. Es ist nicht einfach, eine Balance hinzubekommen zwischen den höchst individuellen Kräften des Engagements und den Standards, die eine Gesellschaft erfüllt sehen möchte. Ich möchte für diejenigen, die meine Überlegungen für das Hirngespinst eines Einzelgängers ohne Verallgemeinerungsberechtigung halten, noch ein paar Zeugen ins Feld führen.

Produktives Handeln und die Idee des Konzeptes

Die These lautet also, im ersthaften Lernen vollziehe sich eine permanente Grenzüberschreitung. Sartre sieht das als existenzielle Gegebenheit. Bei ihm ist Engagiertsein nicht eine elitäre Selbstüberhebung, sondern ein Vorgang der Selbstgewinnung. Es liegt immer die unausgesprochene Annahme zugrunde, dass es eine in die Existenz mitgelieferte Kraft gibt, sich die Welt anzueignen und damit Essenz zu gewinnen. Wenn es diese Kraft gibt, dann wird man ihr Raum geben und nehmen können.[54] Und damit betritt man das Feld, das in manchen Theorien ausgeblendet wird, das pädagogische Feld. Diese Kraft muss zur Wirkung kommen, wenn es um die existentielle Bedingung der Bildung geht. Wir nennen sie die Kraft der Selbstwirksamkeit. Wenn das also für eine bestimmte biografische Zeitspanne gilt, dann für die Zeit des Aufwachsens. Für Sartre ist nicht eine bestimmte Situation und eine bestimmte Zeit bedeutsam, da prinzipiell in jeder Situation und jeder Zeit die Möglichkeit der engagierten Selbstgewinnung besteht. Damit können wir uns aber nicht begnügen, da es gute und schlechte Bedingungen für das Lernen im engagierten Sinne gibt. Es ist eine empirische Evidenz, dass der von Jullien beschriebene Versandungsvorgang im Leben stattfindet. Und es ist eine empirische Evidenz, dass dieser Versandungsprozess gerade in frühen Lernzeiten Menschen nachhaltig schwächt. Er entzieht dem Menschen nicht die Selbstverantwortung, aber doch die Kraft, einen Raum für Möglichkeiten zu schaffen. Damit verkleinern sich Sinnhorizonte und Motivationsfelder. Wenn es eine Gemeinheit der Erwachsenenwelt an den Kindern gibt, dann ist es der Raub von Möglichkeiten, die Einschränkung von Freiheit, sich im Handeln Sinn zu schaffen. Womöglich ist es aber auch die Rache der Erwachsenen dafür, dass an ihnen auch schon seit Generationen dieser Raub vollzogen wurde. Wie viele Versprechungen wurden uns auf die Zukunft gemacht, wenn wir die curricularen Erwartungen erfüllen, und wie viel Warnungen wurden ausgesprochen, wenn wir die Erwartungen nicht erfüllten.

---

[54] Meines Wissens ist dieser Aspekt, ein pädagogischer, bei Sartre – wie bei so vielen anderen auch – unterbelichtet.

Erstaunlich ist, dass sehr oft, wenn Philosophen sich der Welt der Pädagogik angenähert haben, diese in Widerspruch zur etablierten Schule und Pädagogik gerieten. Ich meine nicht die bekannten Denker, die immer schon im Grenzgebiet von Philosophie und Pädagogik angesiedelt waren wie Comenius, Rousseau, Humboldt, Tagore oder Dewey. Aber wer weiß schon, wie sich Kant auf das Feld der Pädagogik eingelassen hat. Manfred Geier setzt sich in seinen Kant-Studien auch mit Kants pädagogischen Ambitionen auseinander, die im Zusammenhang seiner Frage „Was soll ich tun?" ins Spiel kommen. Inspiriert von Rousseau hat Kant eine Vorstellung von der natürlichen Entwicklung des Kindes. Ihm geht es um nicht-autoritäre, menschenfreundliche Erziehungsinstitutionen. Sein Vertrauen in die Reformkräfte für seine philanthropischen Ideen schwindet sehr schnell. Er verlangt, dass die Schulen „umgeschaffen werden, wenn etwas Gutes aus ihnen entstehen soll: weil sie in ihrer ursprünglichen Einrichtung fehlerhaft sind, und selbst die Lehrer derselben eine neue Bildung annehmen müssen. Nicht eine langsame Reform, sondern eine schnelle Revolution kann dieses bewirken."[55] Schon damals muss die Schulfolklore eine Mischung aus Selbstgenügsamkeit, Selbstgefälligkeit und Denkfaulheit produziert haben, sodass der oberste Gelehrte seiner Zeit in Wallung kam, wenn er seine Gelehrtenstube verließ und sah, wie schlecht es um das Wohl der lernenden Menschen stand.

Manfred Geier geht in seinem Buch über „Geistesblitze" noch auf einen jüngeren Denker ein, dessen Einlassungen auf die Welt des Lernens mich überrascht haben, auf Karl Popper. Geier weiß von ihm zu berichten:

> „Er wollte Lehrer werden und träumte davon, später eine Schule zu gründen, ‚in der junge Menschen lernen könnten, ohne sich zu langweilen; in der sie angeregt würden, Probleme aufzuwerfen und zu diskutieren; eine Schule, in der sie nicht gezwungen wären, unverlangte Antworten auf ungestellte Fragen zu hören; in der man nicht studierte, um Prüfungen zu bestehen, sondern um etwas zu lernen.'"[56]

---

55 Zitiert nach Geier, Geistesblitze, S. 141.
56 Ibid., S. 227.

In seiner Lehrerausbildung wurde Popper vermittelt, „dass es so etwas wie passive Erfahrung nicht gibt, ‚weder passiv uns eingeprägte Ideen noch passiv geformte Assoziationen. Erfahrung ist das Resultat einer aktiven Forschungstätigkeit des Organismus'".[57] Er wendet sich gegen das unbewusste Wiederholen als Form der falschen Gewöhnung[58], betont stets das Aktiv-Dynamische und stellt fest: „Alles bewusste Lernen ist immer ein Lernen durch Versuch und Irrtum."[59] Wenn Lernen gelingen soll, komme es auf „Aktivität, Spontaneität, Selbstdenken, kreative Problemlösung, kritisches Denken und reflektierende Urteilskraft"[60] an.

Vielleicht ist es übertrieben, an dieser Stelle auf Walter Benjamin hinzuweisen, der im fertigen Kunstwerk die Totenmaske der Konzeption sah. Aber im Lernvorgang ist das fertige Resultat immer der Start für einen neuen Aufbruch. Das darf man ruhig großartig finden. Und dafür darf man ruhig einen großen Namen bemühen. Wie schon am anderen Ort ausgeführt, wenden sich die Kulturschaffende in erster Linie an die Erwachsenen. Um eine veränderte Haltung entstehen zu lassen, ist es dann aber häufig zu spät. Wenn Walter Benjamin recht hat, dann muss sein Gedanke an die Schule herangetragen werden. Walter Benjamin gehört allerdings zu denjenigen, die sich dem Kindsein und dem Lernen angenommen haben. Ein kleiner Text aus „Einbahnstraße" kann uns helfen, kindliches Lernen als engagiertes Lernen zu verstehen.

> „Pedantisch über Herstellung von Gegenständen – Anschauungsmittel, Spielzeug oder Büchern –, die sich für Kinder eignen sollen, zu grübeln, ist töricht. Seit der Aufklärung ist das eine der muffigsten Spekulationen der Pädagogen. Ihre Vergaffung in Psychologie hindert sie zu erkennen, dass die Erde voll von den unvergleichlichsten Gegenständen kindlicher Aufmerksamkeit und Übung ist. Von den bestimmtesten. Kinder nämlich sind auf besondere Weise geneigt, jedwede Arbeitsstätte aufzusuchen, wo sichtbar die Betätigung an Dingen vor sich geht. Sie fühlen sich unwiderstehlich vom Abfall angezogen, der beim Bauen, bei Garten- oder Hausarbeit, beim Schneidern oder Tischlern entsteht.

---

57 Ibid., S. 230.

58 Moshé Feldenkrais befasst sich mit demselben Gedanken nicht als Philosoph, sondern als Bewegungslehrer.

59 Zitiert nach Geier, Geistesblitze, S. 231.

60 Geier, Geistesblitze, S. 231.

In Abfallprodukten erkennen sie das Gesicht, das die Dingwelt gerade ihnen, ihnen alleine zukehrt. In ihnen bilden sie die Werke der Erwachsenen weniger nach, als dass sie Stoffe verschiedener Art durch das, was sie im Spiel daraus verfertigen, in eine neue, sprunghafte Beziehung zueinander setzen. Kinder bilden sich ihre Dingwelt, eine kleine in der großen, selbst. Die Normen dieser kleinen Dingwelt müsste man im Auge haben, wenn man vorsätzlich für die Kinder schaffen will und es nicht vorzieht, eigene Tätigkeit mit alledem, was an ihr Requisit und Instrument ist, allein den Weg zu ihnen sich finden zu lassen."[61]

Das wurde 1928 geschrieben. Was haben wir verloren, als wir das Lernen auf ein Fachlernen und auf die Erfüllung eines Curriculum-Anspruchs reduziert haben? Es gibt aber in Schulen immer wieder ein Bemühen, etwas von diesem Wissen um kindliche Kreativität zu nutzen.[62] Die traditionelle Schule jedenfalls, in der wir groß geworden sind, hat einen bestimmten Schülertypus bevorteilt, nämlich denjenigen, der in einer intellektuell-rezeptiven Haltung viel aufnehmen konnte. Das galt für den geistes- wie für den naturwissenschaftlichen Bereich.[63] In einer guten Schule sind diese Traditionen nicht mehr allein bestimmend. Schülerinnen und Schüler lernen handelnd, sie lernen gestaltend, sie lernen experimentierend, sie lernen kooperativ, sie lernen kritisch und selbstkritisch und natürlich lernen sie auch noch zuhörend. Wie viele Lernende habe ich kennengelernt, die in Deutsch nicht gut waren, aber sprachlich auf hohem Niveau technische und naturwissenschaftliche Probleme darstellen und lösen konnten. Hier waren sie mit dem Herzen dabei. Darin liegt die Zukunft: die Förderung der Handlungsfiguren, die sich nicht auf die Rezeptionshaltungen reduzieren lassen, also die Förderung des Forschers, des Künstlers und des Managers in jedem Einzelnen.

Der Idee des Konzeptes muss man noch genauer nachgehen. Im früheren Kapitel habe ich schon darauf hingewiesen, dass in der Selbstwahrnehmung die Möglichkeit angelegt ist und vorbereitet

---

61 Walter Benjamin, Einbahnstraße, Frankfurt a.M. 1955, S. 21 ff.

62 Man könnte auf viele Schulen und pädagogische Konzepte hinweisen. Hier nur stellvertretend: Montessori-Gesamtschule in Potsdam und die Freinet-Pädagogik.

63 Die Geisteswissenschaften standen in der Tradition der Theologie, insofern ihr Schwerpunkt Hermeneutik war. Man wurde auf eine hermeneutische Denktradition eingestimmt. Brecht und Benjamin haben versucht, Gegenakzente zu setzen.

wird, konzeptionell zu denken, also ein Bild von etwas zu entwerfen, das noch nicht besteht, gewissermaßen auch ein Bild von Zukunft, das die Energie des Engagements freisetzt. Es gibt kein selbstbestimmtes Handeln ohne eine selbstbewusste Konzeption. Was ich schaffen will, muss als geistige Antizipation schon vorhanden sein. Nur so ist der Satz berechtigt und vertretbar: Ich tue, was ich will. Die Entwicklung einer Konzeption ist schon Bestandteil des Engagements. Ohne die Konzeptionsarbeit bliebe das Engagement Attitüde oder Willfährigkeit gegenüber fremden Ansprüchen. Worin besteht aber die in der Konzeptionsarbeit gewonnene Energie des Engagements? Sie liegt in der Kraft der Emotionen. Wenn ich etwas erreichen will, wenn ich etwas realisieren will, was ich mir vorgenommen habe, wenn also ein inneres Bild zur äußeren Realität werden soll, dann habe ich eine emotionale Spannung aufgebaut. Je stärker die Konzeption, umso höher ist die Spannung. Das kann sich auf die Herstellung eines Textes beziehen, auf die Gründung einer Schülerzeitung, auf die Untersuchung eines Gewässers, auf die Berechnung eines zu bauenden Schulgartenhäuschens, auf die Etablierung einer Schülerfirma usw. Wenn man Lernenden bei der Arbeit zuschaut, ist spürbar, welche Konzeptionskraft im Spiel ist.

Die Bedeutung eines Konzeptes möchte ich noch an einem anderen Beispiel deutlich machen. Man kann auf YouTube Lektionen eines australischen Trompetenlehrers sehen.[64] Man muss nicht Trompete spielen wollen, um etwas sehr Grundsätzliches dabei zu gewinnen. Einerseits liegt der Lernerfolg in der Beachtung bestimmter Regeln. Die Befolgung von Regeln, die jemand anderes formuliert, macht aber keinen guten Trompeter. Es geht wie bei jedem Lehren um die Anleitung zum Selbstexperiment. Der Schlüssel ist die Gewinnung eines Konzeptes, eines inneren Bildes von der Anstrengung und der Leichtigkeit der Tonbildung. Erst die Gewinnung dieses Konzeptes erzeugt eine Vorfreude auf das tatsächliche Spiel. Ja, im Grunde ist angesichts des Konzeptes immer Vorfreude auf ein Gelingen im Spiel. Ohne Konzept dominiert die Angst vor dem Misslingen. Das, was uns dieser

---

64 Greg Spence: https://www.youtube.com/watch?v=PntQS8qBk8k

geniale Trompetenlehrer vormacht, kann paradigmatisch für alles Lernen und Lehren gelten. Die Vorfreude aufs Gelingen. Selbstsein und Engagiertsein sind hier nicht zu trennen. Wenn in der Schule ein Großteil des Arbeitens aus unbewusstem, mechanischem Tun besteht, haben wir es mit fremdbestimmter Arbeit zu tun, von der wir allemal wissen, dass wir sie liebend gern vermeiden. Wie man die gewonnene Energie zu notwendigem Üben nutzen kann, ist höchst spannend. Aber es ist gewiss kein mechanisches Tun, sondern ein stetiger Abgleich zwischen innerem Bild, also Konzept, und sichtbarer Praxis. Die Reflexivität, die im Übungsvorgang, gefordert wird, ist außerordentlich.

Zwei Beobachtungen können an dieser Stelle gemacht werden. Erstens melden sich Denker immer wieder zu Wort, die nicht oder nur eine Zeitlang der pädagogischen Profession angehören, die aber das Gefühl haben, im Rahmen des Gegebenen stimme etwas nicht, hier werde an den Bedürfnissen von Kindern und den anthropologischen Möglichkeiten vorbei agiert. Das sollte doch zu denken geben. Wenn sie selbst etwas pädagogisch versucht haben und nicht dabei geblieben sind wie Popper oder Wittgenstein, dementiert das nicht ihren Anspruch auf Besseres. Die Kräfte des Status quo, ob in der Bildungspolitik, in der versandeten pädagogischen Praxis oder in der unsäglichen Schulfolklore, waren stets übermächtig. Immerhin musste selbst der große Wilhelm von Humboldt zurückstecken. Zweitens ist das Credo Poppers – „Durch Selbsttätigkeit zur Selbstständigkeit" – allgemeine Rhetorik geworden, aber nicht allgemeine Praxis. Viel zu selten, allenfalls in Ausnahmeschulen, wird es stilbildende Praxis. Der schulische Standardrahmen, die vorgegebenen Arrangements geben es per se einfach nicht her. Es bedarf auch hier einer besonderen Qualität der Schulen bzw. der Lehrkräfte, nämlich des Engagements. Die Ideen prominenter Denker könnten uns dabei anfeuern.

Engagement und schulisches Lernen

Warum ist die Leidenschaft für das Produktive in der Schule so unterentwickelt? Warum ist die Schule so wenig Experimentierfeld, Labor und Polis, in der man soziale Erfahrungen macht? Ich bin sicher, dass es einen Grund gibt, der als Erklärung dafür in der Regel nicht ins Feld geführt wird, aber dennoch bestechend ist. Es ist die Angst vor der Disziplinlosigkeit. Und da sind wir in einer Fatalität und in einem Teufelskreis zugleich gefangen. Wenn Lernen den Menschen in die Wiege gelegt ist, wenn Experimentieren ein ursprünglicher Lebensmodus ist, wenn Kinder nichts lieber tun, als Neuland betreten, dann fragt man sich doch, was ist schief gelaufen und was läuft schief, wenn wir als Lehrende Angst davor haben müssen, dass Unordnung und Disziplinlosigkeit entstehen, wenn wir Kindern ihrem Lernbedürfnis Raum geben. Hier hat die Schulfolklore gnadenlos zugeschlagen. Ich will nicht so weit gehen, dass in der Schule immer noch das Exerzierfeld über das Experimentierfeld dominiert, dafür ist die Disziplinlosigkeit in den Schulen viel zu groß. Aber immer, wenn Sinn abhanden kommt oder Normalität fragwürdig wird, versuchen düstere Mächte den Eindruck zu erwecken, als gäbe es etwas mit seinem Leben zu verteidigen und nicht für sein Leben zu gewinnen. Engagement und Selbstwahrnehmung sind hingegen die Modi, die, richtig verankert in einer Schule, Disziplinierung in traditioneller Form verzichtbar machen, weil sie ohne Selbstdisziplin nicht auskommen.

Abwehr in der Schule scheint ein über den Zeiten schwebendes, gesellschaftlich akzeptiertes Ritual zu sein, das den Charakter eines Naturgesetzes hat. In dieser Selbstverständlichkeit ist Engagement ein Fremdwort. Flankiert wird dieses Ritual durch soziologische und philosophische Theorien, die subjektive Wirksamkeit infrage stellen. Das habe ich oben schon deutlich gemacht. Was wird aus der Pädagogik, wenn es keine Aussicht auf Selbstwirksamkeit gibt? Dieser Begriff ist in der Pädagogik immerhin ein Schlüsselbegriff. Es geht – ich wiederhole es gern – um die (Wieder)Entdeckung des Lernsubjekts, und zwar bezogen auf jeden einzelnen Schüler. Den oben genannten Entwertungen subjektiver Möglichkeiten steht ein Philosoph wie Ernst

Bloch entgegen.[65] Er lotet subjektive Welten mit ihren subjektiven Kräften aus. Und schon entsteht Optimismus. Das „Prinzip Hoffnung“ wird alltäglich genährt, wenn man es nicht verhindert. Pädagogik ohne die Entfaltung subjektiver Kräfte, die auch spürbar und wirksam werden müssen, ist undenkbar. Ob in der Pädagogik alles geschieht, dass sich diese Kräfte entfalten, ist allerdings fraglich.

Es ist eine große Anstrengung für einzelne Lehrende und einzelne Schulen, aus den fatalen Prägungen herauszuspringen und ein Konzept zu entwickeln, in dem die Vorfreude auf ein Gelingen spürbar wird. Die Formen möglichen Engagements sind sehr altersspezifisch. Ich gehe einmal auf die Lernsituation in der gymnasialen Oberstufe ein. Es ist eine Zeit des besonderen intellektuellen Luxus. Drei Jahre darf man sich zusätzlich mit sich und der Welt auseinandersetzen. Alle, die diese Jahre erlebt haben, können sicherlich sehr Unterschiedliches berichten. Es ist insgesamt jedoch eher erschreckend zu sehen, wie selten Lernende diese Zeit engagiert nutzen.

Wie kann man Inspiration und Selbstinspiration ermöglichen? Wir haben es an meiner Schule versucht. Wir wollten eine Öffnung der Arbeit in der Oberstufe zum gesellschaftlichen Umfeld hin erreichen. Unsere Frage war: Wie können wir Leistungen steigern, bei denen die Lernenden selbst von der gesellschaftlichen Relevanz überzeugt sind und die gesellschaftliche Resonanz ihrer Arbeit spüren?

Unorthodoxe Wege ergaben sich aus folgenden Überlegungen.

1. „Reines Lernen“ ohne einen Sinn für gesellschaftliche Relevanz war das Ideal früherer Zeiten, mit einem Hauch von klösterlicher Spiritualität, mit einem Sinn für platonische Entrückung, mit dem Luxus des Elfenbeinturms, vielleicht noch mit der Vorstellung eines dreijährigen kognitiven Exerzitiums. Kann man etwas von dem Ideal solchen Lernens retten, das ja mit der empirischen Realität traditionellen Lernens wenig zu tun hatte? Es hörte sich sehr schön an, wie sich ein Mythos eben schön anhört. Die Literatur ist voll von empirischen Dementis. Die Alltagsrealität der Lernenden ist es auch.

---

65 Ernst Bloch, Das Prinzip Hoffnung, Frankfurt a.M. 1973.

2. An die Stelle dieses wunderbaren, wenn auch uneingelösten, vermutlich auch uneinlösbaren Anspruchs ist zu einem viel zu großen Teil Banalität getreten. Viel zu viele junge Leute wollen in der Schule nicht über sich hinauswachsen, ihre Grenzen überschreiten, Freude an neuen Horizonten finden, sich auf anspruchsvolle Weise erproben. Sie wollen allzu oft auf billige Weise das Ziel „Abitur" erreichen. Der Zustand unserer Eliten gibt durchaus Auskunft über den Mangel an engagiertem Lernen in der Schule.
3. An seine Grenzen geht man nur, wenn man sich zum Engagement motiviert sieht. Sonst bleibt es eine abstrakt-moralische Forderung, eine Form der Unterwerfung unter einen fremden Anspruch mit den bekannten psychosomatischen Effekten. Die programmatische Herausstellung des Engagements ist der Versuch, von tradierten Irrtümern des „reinen Lernens" abzurücken. Er ist auf das Zusammenspiel von Reflektieren und Handeln angelegt. Er beinhaltet den Anspruch auf eine neue Form der Ernsthaftigkeit, die nicht nur appellativ entsteht, sondern in einer praktischen Dimension. Wir helfen den „Zeitzeugen Wedels" [66] bei der Erstellung einer Homepage und stellen uns die Frage, was junge Leute über erlebte Geschichte wissen wollen. Wir machen IT-Projekte in Kooperation mit der Fachhochschule und fragen anschließend, ob wir auf dem Weg in die „digitale Demenz" sind, wie Spitzer behauptet. Wir überprüfen, wie groß der ökologische Fußabdruck der Gebrüder-Humboldt-Schule ist, und entwerfen Konzepte, wie wir ihn kleiner machen können. Wir untersuchen Wedel als sozialen Ort und verfassen im Anschluss an Heitmeyers „Deutsche Zustände" einen Bericht „Wedeler Zustände". Dabei vergessen wir nicht, wie schön es ist, theaterspielend uns in fiktionalen Zusammenhängen zu erproben,

[66] Wedel ist der Schulstandort.

> schreibend uns zu erfahren und zu merken: Es gibt immer Alternativen. Wir können uns entscheiden. Wir sind nicht schon 16-jährig festgelebt.

Die Herstellung einer Planungsrunde war selbst schon eine Praxis der schulischen Öffnung. Wir brauchten Personen aus dem gesellschaftlichen Umfeld der Schule, die bereit waren zu überprüfen, welche gesellschaftlichen Bereiche sich als Lernbereiche eignen und vom Engagement junger Leute selbst profitieren könnten. Es ging darum zu klären, wie man gleichzeitig Relevanz und Resonanz erzeugen konnte. Ende des 12. Jahrgangs stellen die Lernenden, Forscher und Kreative, ihre Ergebnisse einer politischen und interessierten Öffentlichkeit vor. Es ist eine Art schulinternes Abitur.

Es kommt aber auch zu einer erfreulichen Verzahnung zwischen der Oberstufe und der Sekundarstufe I. Alle Lernenden der Sekundarstufe I müssen sich für ein Jahresprojekt entscheiden. Dieses Jahresprojekt kann auch von Lernenden der Oberstufe geleitet werden. Das ist vielleicht auf den ersten Blick nicht besonders spektakulär. Aber ich finde es für jeden Einzelnen wichtig, sich als Lehrenden zu erleben, also gewissermaßen eine Doppelrolle zu spielen. Die Lehrerbildung fängt damit in der Schule an. Für den Einzelnen ist es wichtig, als Lernender zu wissen, wie es sich anfühlt, Lehrender zu sein. Das ist ausdrücklich ein häufiger Erfahrungswunsch. Viele Fehlentscheidungen für den Lehrerberuf können womöglich durch diese Erfahrung vermieden werden. Viele können auf diese Weise für den Beruf motiviert werden.

Martha C. Nussbaum setzt sich kritisch mit den Verschiebungen der Gewichte von den Geisteswissenschaften zu den Naturwissenschaften in der Schule auseinander. Sie befürchtet den Verlust an Demokratiefähigkeit. Die Befürchtung ist nicht von der Hand zu weisen. Die Betonung der naturwissenschaftlichen, der technischen und der wirtschaftlichen Kompetenzen und der Ingenieurwissenschaften in der Berufsorientierung könnten der Neigung entsprechen, auf das gesellschaftlich gestalterische und demokratische Subjekt käme es nicht mehr an. Als solches könne es ja auch eh kein Geld verdienen. Dafür spricht auch mein bereits dargestelltes Beispiel, musische Fächer zu schwächen und Arbeit, Wirtschaft und Verbraucherbildung zu stärken. Dennoch ist Nussbaums Befürchtung übertrieben, da sich in der Betreibung von Naturwissenschaften ein großes demokratisch begründetes Problembewusstsein entfalten kann. Naturwissenschaftliches Forschen geht nicht mehr (zumindest nicht in der Schule) ohne gesellschaftskritische Distanz. Wie stark müssen Menschen sein, die in ihren Betrieben nicht jeder amoralischen Maximierung des Wirtschaftswachstums folgen, die in der Landwirtschaft bereit sind, querzudenken, die in der Pharmaindustrie das Wohl der Menschen wichtiger nehmen als den schnellen Reibach auf dem Markt? Auch im Bildungswesen kann sehr viel Mut nötig sein, sich irgendwelchen Standardtests zu widersetzen, weil sie eher die Persönlichkeitsentwicklung von Kindern behindern. Hier stellt Nussbaum eine falsche Opposition her. Das sokratische Prinzip, das Nussbaum preist, muss sich in allen Bereichen der Gesellschaft beweisen und ist überall gefragt.

Die Fundierung von Engagement nach Feldenkrais und Goethe

Wenn sich meine Ausführungen so anhören, als würde man und vor allem jeder Lernende permanent mit dem Impuls der Selbst- und Weltveränderung herumlaufen, ist es höchste Zeit für eine Richtigstellung bzw. für eine Differenzierung. Manfred Geier hat ein Buch geschrieben mit dem Titel „Das Glück der Gleichgültigen".[67] Gleichgültigkeit war schon immer eine Art Rettungsanker. Sie war ein Schutz gegen Überforderung und ein Ausdruck der Ermüdung. Sie beherrschte prominente Denkrichtungen wie die Stoa, den Nihilismus und die postmoderne Indifferenz. Ermüdung und Überforderung sind bis auf den heutigen Tag lähmende Phänomene. Selbst Schulkinder sind nicht frei davon, Lehrende aber ganz gewiss nicht. Bevor wir aber diesen Zustand in Form von Theorien kultivieren, sollten wir doch innehalten. Dazu möchte ich zwei Personen zu Hilfe rufen, die

[67] Manfred Geier, Das Glück der Gleichgültigen. Von der stoischen Seelenruhe zur postmodernen Indifferenz, Reinbek 1997.

oberflächlich gesehen nur wenig verbindet: Johann Wolfgang von Goethe und Moshé Feldenkrais.

Mit Moshé Feldenkrais bringe ich einen großen Bewegungslehrer ins Spiel, in dessen Lehre mehrere Produktivkräfte zusammenwirken (er wird auch in anderen Zusammenhängen noch eine Rolle spielen). Sein bekanntestes Werk heißt „Bewusstheit durch Bewegung".[68] Ich habe die Vorzüge dieser Lehre mehrmals genießen können. Wenn man am Ende eines Kurses meint, „gehen", „stehen" und „liegen" neu gelernt zu haben, mag man das gar nicht aussprechen, da viele Zeitgenossen das albern finden könnten. Aber es ist so: Man fühlt sich mit neuen Kräften ausgestattet, um sich in der Welt zu bewegen und sie in seinem Sinne zu beeinflussen. Man fühlt sich wie befreit von allen endogenen parasitären Störungen und Verspannungen. In der Auseinandersetzung mit der Schwerkraft lernt man sich so zu bewegen, dass ein Minimum an Anstrengung und ein Maximum an Leichtigkeit entstehen. Die Bewegung, die so zustande kommt, könnte man ideal nennen. Es gibt die ideale Bewegung, die sich aber niemals erzwingen lässt. Sie ist das Ergebnis eines höchst individuellen Prozesses. Das Wachstum an Freude und Leichtigkeit als wachsende Bewusstheit in der Bewegung kann nur jeder durch Introspektion gewinnen, nicht mit zusammengebissenen Zähnen. Hier zeigt sich das Niveau der Selbstwahrnehmung, aber auch die Nähe zum inneren Ruhepunkt, auf den ich noch eingehen werde. Theoretisch könnt man von einer wunderbaren Liaison von Idealismus und Pragmatismus sprechen. Es geht um die Herstellung der Bedingung für neues Schwungholen. Wir finden eine entsprechende Konstellation schon bei Goethe, wenn auch auf anderem Feld.

Engagement ist nicht die Sucht nach dem Herausragenden, danach, über den Dingen und den anderen Menschen zu stehen. Das können wir auch von Goethe lernen. Er ist ein Meister des Elementaren und wird gerade dadurch zur Lichtgestalt. Er fühlte sich nicht zu groß, um Blüten und Blätter zu zeichnen, Steine zu betrachten, Wolken zu beobachten. Gerade in Krisenzeiten fand er den Weg zu den

68 Moshé Feldenkrais, Bewusstheit durch Bewegung. Der aufrechte Gang, Frankfurt a.M. 1996.

elementaren Dingen. Es ist faszinierend zu sehen, wie er um eine Sache herumgeht, um den Standpunkt zu gewinnen, von dem aus er die Idee der Sache am besten fassen kann. Er gibt nicht eher Ruhe (vielleicht besser: findet nicht eher Ruhe), bis er ein Bild vom Ganzen hat. Dieses Bild vom Ganzen ist individuell und notwendig zugleich. Die Standpunkte, um die man ringt, sind – so Goethe – zunächst immer historisch und beschränkt (und er meint damit, an biografische Entwicklung gebunden). Sie müssen stets neu gewonnen werden. Als Ergebnis einer individuellen Geschichte werden sie auch von der Seele eingenommen (und damit erscheinen sie bei Goethe immer in einem ewigen, also nicht historischen Licht). Bei Goethe bekommt man ein Gefühl dafür, was das Elementare ist. Es ist der Bereich, in der die Seelenbildung stattfindet. Es steht im Gegensatz zur Oberflächlichkeit, im Gegensatz zum Prinzip Anhäufung, im Gegensatz zur Konkurrenzattitüde und zum Imponiergehabe. Es ist vielmehr der Bereich der Gründlichkeit, der Fundiertheit und der Selbstvergewisserung. Es ist der Bereich, in dem Erfahrung eine zentrale Rolle spielt, in dem eine besondere Berührung mit einer Sache stattfindet, die Reflexion der Sache und die Reflexion der Berührung. Sagen Sie jetzt nicht: Ja, der Goethe! Ich kann es nur wiederholen. Warum sollte das, was für die Großen wichtig war, nicht für Max im 8. Jahrgang gelten. Wenn die Besinnung auf elementare Dinge und Kräfte für Goethe nicht verzichtbar war, dann wird sie Max auch nötig haben, um über sich hinauszuwachsen. Wenn man jetzt erfahrungsgesättigt feststellt, Max wolle das nicht, dann müssen wir ihm sehr individuell helfen oder wir müssen erklären, dass wir ihn aufgeben.

Warum ist das wichtig für die Produktivkraft des Engagements? Goethe und Feldenkrais sind Entwicklungshelfer gegen die Syndrome der Verzweiflung, der Überforderung und der Ermüdung. Damit sind sie beste Lehrer. Aber sie lehren noch mehr. Engagement droht gelegentlich zur eitlen Attitüde zu werden. Engagement scheint gelegentlich zur sozialen Selbstinszenierung zu verkommen. Engagement ist aber ein Weg persönlicher Selbstkultivierung. Es kann die unterschiedlichsten Ausdrucksformen annehmen. Ich möchte wissen, was Robespierre an elementarer Selbstvergewisserung verloren hat, als er den Fortgang der Revolution erzwingen wollte und die Ideale der Revolution verraten hat. Wie viele Hoffnungsträger hat es gegeben, die der herausragenden Position nicht gewachsen waren, sich selbst verloren haben und deren Engagement zunichte ging. Heldsein will gelernt sein.

„Schläft ein Lied in allen Dingen"

Wie findet man das Zauberwort, das die Welt zum Singen bringt? Eichendorffs romantischer Vierzeiler – tausendmal zitiert … – müsste deswegen nicht unbedingt noch ein weiteres Mal zu Gehör gebracht werden. Aber ich will ihn ja neu gewinnen.

> Schläft ein Lied in allen Dingen,
> die da träumen fort und fort
> und die Welt hebt an zu singen
> triffst du nur das Zauberwort.

Ich möchte gar nicht einmal das Romantische diesem Text für meine argumentativen Zwecke austreiben. Im Gegenteil, die Emotionalität, die Magie, die Schönheit sollen sein. Sie sind nicht in einer ästhetischen Nische oder im Elfenbeinturm zu Hause, sie gehören in den operativen Alltag. Sie beflügeln nicht nur den künstlerischen Geist, sondern auch den Forschergeist. Sie sind eine Angelegenheit des Engagements. Wer es ernst meint mit diesem Geist, wird niemals Opfer von versandenden Ritualen, von dogmatischen Erstarrungen, von entfremdenden Zwecksetzungen und von banaler Selbstgewissheit werden. Mit dem Zauberwort zerstören wir nicht den Zauber der Dinge selbst und machen sie nicht zu toten Gegenständen, sondern entdecken sie auch in ihrer Schönheit. Was könnte einer Welt Besseres passieren, wenn die dingliche Welt nicht als nur ausbeutbare Objektwelt erscheinen würde. Wir befinden uns in einer Zeit, der ein romantischer Sinn für die Gegenstände der äußeren Natur guttun würde. Engagement gewinnt vor diesem Hintergrund auch eine dezidiert ästhetische Dimension, sowohl in der gegenständlichen Bezugswelt als auch im subjektiven Umgang mit ihr. Es ist der Modus, in dem die narzisstische Neigung zum Heldsein auf eine sublimierende Weise kultiviert wird.

Kreativität ist ein viel diskutiertes Thema unserer Zeit. Wenn es für den Lernprozess nicht leeres Gerede bleiben soll, muss es sich darauf einlassen, dass die unterschiedlichen Wissensquellen eines jeden Menschen auch eine Chance haben müssen, zum Sprudeln zu kommen. Wenn es möglich sein soll, den Liedern in den Dingen zu lauschen, dann sind alle Produktivkräfte am Werke, die in diesem Buch vorgestellt werden. Ulrich Schnabel gibt die Faustregel des Hirnforschers Ernst Pöppel wieder:

„Wer wissen will, ob er nur erschöpft sei oder eine Auszeit brauche, solle sich abends den Tag noch einmal vor Augen führen und sich fragen, was er Kreatives geleistet habe.“[69] Kreativität sei ein wichtiges Merkmal eines ausgeglichenen Menschen. „Wer nur noch erledigt, abarbeitet, reagiert, braucht definitiv eine Pause“, sagt Pöppel[70]. Das gilt für Lehrende und Lernende gleichermaßen.

Den Klang der Dinge hören zu können kann nicht das Lernziel in einem linear angelegten Lernprozess sein. Wenn der Romantiker Eichendorff eine Ahnung vom Lernen hatte, dann die, dass es mehr ist als ein kognitiv angelegter Vorgang, an dessen Ende ein kognitiver Gewinn liegt. Hier wird deutlich, dass man es immer schon wusste, dass Komplexheit nicht in Linearität übersetzbar ist, wenn nicht Wichtiges verloren gehen soll. Lernen ist komplex und der Gewinn ist fast immer mehr als reine Kognition. Das gilt vermutlich für jeden Wissenschaftler (woher sollte er sonst die Energie für den langen Atem bekommen?), das gilt für Kinder allemal.

Ich weiß nicht, ob mir Ulrich Raulff, der Direktor des Literaturarchivs in Marbach, böse wäre, wenn ich ihn mit dem Romantiker Eichendorff in Berührung bringe. Raulff schreibt von seinem Leben in Bibliotheken. [71] Die Klänge, die er den Bibliotheken ablauscht, wünscht man sich jedem Kind, das der Welt der Dinge und der Worte

---

69 Zitiert in: Ulrich Schnabel, Muße. Vom Glück des Nichtstuns, München 2010, S. 88.

70 Ibid.

71 Ulrich Raulff, Wiedersehen mit den Siebzigern, die wilden Jahre des Lesens, Stuttgart 2014.

ausgesetzt ist. Von Aby Warburgs Londoner Bibliothek sagt Raulff: „Das eigentlich gesuchte Buch war der Band nebenan."[72] Es entstanden wachsende Netzwerke; Verwandtschaften und Freundeskreise wurden immer größer. Immer neue Landstriche wurden alten Herrschaftsbereichen einverleibt. Inspirierende Autoritären traten zurück und wurden durch neue ersetzt. Bibliotheken waren Orte des Begehrens. In diesem Begehren ist am Ende nicht mehr unterscheidbar, ob es sich auf die Welt der Bücher oder auf die Welt der anderen Begehrenden in dieser Bibliothek richtet. Wenn Sie sagen, hier handele es sich um die Biografie eines Intellektuellen, dann vergessen Sie nicht, dass jedes Kind in dieser Situation ist. Jedes einzelne neue Ding ist für jedes Kind eine Terra incognita. Es muss sich von ihr verlocken lassen. Wenn es die neue Welt mit der Peitsche im Rücken betreten muss, wird es niemals in ihr heimisch werden.

---

[72] Ibid., S. 161.

3. Die Produktivkraft der Freundlichkeit: Ich will Nähe

Pädagogische Miniaturen zur Freundlichkeit

1. *Auf typische Weise misslungen waren für mich immer Situationen, die mit Druck, ich möchte fast sagen Hinterhältigkeit seitens der Lehrkraft verbunden waren: z.B. der Chemielehrer, der grundsätzlich keine Chemiearbeit ankündigte, sondern überraschend Stühle und Tische auseinander schob, um dann mit einem Grinsen zu verkünden, er werde jetzt eine Arbeit schreiben, um zu überprüfen, ob wir auch freiwillig immer chemische Formeln und andere Sachverhalte lernen würden. Wenn man über den Schulhof zum Chemiefachraum lief, riefen einem die Mitschüler schon zu, dass die Tische wieder auseinander geschoben worden seien. Jedes Mal stieg dann eine Angst, ein mulmiges Gefühl in einem hoch, jedes Mal überlegte ich dann zu schwänzen, um der Qual der Überraschungsarbeit zu entgehen (oft genug tat ich es dann auch). Ich habe Chemie übrigens abgewählt, sobald dies möglich war.*

   Nina Petermann, Lehrerin

2. *Schlecht gelaunte Lehrer erzeugen allgemeine Lustlosigkeit. Man wusste genau, wenn ein Lehrer aus einer schwierigen Klasse kam. Die schüchternen Schüler waren dann verloren. Sie trauten sich dann nicht mehr, Fragen zu stellen, vor allem wenn die Fragen deutlich machten, dass man schon seit längerer Zeit nichts mehr verstanden hat.*

   Dominik Hoppe, Schüler bis 2015

3. *In der Grundschule, der Gorch-Fock-Schule in Blankenese, habe ich vor allem auch für meine Grundschullehrerin gelernt, weil sie immer und zu jedem so uneingeschränkt freundlich war. Dabei spielten Anerkennung und Lob eine entscheidende Rolle. Sie lobte uns und meinte es dabei ehrlich, egal ob ich die Dekoration für die Faschingsparty übernahm oder ob ich viel zu lange Tagesberichte mit unzähligen Zeichnungen zur Klassenfahrt in die Lüneburger Heide anfertigte. Ich glaubte ihr, wenn sie sagte oder schrieb, dass es ihr gefiel. Und eine solche Anerkennung spornte mich an, mehr zu machen, mehr zu lernen, auch mehr, als eigentlich gefordert war. Lob und Freundlichkeit sind auch heute noch Grundpfeiler meiner Arbeit als Lehrende.*

   Nina Petermann, Lehrerin

4. *Angst und Mitleid gleichzeitig ist das Fieseste, weil man nichts machen kann. Man kann sich einfach nicht wehren. Es ist wie bei meiner Mutter oder dem Buse, den wir in Deutsch haben. Die anderen kann man einteilen: Reichenau, Lattewitz, Purer, Kraushaar: Angst. Bernhard, Schmery, Haus, Schwöre: Mitleid. Aber Buse, das ist Angst und Mitleid, so wie Gott Angst und Mitleid ist,*

Gott Vater: Angst, Gott Sohn: Mitleid, Heiliger Geist: Irgendwas, mit dem ich nichts anfangen kann, weil ich nicht weiß, was Geist ist […].[73]

Frank Witzel, Schriftsteller

5. *Sehr prägend war eine Begegnung mit meinem Mathe-Lehrer in der 9. Klasse. Er begegnete mir freundlich und fragte nach dem Grund für wiederkehrende Fehler und warum ich es nicht ruhig rechnen würde, ich könnte es doch. Ab dem Augenblick habe ich mich selbst wahrgenommen beim Lernen, in Mathe eigentlich keine Fehler mehr gemacht und im Deutschen keinen Fehler mehr zweimal …*

Tobias Langer, Lehrer

6. *Grundschulpraktikum, 2. Klasse. Ein Kind ist im Verhalten auf den 1. Blick auffällig: Entweder es macht den Klassenkasper oder starrt völlig geistesabwesend vor sich hin, zu keiner Aktivität zu gewinnen. Nach Rücksprache mit der Klassenlehrerin erfuhr ich, dass die Mutter kürzlich verstorben war, der Vater als Polizist wenig Zeit hatte, das Schlüsselkind also viele Stunden am Tag sich selbst überlassen war. Als ich auf die Idee kam, das Kind, einen Jungen, am Pult auf meinen Schoß zu nehmen, lief alles prima. Es beteiligte sich sogar am Unterricht und lachte auch mal mit. (Du kannst dir vorstellen, wie schwer es mir gefallen ist, dieses Kind wieder zu verlassen, aber die KL hat dann wohl meine Rolle übernommen.)*

Helga Reier, Lehrerin

7. *Eine Lehrerin beginnt den Unterricht und weiß, dass sie beobachtet wird. Sie möchte einen disziplinierten Ablauf gewährleisten. Sie hat vermutlich aus ihrer Lern- und Lehrgeschichte das Disziplinproblem als größtes ausgemacht. Sie nimmt die Lernenden in erster Linie als potentiell Störende wahr und wirft gleichsam präventiv Disziplinierungsfloskeln oder gar Drohungen in den Raum. Die tatsächlichen Undiszipliniertheiten lassen nicht lange auf sich warten. Man schaut in ein unglückliches Lehrerinnengesicht. Man freut sich mit ihr, wenn die Stunde zu Ende gegangen ist. Es gehört nicht viel dazu, sich die Vorbereitung auf die nächste Stunde im Zeichen der Angst vorzustellen.*

Antonius Soest

8. *Ein Lehrer erzählt von seiner Erfahrung als Schüler, als er zusammen mit seinen Mitschülern sich einen Spaß daraus gemacht hat, einen seiner Lehrkräfte durch permanentes Verschieben der Tische zu bedrängen. Daraus hat der ehemalige Schüler Schlüsse gezogen für seine Lehrerpraxis. Das wird er zu verhindern wissen. Er weiß, wie Schüler sind, und er wird sie präventiv in die Schranken verweisen. Dieser Lehrer hat Karriere gemacht. Er ist in der Lage, Arrangements der Unauffälligkeit herzustellen.*

Antonius Soest

---

73 Frank Witzel, Erfindung der Roten Armee Fraktion, S. 130.

9. *Ich war Mittelstufenschüler. Ich schätze mal 8. Klasse. Meinen Sportlehrer fand ich toll. Er war Basketballer. Er machte eine Basketball-AG. Zu der ging ich, weil ich den Lehrer toll fand. Ich war einer der Jüngsten und unerfahren. Ich hätte Unterstützung gebraucht, die ich aber nicht bekommen habe. Der Lehrer machte gelegentlich Pausenaufsicht. Ich ging zu ihm hin, um Kontakt aufzunehmen. Ich fragte ihn dann so etwas Intelligentes wie: „Wann ist eigentlich wieder Basketball?" Es war mein ungeschickter Versuch, Beziehung aufzunehmen. Dieser Versuch blieb leider resonanzlos. Er sagte mir nur das Datum und schaute in eine andere Richtung. Ich habe die Versuche noch ein-, zweimal wiederholt. Mit demselben Ergebnis. Schließlich habe ich bei der AG aufgehört. Sport und Bewegung – ich war ein guter Sportler – haben mir in der Regel Anerkennung gebracht. Der ungeschickte Sportlehrer hat meine Bedürfnis nach Beziehung nicht erkannt und mir den Weg zum Basketball verbaut. Der Stachel steckte tief. Ich habe anderen Sport betrieben. Meine Sehnsucht, ein guter Basketballer zu werden, war immer da, war aber auch immer an diese Beziehungsenttäuschung gekoppelt.*

Andreas Becker, Transaktionsanalytiker

10. *Ich lerne über Beziehung. Ich brauche Beziehung, um Leistung zu bringen. Wenn Beziehung da ist – du würdest vielleicht sagen: Freundlichkeit –, dann docke ich an, dann fühle ich mich begleitet und unterstützt, dann habe ich den Mut zu fragen und zu hinterfragen. Für mich ist der Eingang ins Lernen Beziehung. Dadurch stärkt sich auch die Beziehung zu mir selbst. Ich stelle dann einen Bezug zu meiner Lebenswelt her. Mein Handeln wiederum wird dadurch gestärkt, weil eine Beziehung zu meiner Lebens-, Denk- und Gefühlswelt gegeben ist. Dann können alle Produktivkräfte des Lernens wirksam werden.*

Andreas Becker, Transaktionsanalytiker

Freundlichkeit – der pädagogische Lackmustest

Jede auszubildende Lehrkraft bekommt von Studien- und Schulleitern gesagt: Sei freundlich! Lächle!

Und alle geben sich größte Mühe zu lächeln. Studienleiterinnen und Schulleiter geben sich ebenfalls Mühe zu lächeln. Die Lernenden, wenn sie wohlmeinend sind, lächeln auch in der Hospitationsstunde. Es entsteht eine faszinierende Maskerade. Es gehört zum professionellen Wissen, freundlich zu sein. Es wird dabei nicht in erster Linie gefragt, wie ein Klima zu schaffen sei, in dem sich eine allseitige Freundlichkeit gleichsam naturwüchsig ergibt. Es wird vielmehr eine Attitüde verlangt, von der man sagt, dass sie hilfreich ist. Man weiß, wie wichtig Freundlichkeit für das Lernen ist, und deswegen muss

Freundlichkeit her. Die äußere Form muss stimmen. Und damit sind wir wieder bei einem Problem, das uns nicht unbekannt ist. Selbst auf dem Feld der kommunikativen Stimmung taucht das Problem auf, das sich durch die gesamte pädagogische Welt zieht. Es geht – nolens volens – um die Herstellung eines äußeren Anscheins, um Simulation, letztlich um den Gewinn eines hohen Tauschwertes der Währung „Note". Alles, was in der Hinsicht nützt, ist gut. Das gilt für den Lehrenden in der Ausbildung, der eine gute Bewertung erwartet, und das gilt für den Lernenden, der dasselbe Ziel hat. Vielen Lehrkräften gelingt es, ein Klima der Freundlichkeit entstehen zu lassen. Ihnen gelingt dann aber auch viel mehr in ihrem Lehrprozess. Die Kompetenz der Kinder vermag in der Regel echte, unangestrengte Freundlichkeit von angestrengter Freundlichkeit zu unterscheiden. Und Lehrende merken es selbst sehr bald, ob etwas stimmig ist oder nicht. Die Attitüde hält man nicht über viele Dienstjahre durch. Manche werden dann krank oder lassen schon vorher die Maske fallen.

Wenn man wie ich unmittelbar in der Nach-68er-Zeit auf den Lehrerberuf durch Studium und Ausbildung vorbereitet wurde, war Freundlichkeit im Umgang mit Lernenden eine Selbstverständlichkeit. Der Umgang mit Schülerinnen und Schülern wurde umstandslos auf freundlich gestimmt. Der Protest in die Gesellschaft hinein war das eine, die alltägliche Praxis im Umgang untereinander und im Umgang mit tatsächlich oder vermeintlich Schwächeren war das andere. Hier war Freundlichkeit und Sanftheit der Grundton. Das entspricht kaum dem Bild, das sich heute über eine als mit allen Konventionen brechende oder überkandidelt theoretisch auftretende Generation gemacht wird. Es herrschte ein neuer Ton vor – auch in den Schulen. Lehrende und Lernende duzten sich an vielen Schulen. Lehrende schafften eine Atmosphäre, in der die Botschaft allgegenwärtig war: Wir meinen es gut mit euch. Wir sind auf eurer Seite. Wir verstehen, wenn euch etwas nicht gelingt, und sind für euch da. In den Kollegien entstanden Lager zwischen den Traditionalisten und den pädagogischen Revoluzzern. In dieser produktiv neuen Haltung der Freundlichkeit lag leider eine gewisse Tragik. Die neue Schule kann man nicht ausschließlich auf einer ethischen Wende aufbauen. Die Schule blieb in den meisten Fällen in ihren Grundarrangements des Lernens unangetastet. Viele Gesamtschulen haben in dieser Zeit allerdings Großes geleistet. Die Veränderung des Klimas ist an sich schon produktiv und war für viele Kinder ein Segen. Die Veränderung der Schulstrukturen ohne eine radikalere Veränderung der Formen des Lernens ist allerdings der Grund für Tragik. Nur die Gesamtschulen, die auch neue Formen des Lernens radikal etabliert haben, waren in ihren objektiven Ergebnissen und dem subjektiven Erleben erfolgreich. Die Freundlichkeit – sehr wohl unabdingbar für erfolgreiches Lernen und Lehren – war allein nicht tragfähig auf dem Weg in eine bessere Schullandschaft. Die große Vision zerschellte sehr schnell an den Widersprüchen des Alltags im traditionellen Format und an der völlig unzureichenden politischen Umsetzung der Strukturveränderung.

Ist Freundlichkeit also nicht ein allzu alltägliches, leicht dahingesagtes Wort, das man nicht unnötig mit pädagogischer Bedeutung aufladen sollte? Ich verwende bewusst nicht den christlichen Begriff der Nächstenliebe. Er wäre in der Welt der Pädagogik allzu total. Ich verwende auch nicht den Begriff der Brüderlichkeit im Sinne der Französischen Revolution („Freiheit, Gleichheit, Brüderlichkeit") oder der Arbeiterbewegung („Brüder, zur Sonne, zur Freiheit ..."). Dieser ist in seiner biologischen Anleihe allzu biologistisch verpflichtend. Man kann nicht „unbrüderlich" sein. Nein, Freundlichkeit meint etwas anderes. In ihr liegt die Entscheidung für eine positive Zuwendung, die Bereitschaft zu einem positiven Gefühl. Es drückt sich aus in dem Kredit, den ich Menschen gebe, und sei es ein Minikredit. Das lässt sich übersetzen mit Vertrauen, Zutrauen, Glaube an jemanden. Wenn ich keine Freundlichkeit aufbringen kann, dann bin ich kein böser Mensch, aber ich kann kein Lehrender sein. Ohne die so verstandene Freundlichkeit ist alles pädagogische Bemühen nichts wert. Das wissen wir. Aber was macht es uns so schwer? Warum ist Freundlichkeit so anstrengend?

Wie sollte man vor einigen Jahren an der Rütli-Schule in Berlin wirklich freundlich sein? Wie soll man wirklich freundlich sein, wenn die Vokabeln systematisch nicht gelernt werden und bei den binomischen Formeln Max wieder nicht aufgepasst hat, wo ich doch extra wegen ihm wiederholt habe? Wie soll ich wirklich freundlich sein gegenüber den biestigen, pubertierenden Lernenden, die auf Krawall gebürstet sind? So oder noch viel drastischer lassen sich die Szenarien beschreiben, in denen in der Regel von Lehrenden beklagt wird, dass keine fachpädagogische Arbeit mehr möglich sei, nur noch sozialpädagogische. Eine Freundlichkeit, die wirklich und wirksam sein soll, scheint doch angesichts der Verhältnisse nahezu unmenschlich.

Um das pädagogische Existenzial kommt man aber nicht herum: Ohne Freundlichkeit entsteht keine pädagogische Wirksamkeit. D.h., wo sie nicht entstehen kann, kann man sich jedes pädagogische Alltagsgeschäft sparen. An der Schwierigkeit, freundlich zu sein, bemisst sich, was zu tun ist, in der Klasse, in der Schule, in der Schullandschaft. Zunächst einmal muss also festgehalten werden: Ohne die Basis für Freundlichkeit ist alle pädagogische Arbeit vergeblich.

Lässt sich mit Freundlichkeit eine unfreundliche Welt transformieren? Hat ein befreundeter Kollege recht, der verlangt, dass jede unsoziale Tat mit einer sozialen beantwortet werden muss? Es gibt in der pädagogischen Praxis neben den Überlebensstrategen die Fraktion der Naiven, die umstandslos einer Gutgläubigkeit zum Opfer fallen. Sie landen beklagenswert in einer Frustrationsfalle. Ob Kämpfer oder Gutgläubiger, beide vertreten komplementäre Verstrickungsstrategien.

Eine andere Konstellation verdient an dieser Stelle noch Beachtung. Ich habe in höheren Klassen mit einer nach Leistung und Verhalten positiv ausgelesenen Schülerschaft hospitiert, in denen keine Aggression, keine Unruhe, aber eine unglaubliche Passivität herrschten. Es gab keine Freundlichkeit in diesen Klassen, auch wenn die Lehrkräfte sich redlich bemühten. Es wurde klar, dass ohne Freundlichkeit keine wirkliche Aktivität entsteht, keine lernaktive Haltung, im Grunde kein Lernen stattfand. Wenn es sich bei Freundlichkeit um eine elementare Aktivitätsbedingung handelt, wie soll ohne sie Kreativität, Forschungsgeist und Selbstmanagement zum Lebenselixier des Lernenden werden?

Erfahrungen in Parallelwelten

Werfen wir einen Blick in eine Parallelwelt zur Schule. In der Fußballbundesliga 2010/11 machte Borussia Dortmund Furore. Kaum ein Experte hatte den Verein bei der prognostischen Vergabe der Meisterschaft auf der Rechnung. Man wusste, dass im Verein schon in den paar Jahren davor mit dem Trainer Jürgen Klopp gute Arbeit geleistet wurde. Aber nach Jahren der ökonomischen und fußballerischen Krise hatte sich nun die jüngste deutsche Spitzenmannschaft aller Zeiten herausgebildet. Dieser Bildungsprozess verdient eine kurze Betrachtung. Im Mittelpunkt steht zunächst der Trainer, der sich als ausgezeichneter Pädagoge erwies. Dass er sein professionelles Handwerk außerordentlich gut versteht, war bekannt. Aber das unterscheidet ihn nicht von vielen anderen Trainern. Hier ist ein Surplus im Spiel oder auch anders: ein dem Professionellen vorgelagertes, elementares Können. Das, was bei ihm professionell wird, ist stets eingehüllt in einen humanen Geist, der die Gestalt der Freundlichkeit bekommt (zumindest in der alltäglichen Arbeit, nicht unbedingt gegenüber Schiedsrichtern). Hier wird deutlich, dass sie nichts mit Harmlosigkeit zu tun hat, aber sehr wohl mit Leidenschaft einhergeht. Aus dieser Freundlichkeit erwächst Motivation. Erst durch sie wird Motivation wirksam. Erst sie erzeugt Inspiration. Man konnte zwei Jahre lang beobachten, wie Begeisterung über Ökonomie gesiegt hat.

Motivationsstrategien gehören zum professionellen pädagogischen Geschäft. Wann haben sie Erfolg, wann nicht? Trainingsmethodik kann man lernen. Aber man kann eher auf die letzte Motivationsraffinesse verzichten als auf das Klima der Freundlichkeit. Dennoch: Sie gehören zusammen. Klopp hat sich damals sehr wohl von Spielern getrennt. Es waren sehr begabte Spieler, die sich trotz ihrer fußballerischen Fachkompetenz nicht in das Ethos des gemeinsamen Lernens und Arbeitens einfügten.

Was sich in professionellem Vokabular niederschlägt wie „Gegenpressing“, „Laufwege“, „Spiel gegen den Ball“, „Doppelung des Gegenspielers“, „Doppelsechs“ führt nur zur praktischen Umsetzung und zum Erfolg, wenn eine übergeordnete Kraft wirksam wird. Das Klima der Freundlichkeit zwischen Trainer und Spielern war bei fast jedem Spiel spürbar, aber auch das Klima der Freundlichkeit zwischen den Spielern. Das, was in dieser ersten Saison die Fachwelt hat erstaunen lassen, war die Bereitschaft eines jeden, für den anderen einzustehen, die Kernkompetenz im Mannschaftssport. Dieses Klima der Freundlichkeit, und das verdient besondere Beachtung, erzeugte Leichtfüßigkeit, Geistesgegenwart, Flexibilität und Variantenreichtum. Selbst in der angeblich schönsten Nebensache der Welt kommt es auf die Präsenz der bereits beschriebenen drei Figuren an, die für jeden Lernprozess wichtig sind: der Künstler, der Forscher und der Manager. In den glücklichen Momenten spürt man die Anwesenheit dieses kreativen, forschenden und organisierenden Geistes. Es ist einfach eine Freude zuzuschauen. Und diese Freude war das Geheimnis des großen Erfolges bei Borussia Dortmund. Wenn wir noch etwas aus dieser Parallelwelt lernen wollen, dann das: Wenn Motivation und Fachkompetenz eine freudvolle Liaison eingehen, dann entsteht Verbindlichkeit und Disziplin. Erfolg zeigt sich in der Fähigkeit zur Disziplin. Man kann sie aber nicht á la Bueb[74] erzwingen, zumindest nicht, wenn man Erfolg haben will. Disziplin ist das Resultat, ist Indikator erfolgreicher Arbeit. Sie ist kein Existenzial wie Freundlichkeit.

Dieses Erfolgsklima einer jungen, von sich selbst inspirierten Mannschaft lässt sich leider nicht unbedingt zum Erfolgsklima einer schon erfolgsverwöhnten Mannschaft transformieren. Der Erfolg lässt eine neue Dynamik entstehen. Die ökonomische Gesetzmäßigkeit des Mehrwollens schlägt zu. Die Konstellation zunehmender Konkurrenz schwächt die Produktivkraft Freundlichkeit und damit die Begeisterung und den Erfolg. Man darf auf weitere Beobachtungen aus dieser Parallelwelt gespannt sein.

---

74 Bernhard Bueb, Lob der Disziplin, Berlin 2006.

Noch ein Beispiel aus einer anderen Welt, der Schule schon näher. Warum ist das große Projekt „Rhythm is it" gelungen? Es handelt sich um die Herstellung eines Tanztheaters im Zusammenspiel von großem Orchester und Kindern, deren Bildungsbiografie auf Grund vieler Handicaps behindert wurde. Ein Film bezeugt den Prozess. Für die Kinder wird die Produktivkraft Freundlichkeit wirksam. Sie umspannt die Kräfte neu, die zu einer konstruktiven Aktivität gebündelt werden. Es ist natürlich eine große Professionalität am Werke, um Spannung und Erfolg herzustellen, aber elementar ist die neu erfahrene Freundlichkeit, die Vertrauen schafft, die über Widersprüche hinweghilft und die wie ein Kredit mit hohem Investitionserfolg wirkt.

Was können wir in den Schulen davon lernen? Lernen in der Schule kann nicht ernsthaft weniger wert sein als gutes Fußball- oder Theaterspielen. Lernen muss groß gedacht werden. Es muss Leichtigkeit entstehen können. Wenn man die Schwere spürt, muss man eine Ahnung von der Leichtigkeit haben.

Sollten die Beispiele für einige zu banal, zu alltagsnah, zu freizeitmäßig oder nebensächlich sein, können wir uns gerne einigen Lichtgestalten der Geistesgeschichte nähern.

Brecht beschreibt in seinem Gedicht „An die Nachgeborenen" den Kampf um eine bessere Welt, in dem die Kämpfer noch von der schlechten gezeichnet sind (wie die Lehrer, die im Einsatz für Lehrplan- und Bildungsziele noch von der Welt der unaufgeklärten, renitenten Schüler gezeichnet sind). Nun gibt es aber Beispiele, dass Freundlichkeit eine Produktivkraft unter schwersten Bedingungen werden konnte. Da muss man nicht die Heiligengeschichten der katholischen Kirche bemühen, wenngleich sich in diesen Legenden immer auch die Sehnsucht nach der Kraft der Freundlichkeit ausdrückt. Nehmen wir die primären religiösen Lehrmeister, die überwiegend mit der Kraft der Freundlichkeit die Welt durchdringen wollten. Buddha z.B. entwickelt angesichts der Erfahrung des zunächst von ihm ferngehaltenen Leides der Menschen seinen Weg der Befreiung von eben diesem Leid. Jesus z.B. hat im Kern seines weltlichen Agierens die Kraft der Freundlichkeit. Er überrascht und irritiert die Welt des Normalen und der Konventionen mit seinen freundlichen Interventionen gegenüber Maria Magdalena, gegenüber Vertretern missliebiger Berufs- und Bevölkerungsgruppen. Und er überrascht und irritiert die Welt des Normalen und der Konventionen mit seinem Zorn gegenüber dem selbstgefälligen Establishment, als er die Händler aus dem Tempel vertrieb.

Man könnte auf so viele Lichtgestalten zu sprechen kommen, auf Sokrates oder Gandhi. Man könnte angesichts dieser beiden meinen, Freundlichkeit, die mehr ist als eine Attitüde, die eine Kraftquelle im Handeln ist, sei eine Form der Selbstgefährdung. Aber es gibt ja auch Menschen, die von ihrer Freundlichkeit geradezu gerettet wurden, wie z.B. Nelson Mandela. Eine positive Wirksamkeit jedenfalls haben sie alle. Sie sind Beispiele dafür, dass Aktivität, Wirksamkeit und Freundlichkeit zusammengehören, wie unterschiedlich sie in ihren Aktivitätsformen auch sein mögen. All diese Beispiele erleben immer wieder Renaissancen. Ihre Visionen sind nicht verbraucht. Sie sind wie eine menschengeschichtliche Investition, die noch zu wirken scheint, selbst wenn sie auf der Tagesordnung nicht sichtbar ist.

Dagegen steht die andere Sorte der progressiven Weltgestalter. Mit dem Bild einer besseren Welt im Kopf rufen sie zum revolutionären Kampf auf. So weit, so gut. Nun entwickeln sie aber ein revolutionäres Programm, wissenschaftlich begründet, mit Wahrheitsanspruch. Und hier fängt das Scheitern an. Der Freundlichkeitsmodus wird verlassen. Bezeichnenderweise geben sich die Revolutionäre professionell, nennen sich Berufsrevolutionäre. Sie entwerfen eine Art Revolutionscurriculum und nach erfolgter Revolution ein Transformationscurriculum. Da ist für Freundlichkeit kein Platz, sie wäre unprofessionell. Es kommt darauf an, die curricularen Stationen zu durchlaufen und jede Abweichung zu bekämpfen. Wer nicht die als notwendig erkannten Programmpunkte erfüllt, lebte gefährlich. Viele Menschen mussten sterben, weil sie der Norm nicht genügten. Das vermeintlich Bessere tritt als Normativität auf und ist die Legitimationsbasis für Gewalt. In den revolutionären Anfängen der Französischen Revolution, z.T. auch in der russischen Revolution löste die visionäre Kraft Begeisterung aus. Dokumente entstanden, die in ihrer Humanität bis auf den heutigen Tag nachwirken. Bedeutende Humanisten pilgerten nach Frankreich oder Russland. Selbst Hardenberg, der adelige preußische Reformer, war begeistert von der inspirierenden visionären Kraft der Französischen Revolution. Als dann aber die Revolutionsprofis, ob Robespierre oder Stalin, die todbringende Abweichung definierten, war die Revolution gescheitert. Wem es noch auf die Gestaltung einer freundlichen, brüderlichen oder unentfremdeten Welt ankam, wie es die Vision versprach, der musste mit dem Schlimmsten rechnen.

Und hier liegt die Pointe für mein Thema. Wenn die Profis in Reinkultur ans Werk gehen, drohen Gefahren, droht das Ende der Vitalität, droht eine Form der Versteifung. Kommen Priesterschaft oder Berufsrevolutionäre ins Spiel, entsteht sehr schnell Normativität, Dogmatik, Katechismus, Inquisition, reine Lehre, Ideologie, Fanatismus. Die großen Lehrmeister der Freundlichkeit wurden von ihnen bis zur Unkenntlichkeit entstellt.

Freundlichkeit – eine konstruktive Sprengkraft

Gott sei Dank sind in der Schule die Gefahren geringer. Es geht nicht um Lebensbedrohung, sondern um die Verteilung gesellschaftlicher Chancen und Zugänge. Dennoch ist der Zusammenhang erhellend, da die jahrhundertealte Schulfolklore dem traditionellen Schulalltag den Status einer zweiten Natur gibt. Nehmen wir die großen Lehrmeister der letzten zwei bis drei Jahrhunderte, mögen sie Comenius, Humboldt, Pestalozzi, Dewey oder wie auch immer heißen. Was ist aus ihrem Horizont der Freundlichkeit und der Humanität geworden? Ihre Bildungsvorstellungen jedenfalls sind verstümmelt worden, sie sind einer defizitären Form der Professionalität zum Opfer gefallen. Bildung wird in ein Curriculum eingesperrt, das abgearbeitet wird. Weder gesellschaftliche Humanisierung noch Bildung gelingen auf solche Art der Normativität.

George Steiner stellt in „Der Meister und seine Schüler" pädagogische Verhältnisse in vordemokratischer Zeit dar. In der damaligen

Konstellation zweifelt niemand daran, dass die Beziehung als solche relevant ist, gewissermaßen als klimatisches Fluidum. Wenn Demokratie nicht Banalisierung bedeuten soll, kann man sich fragen, was mutatis mutandis zu bewahren ist. Entscheidend ist immer die Emotion. George Steiner schreibt:

> „Der Komplex Meister/Schüler beschränkt sich keineswegs auf die Bereiche Religion, Philosophie oder Literatur. Er wird nicht durch Sprache oder Text begrenzt, sondern ist eine Lebenstatsache in der Beziehung zwischen den Generationen. Er wohnt jeder Ausbildung und Weitergabe inne […]"[75]

Manfred Spitzer, der pädagogisch ambitionierte Hirnforscher, resümiert als ein Ergebnis seiner neurobiologischen Untersuchungen, dass die Rolle der Emotionen beim Lernen kaum zu überschätzen sei und schreibt:

> „Wenn wir wollen, dass unsere Kinder und Jugendlichen in der Schule für das Leben lernen, dann muss eines in der Schule stimmen: die emotionale Atmosphäre beim Lernen. Wir wissen damit nicht nur, dass Lernen bei guter Laune am besten funktioniert, sondern sogar, warum Lernen nur bei guter Laune erfolgen sollte. Nur dann nämlich kann das Gelernte später zum Problemlösen überhaupt verwendet werden."[76]

Wir stellen hier nicht zum letzten Mal fest, dass es eine bemerkenswerte Konvergenz zwischen kulturwissenschaftlichen Meditationen der Vergangenheit und naturwissenschaftlicher Forschung der Gegenwart gibt.

Mit dem Geniekult des Sturm und Drang ist schon ein höchst demokratischer Bildungsimpuls gesetzt worden, an den sich gerade Pädagogen erinnern sollten. Wollte man ihn – paradoxerweise – definieren, ließe sich der Geniebegriff auf die Formel bringen, dass erfüllte Individualität sich in einer wechselseitigen Durchdringung von Natur und Reflexion findet. Und das ist jedem Menschen möglich. Wir werden sehen, dass hier der Schlüssel für das Gesamtverständnis pädagogischen Erfolges liegt. Wenn der Neurobiologe und Lernforscher Gerald Hüther davon spricht, dass in jedem Kind ein Genie stecke,

---

75 George Steiner, Der Meister und seine Schüler, München 2009, S. 149.

76 Manfred Spitzer, Plädoyer für eine evidenzbasierte Pädagogik, in: Ralf Caspary (Hg.), Lernen und Gehirn. Der Weg zu einer neuen Pädagogik, Freiburg 2006, S. 29.

dann knüpft das, wenn auch anders begründet, an diese alte Gewissheit an.

In der Besinnung auf die großen Lehrmeister stoßen wir auf unsere eigenen Kräfte der Freundlichkeit. Mir geht es so, dass ich mich durch die Lektüre der Alten immer noch in meiner katechetischen Praxis ertappt fühlte. Von Francois Jullien kann man lernen, wie man befangen ist durch die Sucht nach Definition und Bestimmung, nach richtig und falsch, nach Norm und Abweichung und wie man das Eigentliche vergisst, die Wirksamkeit.[77] Und diese Wirksamkeit kennt ein Existenzial, die Freundlichkeit. Sie ist angesiedelt in einem Jenseits der Professionalität, der Definition, der Bestimmung oder auch des Logos.

Es müsste deutlich geworden sein, dass mit der Hervorhebung der Freundlichkeit als vitales Merkmal gelingender Bildung nicht der Beliebigkeit das Wort gesprochen sein soll. Sie ist Aktivitätsvoraussetzung, Voraussetzung für den Vorgang gelingenden Lernens als Erfahrung höchster Intensität.

Es ist eine Binsenweisheit: Wer nicht zur Freundlichkeit fähig ist, hat den Beruf des Lehrers verfehlt. Angst war lange Zeit die klimatische Grundstimmung der Schule. Die Ergebnisse waren desaströs. Wenn nicht günstige Umstände Raum für Autodidaktik ließen, musste man mit dem Schlimmsten rechnen. Es war das Ende jeder pädagogischen Ambition, noch bevor die pädagogische Arbeit begonnen hatte. Wenn dennoch Lerneffekte entstanden, Kompetenzen erworben wurden, dann beweist das nur die unzerstörbare Intelligenz von Kindern. Indem sie Schillers „Glocke" lernen mussten, wurde ihnen aber jedes poetische Gefühl ausgetrieben. Sie lasen Goethe und lernten Latein, wurden aber zu den Stützen des nationalsozialistischen Deutschlands. Noch heute ist jeder dritte ungarische Student der Meinung, die Diktatur sei besser als die Demokratie. Auch im heutigen Deutschland gibt es eine Vielzahl von Phänomenen, die sich schwer mit einer Lernkultur im Zeichen der Freundlichkeit vertragen.

---

77 Der Gedanke ist ausgeführt (in der Auseinandersetzung mit der chinesischen Philosophie) in: Francois Jullien, Wirksamkeit und Effizienz in China und im Westen, Berlin 2006.

Wie viele Abiturfeiern enden mit einem Polizeieinsatz? Stimmt die Behauptung womöglich gar: je länger die Schulzeit, umso größer die Bildung?

Was ist aber nun zu tun, wenn Freundlichkeit missverstanden oder missbraucht wird oder wenn meine ausgestreckte Hand ausgeschlagen wird? Freundlichkeit ist keine Lächel-Strategie. Sie ist zunächst einmal Ausdruck dessen, dass ich es mit jedem Einzelnen ernst meine. Das ist der Kern des humanistischen Geistes. Freundlichkeit ist niemals eine ohnmächtige Geste. Sie ist die Komplementärtugend zur Souveränität. Nietzsche hatte nicht Recht, als er die Moral zum Attribut der Schwäche erklärte. Moral, in diesem Fall Freundlichkeit, ist ein Attribut der Stärke und Handlungsfähigkeit. Sie versklavt nicht, sie befreit. Und sie drückt sich nicht normativ aus: „Lächle!", „Sei freundlich!", sondern manchmal unorthodox. Auf die Wirksamkeit kommt es an.

Kommen wir zu Schule zurück. Lernen im folkloristischen Verständnis und im Verständnis einer überholten Professionalität ist immer noch so organisiert, dass es sehr schwer ist, ein Klima der Freundlichkeit zu erzeugen. Viele Lernarrangements und Lernstrategien laufen immer noch auf Formen der entfremdenden Selbstüberwindung und nicht auf befreiende Selbstgewinnung hinaus. Für den Lehrer, der in Platons Höhle zurückkehrte, hätte es alternative Möglichkeiten gegeben, zur Handlung zu motivieren. Weder predigender Eifer noch curriculare Distanziertheit waren geeignet. In der Art des Zusammenseins und Zusammenarbeitens muss die bessere Möglichkeit aufscheinen. Es ist der Modus, in dem schwache Botschaften starke Wirkungen haben können.

4. Produktivkraft der Bewegung: Ich will Leichtigkeit

Pädagogische Miniaturen zur Bewegung

1. *Ich möchte von einer Erfahrung berichten. Ich belegte einen Yoga-Kurs in relativ hohem Alter. Ca. 10 Jahre zuvor hatte ich bereits Yoga-Erfahrungen gesammelt. An dem großen zeitlichen Aufwand war ich jedoch am Ende gescheitert. Die Erfahrung, dass es mir insgesamt gut getan hat, blieb aber gegenwärtig. Ich begann erneut mit Yoga. Es war eine andere Yoga-Richtung als die zuvor praktizierte. Dennoch gab es viele Übereinstimmungen. Ich musste mich als Neuer im Kurs einfädeln. Die Yoga-Lehrerin war eine gute Beobachterin. Sie bemerkte jede „falsche" Fußstellung und jede „falsche" Armhaltung. Auf all das machte sie mich stetig aufmerksam. Ich hörte meinen Namen also immer wieder und war froh, wenn eine Sequenz ohne Nennung meines Namens über die Bühne ging. Ich wollte schließlich alles „richtig" machen. Man muss noch dazu sagen, dass das Tempo der Bewegungsabläufe sehr hoch war. Häufig kam ich nicht mit, zumal ich auch meine Aufmerksamkeit auf meine Nachbarn richtete, um mich im Abgleich selbst zu korrigieren. Ich hatte also zwei Blickrichtungen auf meine Bewegungen, von innen und von außen. Das hört sich vielleicht gut an, war es aber nicht. Meine Bewegung wurde beherrscht von der Frage, ob ich alles richtig mache oder nicht. Ich hatte nicht ausreichend Zeit, um mir ein inneres Bild von den Bewegungen zu machen. Ich habe das Entscheidende verfehlt, das ich im Yoga gesucht habe: erstens Bewegungsspielräume vergrößern und zweitens loslassen können. Das eine geht im Yoga nicht ohne das andere. Ich aktiviere einen Teil meines Körpers und lasse die anderen Teile los. Ich beiße nicht auf die Zähne, wenn mir eine Haltung schwer fällt. Ich ziehe die Schultern dann nicht hoch. Ich blockiere die Hüfte dann nicht. Darin liegt der Gewinn für mich selbst, für mein Selbst. Das wollte ich lernen. Leider gelang es mir nicht. Denn die Yoga-Stunde war wie traditioneller Sportunterricht. Ich hatte nicht die Zeit, ein Gefühl für eine Bewegung zu bekommen, nicht die Zeit, auszuprobieren, wie es leichter und damit erfolgreicher geht. Jeder erfahrene Trainer, in welcher Sportart auch immer, weiß mittlerweile, dass das notwendig ist. Um wieviel wichtiger ist es, das in der Schule bei Kindern wirksam werden zu lassen. Und ist es abwegig, wenn ich sage, das sei elementar für jeden Lernvorgang? Am Yoga werde ich jedenfalls festhalten.*

   Antonius Soest

2. *Ich komme immer wieder auf den genialen Bewegungslehrer Moshé Feldenkrais zu sprechen. Ich hatte die Gelegenheit, Mitte der 80er-Jahre Intensivkurse mit den Lehrerinnen zu machen, die noch direkt bei Feldenkrais gelernt hatten. Feldenkrais lässt in manchen Lektionen Bewegungen ausschließlich in einer Körperhälfte durchführen, und zwar so, dass die Schwerkraft möglichst gering*

wirkt. Diese Bewegungen werden mit höchster Aufmerksamkeit und genauester Wahrnehmung durchgeführt. Am Ende jeder Bewegungssequenz wird eine Pause gemacht, in der man sich der gefühlsmäßigen Wirkung der Bewegung versichert. Am Ende der Einheit fühlt sich die Körperseite, mit der gearbeitet wurde, heller und größer an als die andere. In meinem Gehirn hat sich ein Bild ergeben, ein neuronales Korrelat für die Bewegung inklusive Körpergefühl. Es ist ein neuronales Netzwerk entstanden als das Ergebnis einer höchst sensiblen Wahrnehmung von Wirklichkeit, von der Wirklichkeit meines Körpers. Dieses so entstandene neuronale Netzwerk wird in einem zweiten Akt nun Wirklichkeit selbst schaffen. Man stellt sich die Bewegungen auf der ungeübten Körperseite vor, ohne sich wirklich zu bewegen. Wichtig ist, dass man das Gefühl für die Bewegung mobilisiert. Ich empfinde also die Bewegungen so genau wie möglich. Es handelt sich um einen rein kognitiv-emotionalen Vorgang. Und am Ende fühlt sich die zweite Körperseite genauso hell und groß an wie die tatsächlich bewegte. Wenn man aufsteht und umhergeht, ist es, als hätte der Köper an Schwere verloren, als habe er an Geistigkeit gewonnen. Es wird einem Hirnforscher nicht schwer fallen, diesen Vorgang mit seinen neuronal-synaptischen Effekten zu beschreiben. Man sollte nicht unerwähnt lassen, dass Moshé Feldenkrais Autodidakt war. Ursprünglich war er Atomphysiker. Nach mehreren Knieverletzungen hat er sich mit Bewegung befasst. Er wollte wissen, wie man Bewegungen so macht, dass sie ohne parasitäre Belastungen von Gelenken auskommen. Es ist eine weltweit anerkannte Bewegungslehre geworden. Aber wie so oft: Erst die Erwachsenen sollen davon profitieren, wenn sie mit ihrem Bewegungsapparat nicht so recht weiter wissen, wenn sie also in Krisen stecken. Warum kann man nicht in frühen Lebens- und Lernphasen von Feldenkrais lernen?

Antonius Soest

3. *Wie Gehirnarbeit und die Arbeit des Bewegungsapparats zusammenhängen, lässt sich noch an einem anderen Beispiel verdeutlichen. Stellen Sie sich vor, Sie hätten nach Operationen starke Beschwerden im Knie und befürchten schon, dass es am Ende ist. Sie kommen – als letzter Ausweg – zu einem exzellenten Physiotherapeuten. Dieser macht Ihnen klar, dass Sie das Knie geschwächt haben, indem Sie es schonten. Und nun macht er mit Ihnen Übungen zur Stärkung, die immer gleichzeitig Übungen für das Gehirn sind. Er verlangt von Ihnen, dass Sie sich auf ein Bein stellen und mit dem Körper eine Waage bilden. Und das möglichst zehnmal nacheinander. Nun sind Sie komplett auf sich allein gestellt. Sie wackeln vor sich hin und ringen um das Gleichgewicht. Um dieses Gleichgewicht herzustellen, müssen Sie höchst konzentriert sein. Es ist wie ein Drahtseilakt, nur nicht so gefährlich. Appelle oder Korrekturen von außen helfen Ihnen wenig, stören geradezu. Sie sind auf sich allein gestellt. Sie wissen am Ende nicht, welcher Teil stärker beansprucht wird, das Gehirn oder der Bewegungsapparat. Sie wissen nicht, wo die Erschöpfung früher eintritt, im Kopf oder in der Muskulatur. Immer wenn Sie sich zu der Übung aufraffen*

wollen, wissen Sie nicht, was in Ihnen am stärksten sich weigert, der Verstand oder der Leib. Jedenfalls ist beides im Spiel. Und das Schöne an dem Vorgang ist, dass Sie sich Ihr Knie gewissermaßen wieder neu aneignen. Es wird Ihr Knie, in das Sie wieder Zutrauen gewinnen.

Antonius Soest

4. *Ich möchte von einem Jungen berichten, der sehr spät Schwimmen gelernt hat. Nachkriegszeit, dörflicher und sozialer Hintergrund und die Meeresferne des Mittelgebirges sorgten dafür, dass Wasser kein Element war, in dem man sich bewegte. Man spielte Fußball. Als Schwimmen nun Schulunterricht wurde, war es aus mit der Freude am Sport. Es trat eine psychische Verkrampfung ein. Der Reflex, die Sicherheit des festen Bodens auf keinen Fall aufzugeben, war nicht zu überwinden. Alle anderen waren am springen, tauchen und toben. Nur unser Schüler klammerte sich an den Beckenrand. Der Lehrer entschied sich, ihm mit besonderer Fürsorge zu helfen. Er gab ihm Hilfe und Zeit, sich auf das Wasser einzulassen und die Schwimmbewegungen zu machen mit seiner sichernden Hand unter dem Bauch. Der Schüler hatte Zeit, plötzlich auch das Gefühl für dieses Element und wusste nun, dass es ihn trug. Dieser Tag war für den Schüler großartig, zum Verlieben. An diesem Tag gelang ihm auch kognitiv alles.*

Antonius Soest

5. *Ich erinnere mich an meinen Sportunterricht. Wir waren in einem Kellerraum, in den man auswich, wenn der Sportraum nicht ausreichte. An Sprossenwänden wurde Krafttraining gemacht. In Erholungsphasen saßen wir im Kreis und der Sportlehrer machte uns eines Tages klar, dass wir mit den heutigen Leistungen den Ansprüchen der Zukunft nicht mehr genügen würden. Er verwies auf die herausragenden Leistungen der deutschen Zehnkämpfer, die mit ihrem Trainingsaufwand und ihren Trainingsmethoden neue Standards setzten. Uns wurde ein Referenzrahmen für die Selbstwahrnehmung angeboten, in dem wir eigentlich nur armselige Versager sein konnten. Wir hingen wieder an der Sprossenwand, hoben die Beine zu einem rechten Winkel, zogen sie an und streckten sie wieder aus. Nach der vorherigen Ansage haben wir das vielleicht ein paarmal häufiger geschafft. Aber nachhaltig gewonnen haben wir nichts.*

Antonius Soest

6. *Indem ich mich bewege, die Bewegung spüre, entspanne ich. Das ist die beste Voraussetzung für mein kognitives Lernen. D.h. bei der Bewegung selbst kann ich nicht gut nachdenken, aber ich komme in eine Entspannung. Nach der Bewegung bin ich – man kann schon sagen: lustvoll – bereit, etwas Kognitives zu tun.*

Andreas Becker, Transaktionsanalytiker

Bewegung in der Schule

Nichts scheint plausibler als die Forderung nach täglichem Sportunterricht. Der Tagesablauf der Kinder ist in der Regel so, dass die körperliche Bewegung immer weiter minimiert wird. Sind sie in der Schule weitgehend hinter einem Tisch fixiert, so sind sie es in der Freizeit hinter kleineren oder größeren technischen Geräten. Es findet eine systematische körperliche Ruhigstellung statt bei gleichzeitiger Steigerung innerer Nervosität. Was liegt näher, als Sport zum täglichen schulischen Programm zu machen.

Aber nun passiert das, was auch in anderen Fächern zu beobachten ist, nur im Sport noch viel existentieller. Mehr Mathematik für die Schwachen, zum Förderunterricht erklärt, mehr Rechtschreibung für die Lese- und Rechtschreibschwachen. Mag das oberflächlich auch vernünftig erscheinen, es ist in den meisten Fällen in der Wirkung fatal, wenn nicht geniale Lehrende am Werke sind, die die Kinder hinter ihre Schwächen führen und sie befähigen, diese anzuschauen, die sie also befähigen, sich aus den Fängen der negativen Selbstdefinitionen zu befreien, gewissermaßen aus ihrem eigenen Schatten zu treten. Es gibt kein Fach, in dem die Heterogenität im Können der Lernenden größer wäre als im Sportunterricht. Es wird z.B. die Finte im Basketball eingeführt. Die einen haben diese Bewegung schon tausendmal vollzogen, wissen manchmal schon gar nicht mehr, was sie tun, wenn sie es tun, tun es also völlig automatisiert. Die anderen machen diese Bewegung zum ersten Mal. Nach 45 Minuten, bestenfalls 90 Minuten ist der Unterricht beendet. Die „Guten" haben gar nicht genug bekommen, um immer wieder zu demonstrieren, dass sie „gut" sind. Die „Schlechten" haben alles getan, um unauffällig zu bleiben. Für komplexere Vorgänge gilt das allemal. Wundert es da, dass bei Mädchen mit der Pubertät die Unpässlichkeit zum Dauerzustand wird und manche Jungen permanent die Sportsachen vergessen? Die Sportlehrkräfte waren in der Regel gut im Sport, als sie noch Lernende waren. Sie wissen nichts von der existentiellen Grenzwertigkeit des körperlichen Versagens. Verschärfend kommt hinzu, dass sich an die Leistung im Sport häufig auch die körperliche Attraktivität bindet. Wenn die

Lehrenden dann vor diesem Hintergrund z.B. auf Geräteturnen verzichten und vornehmlich Ballsportarten machen, erscheint das fast als ein humanes Gebot. Aber auch hier reproduziert sich das geschilderte Problem. Im Gewinnspiel macht man in der Regel die Mitspieler zu reinen Mitläufern, deren Einbeziehung die Gewinnchancen stark verringern. Ich weiß, dass es exzellente Methodiken gibt, das Problem zu minimieren. Das ändert aber nichts daran, dass der tägliche Sport im herkömmlichen Sinne für viele ein Horror wäre und gerade für diejenigen, die ihn am nötigsten haben. Die Kreativität, Gründe zu finden, warum man nicht mitmachen kann, würde auf außergewöhnliche Weise stimuliert.

Dabei ist die positive Körpererfahrung in der Bewegung eine noch völlig unterschätzte Produktivkraft des Lernens überhaupt. Wenn Erwachsene in gesundheitliche oder psychische Krisen geraten, ist der Reflex, mehr oder überhaupt Sport zu treiben, schon fast konventionell. In Fitnessstudios kann man sich ein lebhaftes Bild davon machen. Aber auch hier gilt, was für viele Ratgeber gilt: Die Angebote knüpfen an ein Bedürfnis an, befriedigen es aber in den meisten Fällen nicht. Es handelt sich um ein Nachlernen, das viel schwieriger ist als das elementare Lernen. Man kann in den Fitnessstudios sehr gut beobachten, dass viele, in späten Jahren beginnend, sich bei sportlichen Aktivitäten furchtbar quälen, während für andere Sport ganz offenbar ein ständiger Begleiter in ihrem Leben war.

Wie wird Bewegung zur Produktivkraft des Lernens? Und wie vermeidet man, dass sie schwächt und deprimiert, manchmal geradezu einen Teufelskreis erzeugt? Wenn körperliche Bedürfnisse nicht in der Freude an der Bewegung befriedigt werden, suchen sie sich Ersatzfelder. Nicht selten sind es fatale Ernährungsweisen, die wiederum die Bewegung erschweren.[78] Der Umgang mit meinem Körper drückt genauso viel über mein Selbst aus wie der Umgang mit meinem Geist. Auch er entscheidet darüber, ob ich eine Schattenexistenz

78 Ich möchte darauf hinweisen, dass ich kein Diätprogramm predige. Ich erinnere mich an einen großartigen Pädagogen, Wolfgang Schulz. Er war sehr korpulent, strahlte aber eine unglaubliche Leichtigkeit aus. Man kann sich auch die vielen Jazzsängerinnen anschauen, die nur so strotzen von Vitalität und Leichtigkeit, und die tanzenden Afrikanerinnen.

führe oder aus meinem Schatten heraustrete. Wir werden es nicht mehr erreichen, dass Kinder in ihrer Bewegungsfreude auf Bäume klettern, durch Landschaften streifen oder auf benachbarten Wiesen nahezu täglich Fußball spielen. Auf dem bildungsfernen Land, auf dem ich groß geworden bin, war das tatsächlich alltäglich. Nahezu alle Kinder waren in irgendeiner Weise daran beteiligt.

An diese Stelle muss nun etwas anderes treten. Wir können uns nicht mehr auf die spontanen körperlichen Bildungsprozesse verlassen. Wir werden auch nicht die Spontaneität in die Schule hineinretten können. Schule ist der Ort, an dem die Sensibilität für die Bewegungsgrenzen entwickelt werden muss, der Ort, an dem mit den Grenzüberschreitungen experimentiert werden muss. Er ist der Ort, an dem die Erfahrung gemacht werden muss, wie man Bewegung leichter machen kann und wie in dieser Erfahrung der Leichtigkeit nicht nur die sportliche Leistung gewinnt, sondern das ganze Leben. Es ist der Ort, an dem die Freude am Sport vorbereitet werden muss. Dabei ist es wünschenswert, dass die Kinder am Nachmittag in Sportvereinen aktiv werden, weil sie an einzelnen Sportarten besonderen Gefallen finden. Die tägliche Bewegungszeit in der Schule ist dennoch dringend nötig. Hier wird sensibilisiert und es muss genug Zeit geben, sich immer wieder körperlich zu verausgaben.

In der Bewegung die Erfahrung von Leichtigkeit zu machen, ist noch aus einem anderen Grund wichtig. Ich habe bereits oben erwähnt, dass gut gelernte Bewegung Menschen daran hindert, durch Doping ihre Leistung zu steigern. Man kann aber nachlesen, wie selbst im Amateursport leistungssteigerndes Doping zur Normalität wird. Hier haben wir es mit einem Problem kollektiver Entgleisung zu tun. Ich weigere mich, von Leistung zu sprechen, wenn Doping im Spiel ist. In extremen Anforderungen kommt es immer darauf an, einen Perspektivwechsel vorzunehmen, um Kraftreserven zu mobilisieren. Das setzt aber voraus, dass man es gelernt hat, auf die Bewegungsgrenzen zu schauen, die höchst unterschiedlich sein können und die ein intimes Verhältnis zur eigenen körperlichen Bewegung erfordern.

Die beiden Bewegungslehren, die sich als Fundgruben eignen, um im Sportunterricht die Freude an Bewegung überhaupt zu erzeugen, sind die Feldenkrais-Methode und Yoga. Man muss weder Feldenkrais- oder Yogalehrer sein, um diese Fundgruben zu nutzen. Die eine Lehre (Feldenkrais) orientiert sich eher an der Wahrnehmung der Bewegungen des Skeletts, die andere (Yoga) an die Wahrnehmung der Muskeltätigkeit.

Ich versuche es mit einer Überpointierung: Bewusste Bewegung stärkt, Sport insgesamt stärkt aber nur dann, wenn die Bewegung bewusst erlebt werden kann. Wie ich atme, wie ich meine Stimme ertönen lasse, wie ich meine Schultern halte, wenn ich mich alltäglich bewege – all das sind Phänomene, die in den Komplex der Produktivkraft der Bewegung gehören. Als Erwachsene versuchen wir auch hier nachzulernen, wenn Probleme nicht mehr zu übersehen sind. Dann gehen wir zum Physiotherapeuten, zum Logopäden oder lernen Yoga oder Meditation. Die genannten Phänomene sind Beispiele, in denen wir zum Nachlernen gezwungen werden. Deswegen ist es plausibel, wenn der Philosoph Thomas Metzinger fordert, dass es in jeder Schule Meditation geben müsse, aber nicht vom Religionslehrer, sondern vom Sportlehrer. Es liegt auf der Hand, dass es nicht egal ist, wie ich atme, dass es grundlegend ist, ein Gefühl für seine Haltung zu bekommen, dass ich auch für eine gelingende Bewegung die Innenperspektive brauche, für die wiederum sehr viel Zeit benötigt wird. Hier lerne ich, dass mir nicht allein von außen gesagt werden muss, was richtig und falsch ist. Nein, ich entwickle vielmehr selbst ein Sensorium dafür und trete damit aus meinem eigenen Schatten.

Wer erlebt hat, zu welcher Leichtigkeit man befähigt ist, wenn man eine Feldenkraislektion (und hier habe ich mit dem Begriff der Lektion überhaupt keine Probleme, da der Feldenkraislehrer den Lernenden immer als Lernsubjekt versteht) hinter sich hat, wird seine Bewegungslehre nicht nur aus den Sportfachbüchern beziehen. Er weiß: Es gibt eine elementare Disposition, die jeder Sportlektion vorgelagert ist. Und diese Disposition entscheidet über den sportlichen Erfolg.

Verausgabung, Leere und die innere Ruhe

Verausgabung! Welch wunderbares Wort, das so leicht und gedankenlos dahingesagt wird. Ich gebe alles aus mir heraus. Wenn wir nach allem bisher Gesagten dabei nicht an zusammengebissene Zähne und verkrampfte Schultern denken, haben wir es mit dem Glück einer Entleerung zu tun, vergleichbar den Erfahrungen der Meditation.

Was macht es Menschen so schwer, diese Verausgabung zu genießen? Zunächst die unzweckmäßige Ausführung der Bewegung selbst, wie ich es oben beschrieben habe. Bewegung kann zu leidvoller Anstrengung verkommen. Dann gibt es aber einen noch gravierenderen Aspekt. Die Erschöpfung wird nicht genossen. Gibt es beim Yoga noch ein Nebeneinander von Anspannung und Loslassen, so ist es in der sportlichen Anstrengung ein Nacheinander. So sollte es zumindest sein. Die Erschöpfung kann ein grandios schöner Zustand sein, wenn man ihn denn auskosten kann. Wenn in vollkommener Ruhe der verausgabte, erschöpfte, leere Körper erlebt und genossen werden kann, in völliger Ruhe, kommt eine Ahnung von dem Glück des Seins auf, eine Empfindung der Grenze von Endlichkeit und Unendlichkeit. Wenn man aus diesem Zustand hervorkommt, ist aller Wahrscheinlichkeit nach das Vertrauen in die eigenen Kräfte gestärkt, die Angst vor dem Ungewissen der Freude auf das Unberechenbare gewichen. Wenn Ihnen das zu hochgegriffen erscheint, bedenken Sie, dass wir den Sport und die Bewegung überhaupt in der Regel reduziert haben auf den Moment der Anstrengung, die häufig nur als quälend empfunden wird. Die Vollendung dieser Anstrengung liegt in der anschließenden Auskostung der Ruhe und der inneren Leere.

Das gilt für jeden. Für den, der als sportlich gilt, und den, der sich als unsportlich empfindet. Den Glückszustand kann jeder erreichen. Er ist auch der Grund, warum man mit der sportlichen Bewegungsambition fortfährt. Für das Lernen ist diese Erfahrung außerordentlich produktiv. Man lernt, die Anstrengung zu genießen, und man lernt, dass Simulation nichts wert ist. Erst nach der genossenen Ruhe hat der Sport in der Schule auch eine positive Auswirkung auf Mathematik. Lehrkräfte waren sich häufig nicht einig, ob sie sich freuen sollten, wenn vor ihrem Unterricht die Sportstunde stattfand. Viele sagen, die Kinder seien danach so aufgedreht und konzentrationsunfähig. Das kann nur daran liegen, dass die sportliche Erfahrung nicht in dem meditativen Ausklang vollendet wurde.

Die Resonanz der Anstrengung ist nirgendwo sonst so positiv und unmittelbar erfahrbar wie in der sportlichen Bewegung. Damit ist sie die beste Voraussetzung für die Gewinnung von Selbstdisziplin. Ohne die Vollendung der Bewegung in der Erfahrung der Ruhe droht die Anstrengung zur disziplinierten Unterwerfung unter eine Norm zu werden.[79]

Die Fähigkeit zur Verausgabung hat – psychologisch gesehen – ihre Schwester in der Fähigkeit zum Verzicht. Sie begründen Formen der Deautomatisierung und Akte des freien Willens. Der Marshmallow-Test von Walter Mischel[80] ist schon häufig zitiert worden. Kinder stehen vor der Aufgabe, vor einem Marshmallow zu sitzen und 15 Minuten auf dessen Verzehr zu verzichten. Wenn sie das schaffen, bekommen sie zwei Marshmallows. Mischel verfolgt die Lebenswege derjenigen, die es 15 Minuten ausgehalten haben (High Delayer), mit denen, die nicht durchgehalten haben (Low Delayer), und fasst das Ergebnis folgendermaßen zusammen:

> „Zehn Jahre nach unserem Experiment stellten wir fest: Die High Delayer besaßen eine größere Konzentrationsfähigkeit als die anderen. Sie konnten besser mit Frustrationen umgehen, waren selbstbewusster, erzielten bei Intelligenztests höhere Werte und hatten die besseren Schulnoten. Zwanzig Jahre später besaßen sie häufiger einen Uni-Abschluss, ihre Beziehungen waren stabiler, sie nahmen seltener Drogen, und sie waren schlanker als die Low Delayer. Und so ging es in den folgenden Jahrzehnten immer weiter: In allen möglichen Facetten des Lebens blieben auffällige Unterschiede."[81]

Gemeinsam ist dem Sich-Verausgabenden und dem Verzichtenden, dass sie sich einerseits einer Anstrengung aussetzen und andererseits mit einer Belohnung rechnen können. Wenn die positive Erfahrung

---

79 Dass das wiederum der Nährboden für Doping ist, ist psychologisch nicht überraschend.
80 Walter Mischel, Der Marshmallow-Test, München 2015.
81 Interview in der ZEIT vom 16.3.2015.

beim Sport wegfällt, wird der Akteur um den Lohn seiner Anstrengung gebracht. Er ist auf pure Disziplin angewiesen, die auch zur Unterwerfung befähigt. Im Marshmallow-Test waren Kinder nicht mehr zur Anstrengung bereit, wenn ihnen die Belohnung (der zweite Marshmallow) vorenthalten wurde. Der oben erwähnte Sportlehrer, der uns den Zehnkämpfer Kurt Bendlin als Leitfigur vorhielt, hatte nichts anderes als eine Entfremdungsstrategie im Sinn. Hier wurde der Sportunterricht zu einem Beispiel der Schule, die auf das Glück einer späteren Zeit vertröstet, das erfahrungsgemäß nur selten eintritt. In der Regel wird von einer solchen Schule das Glück mit einem relativ hohen Einkommen in fernen Zeiten verwechselt. Angesichts dieses Trends lässt sich Byung-Chul Han zu dem traurigen Resümee hinreißen: „Die Leistungsgesellschaft als Aktivgesellschaft entwickelt sich langsam zu einer Dopinggesellschaft."[82] Und etwas später: „Der Exzess der Leistungssteigerung führt zum Infarkt der Seele."[83] Man traut es dem Sport eigentlich nicht zu, aber er könnte im Sinne einer Selbstbegegnung in der Bewegung zu einem humanisierenden Korrektiv werden.

Ich möchte dieses Kapitel aber mit einer Vermutung beenden. Die glückende Auseinandersetzung mit Bewegung entsteht durch ein Lauschen in den eigenen Körper. Es mag sich um die sensible Wahrnehmung kleinster Bewegungen im Skelett oder in der Muskulatur handeln. Es mag aber auch der tiefe Genuss eines verausgabten Körpers sein. Dieses Lauschen ist aber eine Fähigkeit, die viel weiter greift. Sie führt auch in unserer geistigen Tätigkeit zu sensibilisierenden und wohltuenden Erlebnissen. Auch nach einer geistigen Anstrengung, manchmal Verausgabung, sollte nachgelauscht werden. Man wird es genießen. Das geschieht in der Schule bei intellektuellen Anstrengungen so selten wie bei körperlichen, wenn man die Trennung überhaupt so klar vollziehen will. Der Seele würde es gut tun.[84]

---

82 Byung-Chul Han, Müdigkeitsgesellschaft, Berlin 2010, S. 54.

83 Ibid., S. 55.

84 Insofern hängen die Produktivkräfte der Selbstwahrnehmung (s.o.), der Muße/Gelassenheit/Meditation (s.u.) und der Bewegung sehr eng zusammen.

Ich stelle mir vor, ich wäre Fußballtrainer (ein mich begleitender biografischer Gegenentwurf). Ich habe es mit guten Fußballern zu tun, die sich auf den Ball freuen, ihn exzellent behandeln und auch wissen, wo der Mitspieler steht.

Im Training funktionierte alles bestens, im Spiel weitgehend auch. Im Abschluss hatte meine Mannschaft allerdings erhebliche Schwächen. In Extremsituationen versagten, wie man so schön sagt, die Nerven. Der eine stand nach langem Sprint allein vorm Torwart und scheiterte. Der andere tankte sich außen wunderbar durch, schoss blind in die Mitte und verfehlte den freistehenden Mitspieler. Und so weiter. Es war zum Haareraufen. Immer wenn die Spieler nach großer körperlicher Einzelanstrengung cool die Übersicht bewahren sollten, gelang das nicht. Sie verkrampften im entscheidenden Augenblick. Nachdem ich mit den Spielern im Training systematisch einem Yoga-Prinzip gefolgt bin, schießen wir mehr Tore und machen in der Abwehr weniger überraschende Fehler in engen Situationen. Die Spieler haben gelernt, in der extremen Herausforderung die Totalanstrengung, die zur Verkrampfung wird, zu vermeiden. Sie haben gelernt zu unterscheiden, wo im Körper die Anspannung nötig ist und wo sie unzweckmäßig und störend ist. Der Kopf lernte, frei zu bleiben, die Zähne wurden nicht aufeinander gebissen. Es war plötzlich so, als hätten die Spieler an Geistesgegenwart gewonnen. Wie gesagt: Wir haben das systematisch geübt, genau zu unterscheiden, wo im Körper die Anspannung erfolgen muss und wo man loslassen kann. Erst mit dieser Unterscheidung wird der Kopf frei. Fußball ist auch Kopfarbeit. Der Kopf muss aktiv sein, wenn er frei bleiben will. Bei manchen Spielern gelingt das alles intuitiv. In vielen Fällen aber ist die Entfaltung der Begabung durch unzweckmäßige Normativität gestört worden.

Die neue Freude am Spiel beglückte alle: die Spieler, mich als Trainer und die Zuschauer. Und – das ist kein Wunder – uns gelang es viel besser, mit Niederlagen umzugehen. Es entstand eine neue Perspektive: Weg von der Totalen, hin zu den kreativen Einzelinszenierungen. Der rechte Verteidiger kann überraschend im linken Mittelfeld zur Anspielstation werden. Es gibt keine schematischen Rollenzuweisungen mehr. Der Angreifer wehrt ab, der Verteidiger wird brandgefährlich vor dem Tor.[85] Totale und Zentralismus treten auch hier zurück zugunsten zunehmender Selbstverantwortung und Selbststeuerung.

---

[85] Das ist keine Erfindung von mir. Das bahnte sich bereits an in der neuen Spielweise von Zinédine Zidane, der eine fast anarchistische Spielweise pflegte, zumindest gemessen an der Spielweise der traditionellen Spielmacher, die in imperialer Geste den Ball forderten und zumeist in langen Pässen weitergaben. Der Prototyp ist Günter Netzer. Wer diesen Wandel genauer betrachten möchte, kann ihn studieren in: Klaus Theweleit, Tor zur Welt. Fußball als Realitätsmodell, Köln 2004.

5. Produktivkraft der praktischen Intelligenz: Ich will über mich hinaus

Pädagogische Miniaturen zur praktischen Intelligenz

1. *Ich erinnere mich gut, dass Schüler des 12. und 13. Jahrgangs zusammen Chemie hatten. In der Vorbereitung auf die gemeinsame Arbeit an einem Stoff haben Schüler des 13. Jahrgangs die Schüler des 12. Jahrgangs auf den Stoff vorbereitet. Alle waren optimal gefördert und gleichzeitig waren alle optimal gefordert.*

   Dominik Hoppe, Schüler bis 2015

2. *Vom Kopf in die Hände und umgekehrt, was Kriechöl kann. Als Student bewegte ich mich anfangs nur zwischen Gedrucktem, Arbeit war Sitzen, lesen, zuhören, im Schneidersitz bei anderen sitzen und AG machen. Ein Freund sprach mich an – ob ich helfen könne bei der Autoreparatur, er wolle es selber ausprobieren, die Reparatur in der Selbsthilfewerkstatt. Abends dann ein Blick in die Explosionszeichnung der Reparaturanleitung für den Kadett, ziemlich komplex die Zeichnung. Am nächsten Morgen schoben wir den kaputten Kadett hinein in die Werkstatt, empfingen Instruktionen vom Meister und machten uns ans Werk: Den Kupplungsring austauschen. Der sitzt/saß am Getriebe. Von oben war alles Mögliche im Wege, von unten war auch schlecht zu arbeiten. Wir mussten uns den Weg zur entscheidenden Stelle bahnen, bauten irgendwann ab, was uns aufhielt, stemmten Schraubschlüssel oder rissen an ihnen, fingerten mit Zangen und Schraubenzieher, manchmal vergeblich, und wenn einer mutlos unterm Auto rauskroch, tauchte der andere runter, wir bauten Verlängerungen für die Ratsche, empfingen Tipps vom Meister, reichten uns Gerätschaften zu, lernten die Segnungen des Kriechöls kennen und am Ende öffnete sich der Einblick ins Getriebe und ja – da war der kaputte Kupplungsring, und ja, den bauten wir aus und wir studierten seine Mechanik, den Sinn von Schraubfedern, Hebelverhältnissen, wir machten Angriffspunkte aus und ließen uns zeigen, was defekt war. Dann taten wir den neuen rein und montierten für den Rest des Tages alles wieder zusammen und als wir am Abend den Motor anließen, funktionierte nichts und alles war so kaputt wie zuvor. „Ihr habt den Kupplungsring verkehrt rum eingesetzt!" Lähmende Resignation, das Elend eines vertanen Tages senkte sich auf uns, die dreckverschmierten Hände hingen hilflos runter. Beim Einbruch der Nacht: „Hast Du morgen Zeit? Machen wir's noch mal?" Wieder der Blick auf die Explosionszeichnung, aber jetzt mit mehr Verständnis. Einen Tag drauf bewegten sich zwei Autoreparateure in perfekter Choreographie ums und ins Auto, mit beiläufigen und entschlossenen Griffen in den Werkzeugkasten, mit einem wortlosen Ineinandergreifen von vier Händen ins gemeinsame Werk, am Morgen*

begannen wir und noch am Morgen hatten wir das Stück in den Fingern, besahen es schweigend, drehten es um, steckten es auf und alles zusammen, schraubten in gleicher Weise grimmig konzentriert, mal getrennt, mal zusammen, immer einander zureichend. Als der Motor lief, ging der erste Gang rein und die anderen auch und wir rollten zusammen aus der Werkstatt. Es war noch Vormittag. Der Rest des Tages war Euphorie …

Klaus Lorenzen, Lehrer

3. *Was mir am Lernen am meisten gefällt, sind Intensität und geregelte Abläufe. Während meiner Examenszeit bin ich immer um 6 Uhr aufgestanden und habe bis 8:30 Uhr am Schreibtisch gesessen. Da hatte ich dann schon mächtig viel geschafft, weil ich ein absoluter Morgenmensch bin. Anschließend gab es Frühstück mit meiner Freundin Irmela, die auch im Examen war, aber andere Themen hatte (Sport und Latein). Dann ging es wieder an den Schreibtisch bis 13 Uhr. Kleiner Mittagsbreak – wieder schwatzen mit Irmela. Danach noch 1,5–2 Stunden getrennt lernen, dann sind wir zum Strand gefahren: sonnenbaden, schwimmen und austauschen, was wir gelernt hatten und auf Nachfragen antworten. Das war klasse! Es hat richtig Spaß gemacht. Und ich war noch nie so braun wie während meiner Examenszeit. Abends war dann immer Kontrastprogramm: oft haben wir lustige Dinge gemeinsam gemacht; sind auch teilweise einfach überdreht und haben uns ausgeschüttet über alles Komische der Welt. Es war eine tolle Zeit!*

Dorothea Scharff, Lehrerin

4. *Ich habe auf zweierlei Arten versucht, meiner Disposition zum Ventriloquisiert-Werden*[86] *zu entkommen. Zum einen hoffte ich, auf eine Partnerin zu stoßen, die meinen Zustand erkennen und mich daraufhin das sprechen lassen würde, was ich ‚wirklich' dachte. Ich verstand nicht, dass sie dazu notgedrungen an dem von mir Gesprochenen, das heißt an dem von ihr Ventriloquisierten, orientieren musste, also lediglich ihre eigenen Gedanken wiederfinden konnte und selbst dann, wenn sie die Absicht gehabt hätte, mich sprechen zu lassen, doch nur wieder sich selbst hätte sprechen lassen können. Doch ich gab die Hoffnung nicht auf und ging immer wieder voller Erwartung neue Beziehungen ein, weil ich jedes mal glaubte, nun endlich jemanden gefunden zu haben, der mich, auch wenn es eine Zeit lang dauern würde, mit meinen eigenen Sätzen ventriloquisieren würde. Nur so konnte ich mir eine Form der Befreiung und eine Annäherung an jenen Bereich in mir vorstellen, von dem ich selbst so gut wie nichts wusste.*[87]

Frank Witzel, Schriftsteller

---

86 Das heißt, die Rolle der Puppe eines Bauchredners zu übernehmen.

87 Frank Witzel, Die Erfindung der Roten Armee Fraktion, S. 461f.

5. *Für uns sind anregende Lernbedingungen vor allem in der Schule wichtig, aber auch bei uns zu Hause. In der Schule hängt dies vor allem von der eigenen Einstellung, aber auch von den Methoden der Lehrer ab. Uns sind vor allem Klassenaktivitäten wie Planspiele positiv aufgefallen, da diese innerhalb der Klasse einen thematischen Austausch und auch eine Identifikation mit Positionen und Problematiken anregt. Hieraus ziehen wir einen bleibenden Lernerfolg. Uns fällt in Bezug auf unsere eigene Einstellung auf, dass diese von Fach zu Fach variiert und personenbezogen ist, also auch durch Mitschüler und Lehrer beeinflusst wird. Mit einer positiven Einstellung fällt uns das Lernen leichter. Wenn es aber beispielsweise um ein Fach geht, das wir nach einem Jahr abwählen können, das nicht abiturrelevant ist und für das wir kein Interesse haben, das also irgendwie abgehakt werden muss, dann ist unsere Einstellung wenig motiviert und dementsprechend entsteht kein positives Lernklima. Der Lernerfolg bleibt aus. Geht es allerdings um ein Fach, in dem Erfolg und Spaß in Aussicht stehen, dann ist es für uns selbst deutlich einfacher, ein angenehmes Lernklima zu schaffen. Zu Hause fällt es uns generell leichter, eine angenehme Atmosphäre zu schaffen, da man Störungen vermeiden kann, im eigenen Tempo arbeiten kann und dennoch sich innerhalb einer Lerngruppe in einer entspannten Umgebung austauschen kann.*

Nele Benz und Nadja Körner, Schülerinnen

6. *In einem Film über den bekannten Dirigenten Zubin Mehta*[88] *erzählt ein Hornist aus Mehtas Orchester, Mehta habe ihm gesagt: „Du folgst mir." Das habe ihn mit Stolz erfüllt. Mehta habe dann aber streng wiederholt: „Du folgst mir." Erst dann habe er verstanden, was Mehta meinte: Spiele so, dass es dir entspricht. Ich bin an deiner Seite. Aber es muss deine Seite sein.*

Antonius Soest

7. *Mein Vater, ein sehr geschickter Handwerker, hatte die Neigung, alles möglichst schnell zu machen. Als Kind hatte ich die Aufgabe, bei seinen Tätigkeiten zu assistieren, indem ich Nägel und Schrauben hielt und Hammer und Zange bei Bedarf reichte. Wollte ich selbst etwas darüber hinaus tun, wurde mir das Werkzeug sehr schnell aus der Hand genommen, weil ich nicht effizient genug war. Schon sehr bald habe ich handwerkliche Tätigkeiten gehasst. Wenn Hammer, Zange und Schraubenzieher ins Spiel kamen, habe ich Reißaus genommen. Manche sagen, das sei heute auch noch so.*

Antonius Soest

88 Zubin Mehta, Dirigent und Weltbürger, 18.4.2016, ARTE.

Intelligenz als problematischer Indikator

Mit der Produktivkraft der Intelligenz hat es eine besondere Bewandtnis.

Wer möchte nicht intelligent sein oder als intelligent gelten? Aber wie viele intelligente Menschen gab und gibt es, mit denen wir niemals tauschen möchten? Die Relativitätstheorie zu entwerfen oder einen Völkermord zu planen, eine Disco in der Schule zu organisieren oder vom Nachbarn die Hausaufgaben so abzuschreiben, dass es niemand merkt, ein Gedicht zu interpretieren oder in einer Clique dem Leitwolf nachzuplappern, all das sind Akte der Intelligenz. Was immer ich tue, ob revolutionär oder unterwürfig, ob innovativ oder affirmativ, ob voller Esprit oder routiniert, ob als Wohltat oder barbarisch, ich tue es, und ich tue es mit meiner Intelligenz. Ob ich den Spielraum meiner Möglichkeiten produktiv nutze oder mich zum Spielball fremder Mächte machen lasse, es ist Ausdruck meines Gebrauchs von meiner Intelligenz. Die Intelligenz ist also eine Produktivkraft, die im Gebrauch per se am wenigsten eine selbstverständlich immanente Wirksamkeit zum Guten, zur positiven Selbstgewinnung hat. Sie ist eine Hure. Jeder Mensch ist intelligent und kann seine Intelligenz zum Heil oder Unheil nutzen. Wie oft habe ich als Kind gehört, Goebbels sei sehr intelligent gewesen. Eine Hochachtung schwang immer mit. Und es gilt auch, dass Menschenhändler intelligent sein müssen, wenn sie Erfolg haben wollen.

Was hat es also mit dieser Produktivkraft auf sich? Sie unterscheidet sich von allen anderen Produktivkräften dadurch, dass sie einfach da ist und dass es von vielen Faktoren abhängt, ob sie positive oder negative persönliche und soziale Effekte hat. Es hängt von der Qualität ihrer Nutzung ab, ob sie so oder so wirkt. „Brains", „High Potentials" sind in ihrer formalen Qualitätszuschreibung wie leere Hülsen. Ob ich meine Intelligenz klug einsetze, entscheide ich, aber nicht meine Intelligenz.

Die Infizierung der pädagogischen Professionalität durch das Alltagsverständnis zeigt sich aber nirgendwo deutlicher als in der Wahrnehmung von Intelligenz. Intelligenz wird wie eine Währung gehandelt, mit der man Wissen, Kompetenz und gute Noten gewinnen kann. Man bringt demnach ein bestimmtes Quantum dieser hochwertigen „Substanz“ in die Schule ein und verschafft sich mit ihm Gegenwerte. Wenn Schulen in erster Linie Intelligenz bewerten, verfehlen sie damit vor dem Hintergrund des bisher Gesagten entscheidende Qualitäten menschlicher Leistungen und deren Stimulierung. Ich könnte es mir jetzt ganz leicht machen und feststellen, dass man sich um die Entwicklung eines positiven Gebrauchs von Intelligenz keine Sorgen machen muss, wenn alle anderen Produktivkräfte, die ich vorstelle, die Chance haben, sich zu entfalten. Das ist gewiss nicht falsch. Diese Produktivkräfte zur Geltung kommen zu lassen ist wie ein Trainingsprogramm der positiv genutzten Intelligenz. Die Intelligenz selbst bietet aber noch Aspekte, die geborgen werden wollen. Mich interessiert, was man an der Intelligenz selbst gewinnen kann, damit sie zu einer Produktivkraft wird, der es um das Einzel- und Gemeinwohl geht.

Wir haben es in unserer schulischen Wirklichkeit mit einer Vielzahl von Phänomenen zu tun, die dem Alltagsverständnis der Intelligenzapostel, also derjenigen, die in allen Selektionsvorgängen die Intelligenz als natürliches Regulativ am Werke sehen, in die Parade fahren müssten. Es gibt viele Untersuchungen, die beweisen, dass der gesellschaftliche Status für schulische Karrierechancen relevanter ist als die genetisch mitgebrachte Intelligenz der Kinder. Der gesellschaftliche Status und die gesellschaftliche Umgebung regulieren in erster Linie, nicht Intelligenz. Jeder Lehrende und jeder Schulleiter weiß, dass genetisch bestimmte Intelligenz überlagert wird. Grundschulen sprechen Übergangsempfehlungen auch nach Maßgabe häuslicher Begleitungskompetenz aus, also nicht nach Maßgabe der Intelligenz der einzelnen Kinder. Gerhard Roth berichtet von Untersuchungen amerikanischer Psychologen:

> „Lehrern wurde unter Vortäuschung eines wissenschaftlichen Tests erzählt, ein Teil der Schulkinder stünde unmittelbar vor einem intellektuellen Entwicklungsschub, während in Wirklichkeit alle Kinder gleich intelligent waren. Diese Voreingenommenheit der Lehrer führte nach der Studie bei knapp der Hälfte

der angeblich hochbegabten Kinder ohne weiteres Zutun zu einer enormen Steigerung des IQ um 20 bis 30 Punkte. Erklärt wurde und wird dieser Effekt dadurch, dass der Lehrer in subtiler und oft unbewusster Weise seine Einstellungen und Erwartungen den Schülern übermittelt, z.B. durch erhöhte persönliche Zuwendung, durch eine verlängerte Wartezeit auf eine Schülerantwort, durch Häufigkeit und Stärke von Lob und Tadel oder durch hohe Leistungsanforderungen."[89]

Ob man nun vererbte Intelligenz mit rund 50 % beziffert, wie Gerhard Roth sagt[90], oder mit 90 %, wie der Intelligenzforscher Robert Plomin behauptet, die Rolle der guten Schule ist für beide außerordentlich. Plomin stellt fest, man könne die Menschen nicht in Genies und Anwender von Techniken einteilen.

> „Denn es ist eine Dummheit, zu glauben, man brauche nur ein paar Genies, die Google oder YouTube erfinden, und für alle anderen reiche es, wenn sie die Techniken benutzen können." Der wirtschaftliche Erfolg einer Gesellschaft hänge „von einer sehr breiten Basis gut ausgebildeter Menschen ab. Allein deshalb muss man sich um alle Schüler kümmern. Die größten ungenutzten intellektuellen Potenziale dürften in sozial benachteiligten Familien liegen. Für Kinder aus einem solchen Umfeld benötigen wir eine kostenlose und qualifizierte Vorschulerziehung, spätestens ab dem Alter von zwei Jahren."[91]

Um das alles zu realisieren, sei er Mitglied der Labour-Partei. Und Roth betont, dass für die Entwicklung der Intelligenz und Begabung positive Bildungserfahrungen, ein sensorisch und kognitiv stimulierendes frühkindliches Umfeld, Ermutigung durch die Eltern und eine lange, vielfältige und durchlässige Schulbildung mit später Trennung entscheidende Faktoren sind.[92]

Aus eigener Erfahrung weiß ich, dass es Lernende gibt, die wegen ihres wiederholten Fehlverhaltens und wegen arroganter Formen des Widerspruchs beim Schulleiter vorstellig werden müssen. Diese Schüler werden als höchst intelligent beschrieben. Und es bedarf nur eines kurzen Gespräches, um das zu bestätigen. Diese Schüler machen häufig mit Ach und Krach den Hauptschulabschluss.

---

89 Roth, Persönlichkeit, S. 169 f.

90 Ibid., S. 166.

91 Interview mit Robert Plomin in: Ulrich Bahnsen/Martin Spiewak, Mein IQ ist mir egal, in: DIE ZEIT Nr. 23/15.

92 Roth, Persönlichkeit, S. 168 f.

Fast jeder hat in seiner Schulzeit die Erfahrung gemacht, dass er in der einen Lerngruppe wenig inspiriert und damit leistungsfähig war, in der anderen aber sehr wohl, dass er bei dem einen Lehrer aktiv bei der Sache war, beim anderen im gleichen Fach gar nicht. Und das mit derselben Intelligenz.

Amerikanische Ureinwohner haben bei älteren Intelligenztests miserabel abgeschnitten, sodass man eigentlich Minderbegabung als ethnisches Merkmal unterstellen müsste. In Wahrheit haben die getesteten amerikanischen Ureinwohner überhaupt keinen praktischen Sinn in diesen Tests gesehen. Sie waren nicht aufmerksam.

Die Entwicklung kognitiver Strukturen ist äußerst komplex. Die reine Intelligenz, wenn es das überhaupt gibt, ist nur ein Faktor. Auch hier gilt es, der Komplexität standzuhalten und nicht durch die Herstellung irreführender Kausalitäten fatale Vereinfachungen vorzunehmen. So wird immer noch nicht ausreichend die Rolle des limbischen Systems beim Wirksamwerden von Intelligenz mitgedacht. Die Folge ist, dass man sich auf die trivialen Erklärungsmuster „Faulheit, Dummheit" zurückziehen muss, wenn der Erfolg ausbleibt. Den Blick auf soziale Einflussfelder kann man den allgemeinen Diskursen nicht absprechen. Die Wirkung diesbezüglicher Erkenntnisse in der Praxis, also auch die Stimulierung der gesellschaftlich gehandicapten Intelligenz im schulischen Alltag sind jedoch erschreckend gering. Man steckt praktisch noch immer tief in gemeingefährlichen Traditionsmustern und beruhigt sich gerne mit der starken genetischen Bestimmung von Intelligenz. Dabei ist die soziale Bestimmung gerade unter der Bedingung sozialer Benachteiligung besonders stark. Man kommt um die scheinbar simple moralische Entrüstung darüber, dass Kinder in anregungsarmen Umgebungen leben und bei Misserfolg in der Schule auch noch dafür bestraft werden, nicht herum.

„Jenseits von Begabt und Unbegabt"

Obwohl die Denkgeschichte mit ihren philosophischen und naturwissenschaftlichen Erkenntnissen den Substanzbegriff als metaphysisches Konstrukt entzaubert hat, klammern sich das Alltagsbewusstsein und die Lehrerzimmer an diese vermeintliche Sicherheit. Über Intelligenz spricht man alltäglich wie von einer Substanz. Offenbar wird dieses Substanz-Verständnis immer noch gebraucht, um Gelingen und Scheitern zu beschreiben und zu erklären. Es ist auch für das System Schule wunderbar entlastend, mit diesem Konstrukt operieren zu können.

Um es philosophisch auszudrücken: Intelligenz bedarf der Deontologisierung. Erst dann können wir mit dieser Produktivkraft Intelligenz, mit diesem kostbaren Gut den Prozess der Bildung, des edelsten der menschlichen Ziele, anregen.

Intelligenz entwickelt sich in funktionellen Kontexten, entwickelt sich durch konstruktive kommunikative Anschlüsse sowohl an sich selbst als auch an andere. Intelligenz verkümmert oder bekommt (auto)aggressive Wirkungen, wenn funktionelle Kontexte für ihren Gebrauch fehlen. Es gibt in den uns bekannten, prominenten Biografien die unterschiedlichsten Konstellationen, in denen sich Intelligenz entwickelt – introvertiert, extrovertiert, meditativ, mystisch, lesend, schreibend usw. Aber immer über Anschlüsse.

Der Substanz-Begriff wurde in den Sozialwissenschaften von Cassirer durch den Funktionsbegriff ersetzt. Kommunikationstheoretisch wurde dieser von Luhmann weiterentwickelt. Neurobiologisch ergibt sich ein neues Bild der Entstehung und Nutzung von Intelligenz. Es soll an dieser Stelle nur zusammenfassend festgestellt werden:

> „Schon vorgeburtlich ist bei uns allen ein beträchtlicher Überschuss an Nervenzellen produziert worden, von denen schließlich aber nur diejenigen erhalten geblieben sind, die auf irgendeine Weise in funktionelle Netzwerke eingebunden werden konnten. Der Rest wurde wieder abgebaut." Hüther schreibt dem Gehirn die organisierende Kraft zu, „all jene neuronalen Verknüpfungen und synaptischen Netzwerke aufzubauen, mit deren Hilfe all das gesteuert wird, was uns später hilft, uns in unserer jeweiligen Lebenswelt zurechtzufinden."

Und etwas später betont er noch einmal: „Stabilisiert und in funktionelle Netzwerke eingebunden werden davon aber nur all jene Verknüpfungen, die tatsächlich gebraucht und benutzt werden. Der Rest wird wieder abgebaut."[93]

Ich zitiere das deshalb so ausführlich, weil es jedem kruden Positivismus den Garaus macht. Intelligenzbeschreibungen eignen sich nicht für positive Qualitätszuschreibungen. Sie eignen sich allenfalls für den leichtfertigen Legitimismus einer bildungspolitischen Ruhigstellung. Ein pädagogisches Resultat wird schlicht als Naturgegebenheit hypostasiert.

Das schließt nicht die Unterscheidung von begabt und unbegabt aus. Aber es gibt ein „Jenseits von ‚Begabt' und ‚Unbegabt'". Das genau ist der Titel eines Buches von Heinrich Jacoby[94], der schon lange vor den Erkenntnissen der Hirnforschung allein durch pädagogische Wahrnehmung und Reflexion von dem Feld menschlicher Möglichkeiten gesprochen hat, die nicht von einem Intelligenznaturalismus eingeschränkt sind.

Heinrich Jacoby war Musiker und Pädagoge. Er ist 1964 gestorben. Sein 2004 neu aufgelegtes Buch „Jenseits von ‚Begabt' und ‚Unbegabt'" enthält eine Kursdokumentation von 1945. Die gekürzte Mitschrift von 24 Einzelkursen liegt in diesem Buch vor. Jacoby verdient außerordentliche Beachtung. Er entfaltet eine Position, die einen Zauber entwickelt. Die Lektüre enthält im professionellen Alltag verschüttetes pädagogisches Elementarwissen. Und es entsteht ein Moment der Ergriffenheit, da ein Empfinden von Leichtigkeit aufkommt, aber auch eine dunkle Ahnung von den Ursachen für Vergeblichkeiten alltäglichen Bemühens. Der Untertitel des Buches lautet: „Zweckmäßige Fragestellung und zweckmäßiges Verhalten – Schlüssel für die Entfaltung des Menschen". Was ist zweckmäßig, was unzweckmäßig? Das Grundproblem allen Misserfolges ist die Neigung zum simulativen Tun, zum „so tun, als ob".

Es gibt eine Neigung, Kontakt zu erzwingen, Kontakt zu Menschen, Kontakt zu Dingen. Hören, Sehen und Sprechen werden durch

---

93 Gerald Hüther, Was wir sind und was wir sein könnten. Ein neurobiologischer Mutmacher, Frankfurt a.M. 2011, S. 3ff.

94 Heinrich Jacoby, Jenseits von „Begabt" und „Unbegabt", Hamburg 2004.

einen intentionalen Überschuss an Wollen die Kraft genommen. Der Grund für diese Störung liegt nicht im Kind selbst, sondern in den vielfältigen Formen der Fremdbestimmung. Hier verdienen die Figuren von Linke noch einmal Erwähnung. Der Forscher, Künstler und Manager oder auch der forschende, kreative und organisierende Geist werden durch professionelle Interventionen von außen eher gestört als gefördert. Die Außenwelt stellt in den Fällen nicht einen stimulierenden Rahmen bereit, sondern konfrontiert allzu schnell den Lernenden mit Bewertungen, womöglich sogar mit kategorisierender (Un)Wertschätzung. „Begabt" und „unbegabt" sind insofern in erster Linie soziale Resultate. Das Normative führt in diesem Zusammenhang zur Schwächung, da es ein – oft simulatives – Machen-Wollen zur Wirkung hat. Dieses Wollen ist nach Jacoby kein Ausdruck von Selbstregulierung, sondern der Versuch, sich selbst mit einer Norm in Übereinstimmung zu bringen. Die Hochbegabung wird von Jacoby als die Fähigkeit beschrieben, eine richtige „Einstellung" gefunden zu haben. Der Hochbegabte wurde in seinem Tun nicht gestört. Entweder hat er ausreichend Zeit bekommen oder er hat sie sich genommen. Erst wenn er einem Anpassungsdruck ausgesetzt ist, entstehen die negativen Effekte, die wir alle kennen. Der Hochbegabte vermag ohne energetische Störung mit Leichtigkeit zu tun, was viele unter größten Anstrengungen in simulativen Akten vollziehen und das natürlich mit dem Effekt, jede Freude daran zu verlieren. Das, was in forschender und kreativer Haltung quasi von selbst geschieht, muss nicht erzwungen werden, muss nicht einem curricular-bewertbaren Modus unterworfen werden. Ja, es darf ihm nicht unterworfen werden, wenn nicht fahrlässig der Nimbus der „Unbegabtheit" erzeugt werden soll. Jacobys These lautet:

> „Wenn zweckmäßiges Verhalten und zweckmäßige Frage- und Aufgabenstellung zusammentreffen, werden immer qualifizierte Leistungen entstehen, und dann kann auch ein so genannter unbegabter Mensch nicht länger ‚unbegabt' bleiben."[95]

---

[95] Ibid., S. 16.

Als eher summarische Begründung dieser These führt er aus:

> „Empfangs-, kontakt- und reagierbereites Verhalten verlangt und bedeutet größere Stille, Gelassenheit und Selbstständigkeit des Erfahrenden und des Sichäußernden. Es führt zu Selbstständigkeit im Urteilen. Das bloße Sichverlassen auf erlernten Wissensstoff oder das Anknüpfen an von außen gegebene Vorschriften, Vorbilder, Anregungen oder Meinungen führen ebenso wie alles unnotwendige Machen zu beziehungsloser Routine. Routine und Nachahmen von Modellen, Vorbildern und ‚Idealen' beeinträchtigen genauso das unmittelbare In-Beziehung-Kommen zur Umwelt und die Bereitschaft, sich der Einstellwirkung zu überlassen, wie es durch Panik, Angst, Ehrgeiz und andere außersachliche Beunruhigungen geschieht."[96]

Was lässt sich daraus für einen zweckmäßigen Umgang mit leistungsschwächeren Schülern ableiten? Jedenfalls nicht das Standardprogramm. Hier könnte man wieder Watzlawick zitieren. Wenn etwas nicht gelungen ist, heißt es „Fördern! Fördern!". Das mag ja richtig sein, aber sicher nicht, wenn es sich in der Art der negativen Vorerfahrung vollzieht. Wie lassen sich „Einstellwirkungen" verändern, wie sie von Jacoby genannt werden? Jacoby zeigt sich sehr optimistisch, was Korrekturen in der Haltung von sogenannten Unbegabten, auch von Erwachsenen angeht, was die Wiederentdeckung des ungestörten Kontaktes zur Umwelt angeht, was das Innewerden einer inneren Stimmigkeit angeht. Dass dieses Wort Stimmigkeit gerade bei Jacoby eine besondere Signalwirkung hat, hängt mit seiner Rolle als Musiker zusammen. Für ihn gibt es keine unmusikalischen Menschen.

Jacoby spricht emphatisch beim Sehen von der „Empfangsbereitschaft für das Einfallen des Lichtes" und beim Hören von der „Empfangsbereitschaft für den Schall" und will die Selbstverständlichkeit des Vorgangs betonen, die wir durch unnötige Aktivitätsimpulse nur stören. Doppelsinnig unterstreicht er das Einfallende, den Einfall ohne intentionales Zutun. Schon im Sturm und Drang wurde dem Einfall eine besondere Rolle zugewiesen. Ich habe schon oben ausgeführt, dass es die Pointe des Geniebegriffs in der Epoche des Sturm und Drang war, dass in jedem Menschen dieses Genie, ausgestattet

---

96 Ibid., S. 15.

mit der Fähigkeit, den Einfall wahrzunehmen, steckt. Hierbei geht es nicht um Menschen wie Shakespeare oder Goethe, es geht um jedes menschliche Wesen in seiner Summe aus Natur und Reflexion, das sich als „Freigelassener der Schöpfung" (Herder) verstehen kann.[97] Wir brauchen nur den Einfällen einer unverkünstelten Existenz zu folgen. In der menschlichen Natur liegt eine schöpferische Kraft, die nicht nach starren Schemata wirkt, sondern sich in der Spontaneität der Einfälle ausdrückt, deren ursprüngliche Vitalität nicht durch eine entfremdende Normativität geschwächt werden darf. Der Ungebildete war in diesem Verständnis im Grunde auch der Unverbildete. Der Naturzustand war dem Genie und dem göttlichen Funken in jedem Menschen förderlicher als die normative Welt von Adel und Besitzbürgertum. Der Normalität und Normativität stellten die Stürmer und Dränger eine Subjektivität und Genialität gegenüber, die nichts Exklusives, sondern etwas existenziell Elementares waren.

Wenn ich daran an dieser Stelle erinnere, dann möchte ich auf eine Denktradition verweisen, die in krassem Gegensatz zu unserem Alltagsverständnis von menschlichen Möglichkeiten im Rahmen angenommener Intelligenzunterschiede steht. Dieses Alltagsverständnis versteht sich zu immunisieren, indem es die Stürmer und Dränger und Jacoby als Beispiele für an der menschlichen Größe Berauschte abtut. Aber hierbei handelt es sich weiß Gott nicht um epochale oder individuelle Einzelgänger.[98] Moderne Unterstützung erfährt das Zutrauen in die Kräfte eines jeden Einzelnen durch die Hirnforschung unserer Tage. Bei allen Unterschieden, was wie früh ein für alle Mal festgelegt wird, gibt es doch die Annahme des außerordentlichen Potenzials eines jeden.

Das mag man ja alles gut und schön finden. Aber was passiert in meinem Kopf, wenn ich etwas lese und kein Verständnis davon bekomme, wenn es fremd bleibt, wenn es nicht Eingang in mein Bewusstsein findet, wenn es zur vergeblichen Lektüre geworden ist, wenn es nicht von meinem Ich, meinem Selbst umschlossen wird?

---

97 Schelling spricht davon, dass im Menschen die Natur die Augen aufschlägt.

98 Z.B. steht der indische Philosoph Krishnamurti auch in dieser Tradition. Moshé Feldenkrais habe ich schon mehrfach erwähnt.

Was passiert, dass ich zwar im Moment höre und verstehe, dass die Küstenformation von Mecklenburg-Vorpommern so und nicht anders ist, das aber in der nächsten Minute nicht mehr Teil meines Bewusstseins ist? Was fehlt nun, wenn bestimmte Sinneseindrücke, wenn bestimmte Denkakte keinen Anschluss finden, neuronal verpuffen? Was passiert, wenn ich es nicht schaffe, meine Aufmerksamkeit zu richten und damit einen Vorgang zu meinem Vorgang zu machen? Pädagogisch gesprochen: Kann ich durch Appelle von außen („Sei aufmerksam!", „Pass auf!", „Was ist daran so schwierig?") als Lehrender korrigierend eingreifen? Nicht, wenn es dabei bleibt. Jede Intervention muss eine neuronale Erregung zur Folge haben, durch die Anschlüsse ermöglicht und nicht endgültig zerstört werden. Die kognitive Unfähigkeit, Anschlüsse herzustellen, wird durch „Pass auf!" nicht beseitigt. Womöglich findet aber eine emotionale Erregung statt, die auf einen Sachverhalt schauen lässt, der vorher gemieden wurde, durch Witz z.B. oder menschlich freundliche Zuwendung. Wenn neuer Stoff zum Ereignis des Bewusstseins-Tunnels, wie die Metapher bei Thomas Metzinger lautet, werden soll, muss viel zusammenkommen, emotionale Bereitschaft und kognitive Vorerfahrung, auf jeden Fall eine Erwartungshaltung. Wir haben es in jedem Fall mit einer Komplexität zu tun, der man instrumentell nur schwer gerecht werden kann.[99]

Jetzt wird man in alter konservativer Manier geneigt sein zu sagen: „Was soll das? Früher hat doch auch alles ohne diese Überlegungen geklappt. Solche Überlegungen dienen doch nur dazu, dass Lernende Gründe haben, sich nicht anstrengen zu müssen." Es hat eben nicht geklappt. Wir haben Wege gefunden, über die Runden zu kommen. Die Folklore erzählt uns davon. Aber richtig ist: Die gute Lehrkraft kam schon immer ohne falsche Appelle aus, um nicht die letzte Anschlussmöglichkeit zu verspielen. Sie wusste aus Erfahrung, was nützt und was schadet. Die gute Schule erzeugte schon immer neue und andere Stimuli, um Aufmerksamkeit zu erzeugen. Die gute Schule tat etwas anderes, als eine weitere Mathestunde anzuhängen,

---

99 Luhmann würde von einem strukturellen pädagogischen Technologiedefizit sprechen.

um den Leistungsstand in Mathe zu erhöhen. Sie überlegte sich, wie man Aufmerksamkeit auf unterschiedlichste Weise erzeugen kann. Mehr Selbstständigkeit, andere Materialien, mehr individuelle, d.h. emotionale Zuwendung an Einzelne, mehr Angebote des ganz anderen (Körpererfahrung, Gesang, Theater), um einen Menschen in Schwingung zu bringen, waren im Spiel. Wir müssen nicht alles in Hirnvorgänge übersetzen. Wir sollten aber davon wissen, wenn etwas nicht klappt.

Hier geht es darum, dass Intelligenz „arbeiten" kann, um sich zu entwickeln. Manchmal „arbeitet" die Intelligenz außerschulisch mehr als innerschulisch, in Subkulturen, bei Computerspielen, in Welten, die von Lehrenden und Schulen nicht geschätzt werden, den Lernenden aber überraschend zum Vorteil gereichen. Letzteres ist vermutlich auch bei vielen Erwachsenen, die sich mit schulischem Misserfolg brüsten, geschehen. Vielleicht auch bei Einstein und anderen Koryphäen, von denen es heißt, sie seien keine guten Schüler gewesen. Wenn Schulen diese zweite Welt nicht sabotieren, sind sie wenigstens in dieser Hinsicht gut. Aber das kann nicht ernsthaft schulisches Programm werden. Natürlich geht es darum, Intelligenz innerschulisch zu fördern.

Was fördert die Intelligenz?

Es müsste sich gezeigt haben, dass die direkte Förderung von Intelligenz schwer vorstellbar ist. Wir müssen Gründe schaffen, Intelligenz zu gebrauchen. Das ist die große Aufgabe der Schule. Die Schule kann durch die Organisation der Arbeit dabei hilfreich, aber auch geradezu schädlich sein.

Wir wissen, dass eine Vielzahl von Tätigkeiten völlig automatisiert abläuft, unter der Regie des Autopiloten. Und das ist auch gut so. Es ist ein Zeichen für Lebenstüchtigkeit, da Kapazitäten für alle möglichen Aufgaben und Aktivitäten frei werden. Kurzzeit- und Arbeitsgedächtnis sind nicht durch standardisierte Alltagsabläufe belastet. Allerdings lernen wir in automatisierten Vorgängen nichts Neues. Etwas Neues lernt man, wenn die Automatisierungen jäh unterbrochen werden, wenn im Autoverkehr ein anderes Fahrzeug bedrohlich nahe kommt, wenn man von einer schweren Krankheit erfährt, wenn das eigene Kind behindert zur Welt kommt, auch – weniger jäh – wenn man sich im fortgeschrittenen Alter mit dem Gedanken an den Tod vertraut machen muss. Nun finden Deautomatisierungen statt, nun muss man seine Intelligenz benutzen, nun muss man lernen. Wenn man jetzt nicht lernt, wird das Leben im Weiteren scheitern.

Es gibt noch eine weitere Form der Deautomatisierung, die ich – es wird Sie nicht überraschen – von meinem Meister Feldenkrais gelernt habe. Feldenkrais sind in den Bewegungen der Menschen natürlich auch deren Automatisierungen aufgefallen. Sie waren aber zu einem großen Teil falsch, zumindest unzweckmäßig und unnötig energieraubend, oft führten sie zu chronischen Schmerzen. Es ist also trügerisch zu glauben, Automatisierungen seien per se positiv. Auch im prozessualen Gedächtnis kann sehr vieles falsch verankert sein. Der Autopilot kann einen immer wieder zum falschen Ziel führen. Feldenkrais fragt: Wie kann man Bewegung neu lernen? Indem man sie sich bewusst macht, also deautomatisiert. Bewusstheit durch Bewegung bedeutet die Entmachtung des Autopiloten. Was passiert mit meiner linken Hüfte, wenn ich meine rechte Schulter bewege? Es geht um einen Zuwachs an Sensibilität, eine Empfindsamkeit dort, wo ich mich nicht mehr gespürt habe, es sei denn im Falle eines Schmerzes, der mich auf falsche Automatisierungen aufmerksam machen kann. Häufig wirkt dann der automatische Mechanismus, der uns das Heil in Medikamenten suchen lässt. Der Lernvorgang der Deautomatisierung ist für die Entwicklung der Intelligenz höchst brisant. Aber wir sehen, auch hier sind noch andere Produktivkräfte im Spiel. Das Lernen ist immer gebunden an die Entwicklung der Fähigkeit zur Selbstwahrnehmung und Muße.

Die große Bedeutung der Deautomatisierung für das Lernen wird noch in anderer Hinsicht an einer interessanten Untersuchung zur Wirkung von Museen deutlich. Museen erhalten großen, stetig wachsenden Zulauf. Täglich werden Sonderausstellungen eröffnet. Die

ZEIT schreibt am 20.4.2012 im Artikel „Und die Herzen schlagen höher" von Rauterberg von einer Studie, die die Wirkkraft von Kunstwerken in Ausstellungen in den Blick nimmt. Ein paar Erkenntnisse sind sehr bemerkenswert und aufschlussreich für den Vorgang des Lernens überhaupt.

1. Im Schnitt schauen Besucher „elf Sekunden, drei Atemzüge lang" auf ein Kunstwerk.
2. Bei den allermeisten Besuchern war das Wissen über das Gesehene nach sechs Wochen nahezu „rückstandslos" verschwunden.
3. Nicht das Bekannte löst Erregung und Intensität aus, sondern das Überraschende.
4. Experten gehen gleichgültiger an den Kunstwerken vorüber als die Laien. Sie scannen das Ausgestellte kurz mit ihren begrifflichen Apparaten ab. Trotz aller kognitiven Klassifizierungen war „gepflegte Langeweile" vorherrschend. „In diesem Gefühl, eigentlich schon das meiste zu kennen, versäumen sie leicht das Wesentliche: sich den Bildern und ihren Reizen zu öffnen."
5. Die Untersuchung zeigt, dass die Kunst nicht so sehr Kopfsache ist, sondern vor allem „eine körperliche Erfahrung".
6. Wenn man den Befunden folgt, „dann müssten die Museen kleiner, ruhiger und leerer werden. Schluss wäre mit dem Blockbuster-Gedrängel, mit dem ewigen Biennale- und Documenta-Trubel! Die Zukunft gehörte der Kontemplation."
7. „Nicht Quantität zählt, sondern Qualität: Was sehen die Besucher, wenn sie Kunst sehen? Was empfinden sie? Was nehmen sie mit?"
8. Museen „denken nicht darüber nach, wie sie eine Atmosphäre des Verweilens und der Intimität erzeugen könnten. Und so erscheinen sie in den Augen der meisten Besucher – auch das lässt sich aus der Studie ableiten – als

Orte der blanken Überforderung. In einer Parfümerie weiß jeder, dass man nach vier, fünf Gerüchen nicht mehr richtig riechen kann. Im Museum hingegen bekommt man es oft mit vier-, fünfhundert visuellen Duftwolken zu tun – und soll das auch noch als belebend empfinden. Das mag eine banale Erkenntnis sein. Dennoch wird sie von den Museen meist nicht beherzigt. Viele Kuratoren stecken all ihren Ehrgeiz in beziehungsreich gehängte Ausstellungen. Die Beziehung zu den Besuchern scheint sie kaum zu interessieren."[100]

Eine Übertragung auf das Lernen in der Schule nach allem Gesagten drängt sich auf, zumindest für den Fall, dass man durch die Stoffe geht wie durch ein Museum, dessen Besuch noch nicht einmal freiwillig erfolgt. Der Museumsbesuch sollte eigentlich eine Art Deautomatisierung in unserem alltäglichen Leben darstellen. Wenn aber Museen auf eine Input-Output-Linearität setzen, werden sie keine gesellschaftlich kultivierende Wirkung haben, sondern nur bildungsbürgerliche Konventionen bedienen. Bemühungen, geistig-emotionale Ereignisse entstehen zu lassen, scheitern leicht an trivialen Automatismen. Wenn es keinen Grund zum positiven Engagement, keine Anlässe zur Selbstreflexion und zum freudvoll erfahrenen Allein- und Ruhigsein gibt, dann wird die in einem Museumsbesuch benötigte Intelligenz ihre Kraft verspielen.

Ebensowenig wird man mit der Input-Output-Linearität in der Schulpädagogik Glück und Erfolg haben. Der Aufbau kognitiver Strukturen verlangt ein Klima der Freude und der Gespanntheit, ein Klima der kognitiv-emotionalen Erregung und der wachsenden Kraft des langen Atems. Das intuitive Wissen vergangener Zeiten wird heute – wie schon gesagt – untermauert von einem neurobiologischen Wissen über die Komplexität des Lernens. Dieses Wissen darf nicht in der pädagogischen Vereinfachung verfälscht werden. Gerhard Roth hat an einer Bremer Gesamtschule, die in einem sozialen Brennpunkt der Stadt angesiedelt ist, seine wissenschaftlichen Erkenntnisse mit

---

100 Zitate aus: Hanno Rauterberg, Und die Herzen schlagen höher, in: DIE ZEIT vom 20.4.2012.

alltäglicher pädagogischer Erfahrung abgeglichen. Er spricht in der Reflexion seiner Erfahrungen nicht von Genie, aber auch nicht von reinem kognitiven Wissen, er rückt in den Mittelpunkt den Begriff der Persönlichkeit. Er stellt fest: „Die Art der Wechselwirkung zwischen dem limbischen und dem kognitiven System ist ein wesentliches Merkmal der Persönlichkeit des Menschen."[101] Und damit auch das Merkmal seiner praktisch wirksamen Intelligenz!

„Du kannst mehr als du glaubst"

Dieser motivierende Satz ist das Motto des Internationalen Jugendprogramms. Dieses Programm ist 1956 u.a. von Kurt Hahn, einem deutschen Erlebnispädagogen, entwickelt worden und wird in vielen Ländern durchgeführt. Das Programm war Ausdruck des Unbehagens an der pädagogischen Standardwelt mit ihrer Erlebnisarmut. Es fordert zum Selbstvertrauen auf. Es möchte zu einem Handeln anregen, das sich nicht auf eingefahrene Bahnen festlegen lässt, das sich nicht auf die Erfüllung von Vorgaben beschränkt. Es fordert die Intelligenz heraus, sich nicht kleinreden zu lassen. Es ist aber auch eine Antwort auf ein stark reguliertes Leben und Lernen, auch eine Antwort auf eine schulische Welt, in der es einen Rahmen gibt, in dem festgelegt wird, was als Intelligenzfutter gilt. Schon immer musste sich doch die Schulwelt davon irritiert fühlen, dass die Intelligenz genutzt wird, diesem Rahmenprogramm zu entfliehen, dass sie genutzt wird, sich in einer Subkultur auszutoben oder in Ruhezonen zu verkriechen und über die Zeit zu depravieren. Als das Internationale Jugendprogramm entstand, war das Leben und das Lernen keineswegs freier als heute. Beides fand in starren Welten statt. Nun kann man zweifeln, ob es sinnvoll ist, dem Standardprogramm einfach mit einem Gegenprogramm auf die Sprünge zu helfen. Aber auf positive spontane Prozesse ist in einer auch für Kinder regulierten Welt kaum noch Verlass. Was enthält nun dieses Programm, um die Intelligenz herauszufordern? Es besteht aus vier Programmpunkten: Entdeckung

101 Roth, Persönlichkeit, S. 42.

eines Talentes, Stärkung der körperlichen Fitness, soziales Engagement, Durchführung einer eigenständigen Expedition. Es richtet sich an alle Kinder, welcher Herkunft, welcher Leistungsstärke auch immer. Kinder mit Handicaps sind eingeladen, genauso wie diejenigen, denen alles leicht fällt. Ich konnte an meiner Schule diese Erfahrung machen. Allen Lehrenden, die sich auf dieses Programm einlassen, gebührt größter Respekt, da sie den Kindern neue Erfahrungsräume eröffnen und damit deren Persönlichkeit stärken. Wenn das Internationale Jugendprogramm Teil des schulischen Angebots wird oder dem schulischen Programm angehängt wird, dann steht es immer in der Gefahr, unter dessen Ägide verschliffen zu werden. Das ist bedauerlich. Die große Begeisterung, die von diesem Programm ausgelöst wird, verliert sich leicht an der empfundenen Schwere des Alltags.

Die entscheidende Frage ist jedoch: Wie kann man dieses Motto „Du kannst mehr als du glaubst" zur Grundlage schulischen Lebens machen? In ihm drückt sich die Sehnsucht eines jeden Kindes und Jugendlichen aus. Es ist wichtig, dass der empirische Befund „Du kannst mehr als du glaubst" zur selbstbewussten prognostischen Kraft „Ich glaube an mein überschüssiges Können" transformiert wird. Die Lernepisode eines Bekannten ist vermutlich kein Einzelfall. Er hatte in Deutsch und Geschichte immer eher ein befriedigend bis ausreichend bekommen, als ihm vor einem Zeugnis von dem Lehrer gesagt wurde, er habe das Gefühl, er wäre besser und bekäme nun ein gut und sehr gut. Von dem Zeitpunkt an waren die Leistungen dieses Bekannten – mittlerweile promovierter Germanist – gut und sehr gut. Er sagt von sich, dass er von da an keinen Zweifel mehr hatte, dass er gut und sehr gut war.

Talent, Fitness, soziales Engagement, Expeditionsgeist: Es fällt nicht schwer einen Zusammenhang zu meinen porträtierten Produktivkräften herzustellen.

Die Intelligenz ist eine Kraft, in der sich viele andere Kräfte bündeln. Sie ist die Kraft, mit der wir über uns hinaus wollen. Wir können sie schwächen, indem wir in Automatismen, Mechanismen, Ritualen, Folklore denkfaul, selbst- und weltvermeidend unser Leben führen, als Lernender, Lehrender, Staatsbürger, Ehemann oder Ehefrau. Wer so lebt, braucht – paradoxerweise – viel Freizeit, um sich zu erholen. „Freiheit statt Freizeit!" ist das Gegenprogramm von Joseph Beuys. Das erfüllt sich, wenn ich glaube, dass es sich lohnt, stets Neuland zu betreten.

6. Die Produktivkraft der Gelassenheit, der Muße und der Meditation: Ich lasse die Welt sein

Pädagogische Miniaturen zur inneren Ruhe

1. *Ich liebe es, vor mich hin zu sitzen oder zu liegen und mir Gedanken über Dinge zu machen: Wie hängt was zusammen? Wie komme ich hier- oder damit besser zurecht? Wie war das noch mal mit den Methoden zum kooperativen Lernen? Was muss ich in den nächsten Tagen und Wochen bedenken, damit nichts verloren geht? Usw. ... In Muße bewege ich ganze Klassen! Da habe ich die besten Ideen; so habe ich schon ganze Klassengefüge umgestellt, Unterricht vorbereitet, Gespräche vorformuliert.*

   Dorothea Scharff, Lehrerin

2. *Der Radwechsel*
   Ich sitze am Straßenrand
   Der Fahrer wechselt das Rad.
   Ich bin nicht gern, wo ich herkomme.
   Ich bin nicht gern, wo ich hinfahre.
   Warum sehe ich den Radwechsel
   Mit Ungeduld?[102]

   Bertolt Brecht, Schriftsteller

3. *Ich kann mich noch erinnern, wie ich als Fahrschüler im Bus saß, mit einem Problem vor dem inneren Auge scheinbar träumend zum Fenster hinausschaute und wartete. Ich ließ das Problem in mir spazieren gehen, bis es gelöst war.*

   Antonius Soest

4. *Ich habe immer Muße gebraucht, um etwas zu verstehen. Wenn ich nicht genug Zeit hatte, dass eine neue Sache oder ein Problem in mir nachwirken konnte, war mein Reden zu dieser Sache oberflächlich, einem konventionellen Schema verhaftet. „Gravitationswellen" bedeuten mir nichts, allenfalls blasseste Abstraktionen, ohne Wirkung auf meinen Denkhorizont. Ich habe mir für physikalische Fragen nie ausreichend Zeit gelassen. Für den „Engel der Geschichte" von Walter Benjamin habe ich mir zuletzt erstmals Zeit gelassen. Er fängt an, mein Denken zu verändern. Als Schulleiter habe ich Probleme mit ins Wochenende genommen. Sie haben Zeit bekommen, ohne dass ich in Aktion gewesen wäre. Anfang der Woche konnte ich dem Kollegium häufig Vorschläge machen.*

   Antonius Soest

---

[102] Bertolt Brecht, Gesammelte Werke, Bd. 10, Frankfurt a.M. 1967, S. 1009.

5. *Ich kann mich nicht erinnern, dass ich Muße in der Schule bewusst erlebt hätte. Als Erwachsener habe ich immer wieder die Freiräume gesucht, in denen ich Schweigen und Meditationen erleben konnte. Dort sind mir innerlich Dinge über den Weg gelaufen und Erkenntnisse gekommen, die nur hier sich ereignen konnten. Als Schüler hatte ich keine Bewusstheit davon, was Muße fürs Lernen bedeuten kann.*

Andreas Becker, Transaktionsanalytiker

Selbstvergessenheit in der Selbstbehauptung

Die folgenden Überlegungen mögen Ihnen auf den ersten Blick sachfremd erscheinen. Und die Schulfolklore wird sich natürlich gleich sagen: Das ist absurd. Es kann doch kein Fach geben, das „Gelassenheit", „Muße" oder „Meditation" heißt. Diese Aussage wundert uns nicht, da wir ja wissen, dass die Schulfolklore nur für Schule hält, was sich in Schulfächer packen lässt. Was sollen Gelassenheit, Muße und Meditation mit Lernen in der Schule zu tun haben? Und in der Tat haben sie in der Welt der Schule bisher kaum eine Rolle gespielt. Diese Unterlassung halte ich für ein Grundproblem und für die Verursacherin so vieler problematischer Erscheinungen, was die Erfolge und die Befindlichkeiten unserer Schülerinnen und Schüler angeht. Es geht um die Entdeckung, die Anwesenheit und die Kultivierung eines inneren Ruhepunktes. Ein nervöses Kind lernt schlecht, ein ängstliches Kind auch. Mit der Entdeckung des Ruhepunktes entdeckt man die eigene Kraft. Und wir werden sehen: auch die eigene Würde. Über nichts ist in den letzten Jahren so viel geklagt worden wie über die zunehmende Zerstreutheit, über die Sucht nach permanenter Abwechslung, über die Hyperaktivität, eben über innere Ruheunfähigkeit. Wie bei fast allen Klagen blieb auch diese – naturgemäß – praktisch ohne Konsequenzen.

Es hört sich paradox an: In der Schule, dem Ort der aktiven Aneignung von Welt, soll es Gelassenheit, Muße und Meditation geben, Einstellungen zur Welt, die wir oberflächlich als passiv wahrnehmen. Es geschieht scheinbar nichts. Auch wenn es für die Schulfolklore befremdlich ist, bei der Kultivierung von Gelassenheit und Muße und dem Erlernen von Meditation geht es um den langen Atem, um Selbstdisziplin, um Konzentration, um die Voraussetzung von „intellektueller Redlichkeit" (Metzinger)[103] und Wahrhaftigkeit. Die drei Produktivkräfte haben dieselben Wurzeln.

In der Erwachsenenwelt sind die Begriffe gegenwärtig nahezu Gassenhauer. „Die Gelassenheit ist ein ominöses Faszinosum. Nur so viel ist klar: Es muss eine Gesellschaft der ‚Erschöpften' und ‚Überbürdeten' sein, in der sie die Aura einer kollektiven Sehnsucht besitzt."[104] Das erfahren wir von Thomas Strässle, einem Literaturwissenschaftler, der ein sehr lesenswertes Buch über Gelassenheit geschrieben hat. Aber wie so oft erfahren wir nichts darüber, wie Kinder und Jugendliche Haltungen wie diese gewinnen sollen. Zu den Begriffen Gelassenheit, Muße und Meditation gibt es viel Literatur. Man kann also nicht sagen, dass es sich um gesellschaftlich ausgeblendete und missachtete Qualitäten handelte. Es handelt sich aber ganz bestimmt um pädagogisch ausgeblendete und missachtete Qualitäten. Die Gelassenheit ist dabei noch eine allseits positiv bewertete Qualität. Würde man einen Schüler oder eine Schülerin gelassen nennen, würde sich das wie eine Auszeichnung anhören. Wie entsteht diese Qualität aber? Wie wird die Qualität zu einer produktiven Kraft?

Bei Muße fällt vielen die positive Bewertung schon schwerer. Unsere Zeit ist infiziert von einem Beschleunigungsdogma. Allerdings haben manche bei „Muße" noch das platonische Gymnasium im Sinn. Bei „Muße" denken manche auch noch an Freiheit, an das Abstreifen von beschwerlichen Lasten und Belastungen, an einen ungestörten Rundumblick ohne besondere Zwecke, an einen unverkrampften Blick auf die Dinge, an einen Sinn für das Schöne, das zweckfrei ist. Muße heißt im Griechischen scholé und versteht sich als Anregung, sich mit Musik, Kunst und Religion zu befassen. Bei „Muße" haben Eingebungen und Einfälle eine Chance, die nicht erzwingbar sind, bei „Muße" kann das unerhörte Ereignis eintreten, das wir Geistesblitz

---

103 Thomas Metzinger, Spiritualität und intellektuelle Redlichkeit: https://www.blogs.uni-mainz.de/fb05philosophie/files/2013/04/TheorPhil_Metzinger_Berlin_2010_Spiritualit%C3%A4tUndIntellektuelleRedlichkeit.pdf

104 Thomas Strässle, Gelassenheit. Über eine andere Haltung zur Welt, München 2013, S. 14.

nennen. Und damit sind wir aber auch schon im Dunstkreis von Lernen und Erkennen.

Und Meditation? Ein Vorgang, bei dem ich nicht nur Lasten und Belastungen abstreife, sondern auch meine Gedanken, bei dem ich mich in einen Zustand der Leere versenke, soll erstrebenswert sein? Zudem scheint er aus anderen Kulturkreisen zu kommen und steht damit bei vielen unter dem Verdacht, nicht zu uns zu passen. Es gibt auch in der christlichen Kultur Erfahrungen der inneren Versenkung. In gewisser Hinsicht ist es ein großer Verlust, dass Gebetserfahrungen in unserem Alltag kaum noch für innere Ruhe und Besinnung sorgen. Ganz offenbar gibt es jedoch ein Faszinosum, das auch von Meditation ausgeht. Mittlerweile kann man von nahezu jedem Arzt erfahren, dass Meditation hilfreich gegen Bluthochdruck ist, fast jeder Psychologe fände es hilfreich, wenn Meditation genutzt würde im Kampf gegen Depression und zur Stärkung der Intuition. Hirnforscher haben nachgewiesen, dass bestimmte neuronale Schaltkreise im Gehirn gestärkt werden, die wie Aufmerksamkeitsnetzwerke wirken.[105]

Wenn man sich nun aber tagtäglich in der Schule bewegt, wenn man auch nur einen Blick in die Schule wirft oder wenn man die Literatur sichtet, die über die empirische Schule verfasst wurde, dann kommt man erstens nicht auf Schule als einen Ort der Stille und Gelassenheit. Man kann sich zweitens auch nur schwer vorstellen, wie Stille und Gelassenheit in der Schule Einlass finden sollen. Genau das könnte aber auch den Anfangsverdacht auslösen, dass etwas ganz Entscheidendes fehlt in unseren Schulen und dass es höchste Zeit ist, sich darüber Gedanken zu machen. Es ist schon erstaunlich, dass in der Erwachsenenwelt die Selbstvergessenheit in der Selbstbehauptung als Krisensymptom gilt, die Schule aber Lebensformen, in denen dieses Symptom entsteht, weiterhin befeuert. In der kürzlich erschienen SPIEGEL-Wissen-Ausgabe zum Thema Gelassenheit[106] gibt es

---

105 Ulrich Ott, Meditation für Skeptiker. Ein Neurowissenschaftler erklärt den Weg zum Selbst, München 2010, S. 46.

106 DER SPIEGEL Wissen, Gelassenheit. Die Kunst der Seelenruhe, Ausgabe 4/2015.

kein Wort darüber, wie man diese Gelassenheit in der Schule gewinnen kann. Als wäre es etwas, das entwicklungspsychologisch nur dem Erwachsenen zufällt.

Schule als Ort der Selbsterfahrung und Selbsterforschung

Die Entstehung der Produktivkraft der Gelassenheit ist stark gebunden an die der Selbstwahrnehmung. Gelassenheit wird derjenige finden, der es gelernt hat, sich in seinem Tun in den Blick zu bekommen. Gelassenheit ist aber nicht nur die Distanz schaffende Selbstbeobachtung eines aktiven Menschen, der sich die Welt aneignet und auf die Welt einwirkt. Sie ist auch die Fähigkeit, sich aus den Verstrickungen der normativen Welt zu lösen, Zeit zu finden, in der man die Welt wirklich sein lässt. Sie ist also gleichzeitig ein Ausdruck der inneren Souveränität und der Rettung vor einer Übermacht der äußeren Welt. Sie ist damit auch Befreiung von den Übergriffen der weltlichen Macht in den Innenraum des eigenen Selbst. Wenn ich sage: „Ich lasse die Welt sein", dann sage ich gleichzeitig: „Ich lasse mich sein." In dem Doppelsinn der letzteren Aussage liegt die Aufgabe, das normierte Selbst zu verlassen und den Innenraum neu zu entdecken. Damit liegt die Gelassenheit nahe bei der Meditation. In der Schule diese Haltung zu kultivieren, fällt nicht leicht. Die Selbsterfahrung und Selbsterprobung im Zeichen der Gelassenheit wird häufig als Verweigerung und Provokation gedeutet. Vor allem in der Pubertät ist das auffällig. Als Lehrkräfte gelassen zu bleiben, wenn Lernende ihre Gelassenheitsübungen machen, ist auch nicht leicht. Gelassenheit von Kindern ist für Erwachsene schon immer eine schwierige Sache. Wenn sich also die Produktivkraft der Gelassenheit in der Schule entfalten soll, dann ist Gelassenheit der Lehrenden gefragt. Gelassenheit tritt nicht immer im Gewande kommunikativer Sanftheit auf. „Sie bewegt sich", wie Thomas Strässle schreibt, „im Spannungsfeld von erstrebenswertem Gleichmut und bedenklicher Gleichgültigkeit."[107] Die Produktivkraft bedarf deswegen großer Beachtung, weil sie ein Gegengewicht zum weltlichen Zerstreuungsdiktat und gleichzeitig zum

---

107 Strässle, Gelassenheit, S. 24.

hochtourigen Lernaktionismus der ängstlich und aggressiv Konkurrierenden ist. In der Welt der Kinder – auch in der Schule – finden wir viel von beidem, also von Zerstreuung und Aktionismus. Wie kann man nun aber Gelassenheit eine praktische Dimension geben? Es gibt natürlich kein Fach „Gelassenheit" und die Botschaft „Sei gelassen!" ist ein Widerspruch in sich. Bei dieser Produktivkraft fällt es mir am schwersten, sie in einer operativen Ebene zu verankern. Sie liegt wie die Produktivkraft der Freundlichkeit im Fundament pädagogischen Handelns. So wenig wie ein unfreundlicher Mensch ein guter Pädagoge sein kann, so wenig kann es ein nichtgelassener Mensch. Wenn ich bei schlechten Leistungen oder Fehlverhalten der Lernenden meine Gelassenheit verliere, werde ich meine pädagogische Wirksamkeit verlieren. Wenn ich als Lernender in den Erwartungen verkrampfe, werde ich die Chance auf Entwicklung verlieren. Gelassenheit ist eine lernklimatische Bestimmung und verlangt – vor allem in Krisengesprächen – die Fähigkeit, einen neuen Anfang zu finden und den Verstrickungen des Rechthabenwollens zu entkommen.

Es ist auch nicht leicht vorstellbar, Muße zu einem Element schulischen Lebens und Arbeitens zu machen. Mein Blick auf den Lernprozess bemüht sich stets darum, das Kind als Lernsubjekt zu verstehen, den Akzent von der Fachkompetenz auf die Lernkompetenz zu verschieben. Aber hat dieses Lernsubjekt wirklich die Chance, diese Produktivkraft der Muße kennenzulernen? Ich denke schon. Wir müssen den Blick etwas erweitern. Das Lernsubjekt hört ja nicht auf, Lernsubjekt zu sein, wenn es am Ende des Schultages nach Hause geht. Traditionellerweise sind die Hausaufgaben die Fortsetzung schulischer Arbeit. Aus der schulischen Arbeit fließen die Aufgaben für den häuslichen Bereich. Diese wiederum bilden die Grundlage für die Arbeit am nächsten Tag. Lernende bekommen Aufgaben, die sie hinter den Schreibtisch fesseln. Idealerweise bleibt noch ein Rest des Tages für anderes, aber nur ein kleiner. Wir wissen aber auch, dass das für viele Quälerei ist ohne positive Lerneffekte, eher reine Erfüllung von Pflicht. Viele retten sich in Vermeidungsverhalten. Anderntags muss die Vermeidung mit aller Raffinesse vertuscht werden. Hier liegt ein

Grund für die selektiven Effekte der sozialen Herkunft. Um es kurz zu machen: Die Produktivkraft der Muße wird so nicht gelernt. Menschen brauchen eine Zeit des ziellosen und zwecklosen Flanierens, auch Kinder, ja gerade Kinder. Dieses Flanieren kann man sich als einen äußeren Vorgang vorstellen. Schnabel spricht nicht nur von eigenen Erfahrungen, wenn er schreibt:

> „Geistesarbeiter aller Art schätzen daher das Gehen als unschätzbare Quelle von Einfällen und Inspirationen [...]. Das stundenlange Sitzen am Schreibtisch dagegen ist nicht nur Gift für den Kreislauf, sondern auch für die Kreativität."[108]

Das Flanieren ist aber auch ein innerer Vorgang. Wolf Singer stellt fest, man solle das Gehirn sich selbst überlassen, dann könne es „sich wunderbar mit sich selbst unterhalten und gewissermaßen in sich selbst spazieren gehen".[109] Walter Benjamin spricht von der Langeweile als einem „Traumvogel, der das Ei der Erfahrung ausbrütet".[110] Flanieren-Lernen, und das unterscheidet sich natürlich in der äußeren Form bei Kindern vom Dandy des 19. Jahrhunderts, verhindert die Sucht, immer wieder neue Lustquellen zu finden, verhindert die Sucht nach immer neuen Dopaminausstößen. Ich bin weit davon entfernt, die Vergangenheit schön zu reden. Aber in meiner dörflichen Kindheit gab es diese Zeit und den Raum, frei von Schule und Elternhaus.[111] Ein ehemaliger Schüler der Gebrüder-Humboldt-Schule sagte mir in einem Gespräch:

> „Wir waren wohl die Letzten, die sich als Kinder noch draußen ungeplant, manchmal absichtslos getroffen haben, im Wald, auf dem Spielplatz oder auf dem Sportplatz. Wenn wir Langeweile empfunden haben, war das nicht schlimm. Ältere Kinder sieht man nicht mehr auf dem Spielplatz."

Man hört oft die Rede von den Vorzügen der geistigen Abwesenheit und des Träumens im Schulunterricht und erklärt das womöglich für

---

108 Schnabel, Muße, S. 258.

109 Zitiert nach Schnabel, Muße, S. 121.

110 Walter Benjamin, Der Erzähler. Betrachtungen zum Werk Nikolai Lesskows, in: ders., Gesammelte Schriften Bd. II/2, Frankfurt a.M. 1991, S. 446.

111 Das war Gott sei Dank eine Kompensation für schlechte Schulen. Die Karrieren der z.T. leistungsschwachen Hauptschüler beweisen, dass sie hier Strategien der Selbststeuerung gelernt haben.

Ausdrucksformen der Muße. Ich habe den Eindruck, dass das fehlinterpretiert wird. Man (häufig Intellektuelle) sieht darin die humane glückliche Kehrseite einer notwendigerweise entfremdeten Welt der normativen Schule. In der Regel sind das aber Phasen der Ablenkung, der Unkonzentriertheit, der Unaufmerksamkeit und der Nervosität, womöglich auch Phasen des Selbstschutzes, weil man mit den Ereignissen des Unterrichts nichts anfangen kann. Selbst wenn das Träumen keine Beschönigung wäre, ist es doch erstaunlich, dass diese Formen der inneren Abwesenheit oft von denselben Menschen als Ausdruck der Freiheit gepriesen wird, die die Freiheiten neuer Lernarrangements als Leistungsverzicht geißeln.

Man kann darüber diskutieren, ob Muße im eigentlichen Sinne in der Schule ihren Entfaltungsplatz finden kann. Als Lernsubjekt hat sie allerdings jeder Lernende nötig. Ich habe schon in einem früheren Kapitel über die Produktivkraft der Selbstwahrnehmung darauf hingewiesen, wie wichtig es ist, aus Mustern herauszutreten, Distanz zu schaffen, nicht einfach mit- oder weiterzumachen. Am pointiertesten hat das der Hirnforscher Ernst Pöppel zum Ausdruck gebracht: „Wenn ganz Deutschland jeden Tag für eine Stunde nicht kommunizieren würde, dann hätten wir hier den größten Innovations- und Kreativitätsschub, den man sich vorstellen kann."[112] Das Diktat der Zeit wird zu einem verinnerlichten Diktator, der hetzt, der zumindest so normativ ist, dass er die Muße zu Inspirationen unter Faulheitsverdacht setzt. In der Fähigkeit zur Muße liegt indessen eine Rückgewinnung an Souveränität. Ich möchte Ihnen an dieser Stelle (mit einem leichten Augenzwinkern) eine Aussage des frühromantischen Friedrich Schlegel im 7. Kapitel von „Luzinde" nicht vorenthalten:

> „O Müßiggang, Müßiggang! Du bist die Lebensluft der Unschuld und der Begeisterung; dich atmen die Seligen und selig ist, wer dich hat und hegt, du heiliges Kleinod! einziges Fundament von Gottähnlichkeit, das uns noch aus dem Paradiese blieb."

Wenn man dieser Aussage das Absolute nimmt und wenn man nicht vergisst, dass auch Engagement eine wichtige Produktivkraft des

---

[112] Zitiert nach Schnabel, Muße, S. 147.

Menschen ist, kann man doch diese Kraft, die der Muße zugeschrieben wird, zurecht preisen.

Ich will die Freizeitgewohnheiten der Kinder, die an die Stelle der vermiedenen Hausaufgaben getreten sind, nicht unnötig problematisieren. Denn viele Kinder lassen sich positiv treiben in den spontanen Kommunikationen mit Gleichaltrigen oder auch häufig sehr souverän in der neuen Medienlandschaft (sehr viel aktiver als im klassischen Fernsehkonsum). Aber die Regel ist doch anders: Kinder werden zu Getriebenen, wollen auch in dieser Zeit Normen erfüllen, um in der Konkurrenz der Gleichaltrigen mithalten zu können. Eltern treiben sie zu vielen Extraaktivitäten, um ihnen bei der zukünftigen Chancenverteilung einen Konkurrenzvorsprung zu verschaffen. Für Muße bleibt kaum Zeit. Es kommt aber gerade darauf an, dass man in der Muße die Zeit vergisst.

Ich möchte von drei Typen von Lernenden kurz berichten.

Der erste Typ: Ich habe Lernende vor Augen, die zur Muße fähig waren. Sie scheinen – bei guten schulischen Leistungen, aber nicht unbedingt nur dann – immer Zeit zu haben. Sie können auf etwas verzichten, weil sie der spontanen Eingebung für anderes folgen wollen. Sie bewegen sich mit einer Leichtfüßigkeit. Fähigkeit zur Muße und Leichtfüßigkeit sind Geschwister, vielleicht auch noch Denken in Alternativen.

Der zweite Typ: Ich habe zur Muße unfähige Lernende vor Augen, die immer von der Angst getrieben werden, etwas nicht verstanden zu haben, etwas nicht für Test und Klausur verfügbar zu haben, etwas nicht schwarz auf weiß gesichert zu haben. Man sieht es ihren Augen und ihrer Mimik an, dass viel Angst im Spiel ist. Oft kämpfen sie nach der Test- oder Klausurrückgabe um jeden zusätzlichen Punkt. Sie finden keine Ruhe. Häufig haben sie Kopfschmerzen. Wenn dieser Lernmodus unerträglich wird, kommt es nicht selten vor, dass mit künstlichen Mitteln der Ruhepunkt gesucht wird, der dann meistens auch noch mit dem Gefühl des Rausches verwechselt wird. Diese jungen Leute finden nur selten zurück zu jener produktiven Arbeit, in der die Produktivkraft der Muße für innere Souveränität sorgt.

Der dritte Typ: Ich habe Lernende vor Augen, die grundsätzlich davon ausgehen, dass es auf sie nicht ankommt. Sie müssen ein Programm erfüllen und tun alles, damit sie nicht dumm auffallen. Sie scheinen sich selbst nicht gewonnen zu haben. Der Begriff „Selbstkompetenz" ist ihnen unbekannt, zumindest unverständlich. Freie Zeit bedeutet für sie ein Hopping von einer Aktivität zur nächsten. Die Produktivkraft der Muße ist ihnen völlig abhanden gekommen. Vermutlich haben sie nie die Chance bekommen, sie für sich zu entdecken, geschweige denn zu nutzen.

Schnabel verweist auf die österreichische Wissenschaftsforscherin Helga Nowotny, die die Kunst der Muße in einer Haltung ansiedelt und nicht in der Zahl der freien Stunden. Es gehe um die Intensitäten des Augenblicks, um die Gewinnung von Eigenzeit. Diese könne spielerisch oder ernsthaft, zielorientiert oder suchend gewonnen werden. Muße sei „die Übereinstimmung zwischen mir und dem, worauf es mir in meinem Leben ankommt".[113]

Ich schlage vor, Kindern zu helfen, diese Erfahrungen machen zu können. In der Schulzeit selbst wissen die Lehrenden, dass die kleinen Momente des Anfangens immer Herausforderungen der Kreativität sind. Für diese kleinen Momente kann man motivieren, aber man kann sie nicht erzwingen. Man kann natürlich Routinen schaffen, aber es bedarf immer auch der Inspiration, des Momentes der inneren Einkehr, des kleinen Momentes, in dem ich die Zeit vergesse. Wenn jeder Lernende weiß, dass er eine Arbeit zu Ende bringen muss (siehe vorletztes Kapitel), braucht man sich um Missbrauch von Offenheit keine Sorgen zu machen. In einer überwiegend freudvoll erlebten Schule wird das gelingen. Eigenzeit wird auch im Schulalltag eine Rolle spielen müssen, nach der Schulzeit (am späten Nachmittag) aber auf besondere Weise. Die Fähigkeit, von sich selbst überrascht zu werden, also Geistesblitzen, Inspirationen, Ergriffenheiten, Zufällen und Einfällen in sich selbst zu begegnen, kann hier wachsen. In einer guten Schule werden die Ereignisse der Freizeit mit Sicherheit ein belebende Rolle spielen.

---

113 Zitiert nach Schnabel, Muße, S. 45.

Im Buchuntertitel findet sich schon der Begriff der Meditation. Ich habe Meditation als eine Textform definiert, die sich von Denkmustern zu befreien versucht, weil diese zumindest unter dem Verdacht stehen, Möglichkeiten glücklicheren und erfolgreicheren Arbeitens zu verhindern. Ihnen wird bis hierher nicht entgangen sein, dass ich diese Denkmuster in der alles durchdringenden Schulfolklore und in einem problematischen Verständnis von Professionalität angesiedelt habe. In der lateinischen Tradition bedeutet Meditation nichts anderes als Nachdenken, Nachsinnen. Es ist eine Reflexion, die sich von schnellen Absichten befreit und auf einen Besinnungsmodus umschaltet. Damit ist sie der porträtierten Produktivkraft der Selbstwahrnehmung sehr verwandt. In einem östlich inspirierten weiteren Verständnis binden sich an den Begriff auch Achtsamkeit, Konzentration, Stille, Leere. Angesichts der langen Tradition dieser Kultur handelt es sich dabei nicht um esoterische Entgleisungen und Hokuspokus, wie es uns Technokraten des Lehrens weismachen wollen. Als Kronzeugen für eine wirksame Rezeption im Westen möchte ich zwei Denker in den Zeugenstand rufen, die als Experten analytischen Denkens gelten: Thomas Metzinger, ein Vertreter der analytischen Philosophie und Bewusstseinsforscher, und Wolf Singer, Neurobiologe und Hirnforscher. Manche Pädagogen neigen ja dazu, Erkenntnisse der Hirnforschung für kalten Kaffee zu erklären. Sie behaupten schnell, man habe es ja schon immer gewusst. Nun wissen wir aber gerade aus der Hirnforschung, dass in der Meditation diejenigen Hirnregionen stark aktiviert werden, „in denen emotionale Erfahrungen wie Liebe, Mitgefühl und Glück verarbeitet werden".[114] Sollte das für Pädagogen und ihren professionellen Rahmen irrelevant sein?

Thomas Metzinger bringt Meditation und Spiritualität in einen anderen alltäglichen Zusammenhang, als wir es gewohnt sind.[115] In seinem Verständnis sind Meditation und Spiritualität Erkenntniswege, Ereignisse säkularer Welten, also auch der Schulen. Metzinger stellt –

---

114 Schnabel, Muße, S. 126.

115 Thomas Metzinger, Spiritualität und intellektuelle Redlichkeit: https://www.blogs.uni-mainz.de/fb05philosophie/files/2013/04/TheorPhil_Metzinger_Berlin_2010_Spiritualität%C3%A4tUndIntellektuelleRedlichkeit.pdf

zunächst überraschend – fest, dass beide Aktionsformen die intellektuelle Redlichkeit fördern. Wer meditiert, sucht Stille, lässt sich auf Introspektion ein, betrügt nicht (im existenziellen Sinne), konfrontiert eher das Selbst mit seinen Strategien des Selbstbetruges. Er sucht das Wissen hinter dem Wissen, auch hinter dem trügerischen Wissen. Er erzeugt eine echte Unmittelbarkeit, weil er die Angst überwindet, mit der eigenen Wirklichkeit konfrontiert zu werden. Es entsteht ein Wissen, das sich nur der Unmittelbarkeit verdankt, während sich im wissenschaftlichen Erkenntnisvorgang Unmittelbarkeit immer dem Verdacht des falschen Scheins aussetzt. Während die meditative Erkenntnis den Zeugen zu einem Befreier erhebt, unter dessen Blick sich die Geheimnisse des Selbstbetruges, die Eitelkeiten und die Doppelbödigkeiten auflösen, bietet dagegen der untrügliche Zeuge in der Wissenschaft die empirischen Anlässe zur systematischen Reflexion. Zwischen beiden Kompetenzen gibt es eine Korrespondenz. Diese könnte man auf den Begriff der Unbestechlichkeit bringen oder mit Metzinger der intellektuellen Redlichkeit oder der Wahrhaftigkeit. Es findet eine Auseinandersetzung mit einem trügerischen Teil in uns selbst statt, von dem vermutlich jeder, der auch nur rudimentär zur Selbstwahrnehmung fähig ist, eine Ahnung hat. Die Nebelbänke des Status quo wirken ja nicht nur im Hinblick auf die äußere Wirklichkeit, sondern auch auf die innere. Insofern ist Meditation die Produktivkraft einer wirklich besonderen Art, da sie noch stärker als die anderen Produktivkräfte auf das Ganze des eigenen Selbst geht. Und es ist immer das empirische Selbst, auf das wir stoßen. Wer auch nur etwas Meditationserfahrung hat, weiß: Meditative Erfahrungen sind Erfahrungen mit *meinem* Selbst. Dazu gehört die Art, wie ich Dinge sehe, wie ich in Landschaften schaue, wie ich auf Menschen schaue, wie ich in die Vergangenheit schaue und wie ich meine Zukunft erwarte. Es sind die Erfahrungen der Selbsterforschung. Man kennt die Stimmen, die unaufgefordert laut werden: Gib auf! Es ist genug! Es gibt Wichtigeres zu tun! Das hat doch alles keinen Sinn! Ich müsste meine Mails checken! Ich erfahre, wie ich ticke. Mein Autopilot versucht das Kommando zu übernehmen. Aber ich lerne meinen Autopiloten auch kennen. Wenn ich gelassen beobachten kann, wie er sich abstrampelt und am Ende sogar aufgibt, ist seine negative Wirkung auch in der Wirklichkeit dahingeschmolzen.

In der Anstrengung, den inneren Ruhepunkt zu gewinnen, lässt sich nicht bluffen, nicht simulieren, nicht Auswendiggelerntes wiedergeben, nicht auf ein „richtig!" oder „falsch!" von außen spekulieren, in dieser Anstrengung sind wir untrüglich mit dem empirischen Selbst konfrontiert. Und können lernen! Ein Lernen, das in höchstem Maße produktiv ist, ohne trügerische Linearität. Es ist zugleich ein Üben im besten Sinne. In dieser Anstrengung immunisieren wir uns gegen Selbst- und Fremdüberforderung, unterwerfen uns nicht dem Imperativ des Können-Müssens und bewahren uns damit vor der Neigung zum Bluff und vor der Gefahr der Hyperaktivität und der Depression.

Als wollten sie den Beweis für Metzingers Annahme erbringen, dass Wissenschaft und Meditation derselben Moral und demselben Befreiungsethos der Erkenntnis verpflichtet sind, kommunizieren Wolf Singer und Matthieu Ricard über Hirnforschung und Meditation. Gleichzeitig kann man nur begeistert feststellen, wie fast alle Produktivkräfte des Lernens in dem Dialog zur Wirkung kommen. Ich möchte aus diesem Dialog Matthieu Ricard ausführlich zu Wort kommen lassen:

> „Wenn Liebe und Empathie durch Besitzenwollen kontaminiert sind und zu einer verzerrten Wahrnehmung der Wirklichkeit führen, dann sind sie aus buddhistischer Sicht nicht *positiv*, weil sie Leid erzeugen werden. Genauso wie du dich daran gewöhnt hast, mit aufkommenden negativen Gedanken umzugehen, genauso kannst du dir auch angewöhnen, gute Gedanken zu hegen und zu verstärken. Warum man das tun sollte? Jedenfalls nicht, weil irgend jemand gesagt hat, sie seien gut, sondern weil du aus eigener Erfahrung weißt, dass sie zu einer Win-Win-Situation führen." Etwas später stellt er fest: „All das kann man lernen."[116]

116 Wolf Singer/Matthieu Ricard, Hirnforschung und Meditation. Ein Dialog, Frankfurt a.M. 2008, S. 27.

Diejenigen, die Angst vor dem Verlust der traditionellen Schulordnung haben und glauben, damit gehe alles den Bach hinunter, gehören zu einer Generation, der wir einmal beim Arbeiten und beim Leben zuschauen sollten. Der nüchtern-distanzierte Blick auf uns selbst als Zeitgenossen ist desillusionierend. Man bekommt Zweifel, ob die humanistischen Ideale irgendeinen praktischen Sinn haben. Wir sehen grassierenden Egoismus, in dem wir voller Gleichgültigkeit das Leben nachfolgender Generationen gefährden, in dem wir voller Gleichgültigkeit von einer Weltordnung profitieren, die das Überleben in anderen Teilen der Welt unglaublich schwer macht. Ich habe aber auch die Aussage einer älteren Frau im Ohr, die, angesprochen, ob das Leid von Menschen und Tieren in ihrem Konsum eine Rolle spiele, überhaupt nicht auftrumpfend, wirklich traurig, ohne Hoffnung sagte: „Jeder muss sehen, wo er bleibt." Das habe ich noch deprimierender empfunden als alle rassistischen Entgleisungen im Zusammenhang der Flüchtlingsbewegungen. Das alles kann man nicht ernsthaft unabhängig von Schule und schulischen Effekten sehen. Also seien Sie bitte nicht in Abwehr, wenn ich Schule als einen spirituellen Raum denke.

Er ist ein besonderer Raum des Geistes. Ich möchte eine besondere Dimension dieses Geistes herausheben. Hier geht es nicht um die intervenierende Kraft des Geistes, sondern um die Herstellung einer Selbstbezüglichkeit. Es geht um eine Form nichtreligiöser Innerlichkeit. Was unterscheidet Spiritualität von Religion? Es handelt sich um eine Selbstreflexivität, die nicht der Vermittlung durch Gott bedarf. Ich brauche nicht Gottes Wort, um über die Norm zu verfügen, mein eigenes Denken und Tun zu betrachten und zu bewerten. Mein Denken selbst anschauen zu können, ist der Weg der Autonomie bzw. in die Autonomie. Es ist, wie Thomas Metzinger sagt, ein Weg in die Wahrhaftigkeit, in die Selbsterkenntnis, die nicht durch ein äußeres Normensystem fremdbestimmt ist. Es geht darum, die eigene Stimme zu finden. Wir haben es mit dem dynamischen Vorgang der Selbstkultivierung zu tun.

Was unterscheidet Spiritualität von Philosophie? Philosophie ist ein intentionales Denken, ein Denken in Bewegung. Es weiß von sich, aber es geht aktiv über sich hinaus in einen neuen Denkraum oder in eine immer wieder neue Denkbewegung. Es ist ein Denken als Handlung. Spiritualität ist ein ruhendes Denken, eine Geistigkeit, die sich an sich selbst erfreut. Dabei ist es kein affirmatives Denken. Es ist vielmehr eine intellektuelle Kraftquelle. Matthieu Ricard sagt in seinem Dialog mit Wolf Singer:

> „Normalerweise sind wir so mit den Gedankeninhalten beschäftigt, dass wir den grundlegenden Aspekt des Bewusstseins, die reine Bewusstheit, nicht bemerken. Das ist der Grund, weshalb wir uns leicht täuschen lassen und in der Folge unter einer falschen Interpretation der Realität leiden."[117]

Vielleicht etwas ungeschützt, vielleicht etwas zu intuitiv, aber dennoch mit großer Sicherheit stelle ich fest: Spiritualität in dem vorgetragenen Sinne ist die Bedingung für ein besseres Leben, Bedingung für geistige Berührungen (die nicht Zwecken, Kalkülen und Interessen unterliegen) und für menschliche Berührtheit. Auf diese Weise können wir das Dasein spürbar machen, wie Natalie Knapp sagt.[118]

Wenn man nun schaut, wie wir uns verhalten, also die Generation, die gegenwärtig am Ruder ist, dann kann man nur sagen: Es ist uns ein Gott abhanden gekommen und damit eine Instanz, von der man das Böse böse nennen kann. An die Stelle ist aber (noch) nicht die Spiritualität getreten, die für Ehrlichkeit uns selbst gegenüber steht und damit für Wahrhaftigkeit. Normativität wird keine Angelegenheit des Absoluten mehr sein, sondern der Dynamik eines Prozesses, in dem der Blick auf das Selbst vor Fehlhandlungen in der äußeren Welt bewahren kann. Zeitgenossen wie Orban und Sarrazin könnten womöglich das Flüchtlingsproblem lösen, aber doch nur, indem sie sich in ihrem Selbstsein ausblenden, indem sie objektive Probleme nur als technische betrachten. In dieser Version ist Problemlösung immer auch ein Akt der Selbstzerstörung.

---

117 Ibid., S. 19.

118 Natalie Knapp, Der Quantensprung des Denkens. Was wir von der modernen Physik lernen können, Hamburg 2011.

Was ereignet sich an dem Ort Schule im Hinblick auf meditative Besinnung konkret? Wie entsteht das Klima, in dem Spiritualität als Energiequelle wirkt? Es ist schon vieles in den Schulen versucht worden. Häufig aber, ohne eingebettet zu sein in das Ensemble der anderen Produktivkräfte. Schon im Kapitel über die Produktivkraft der Selbstwahrnehmung wurden Vorschläge gemacht, wie der individuelle Lernprozess in den Blick genommen werden kann und wie aus dieser täglichen Selbstwahrnehmung eine schöpferische Aktivität erwachsen kann. Das lässt sich intensivieren, indem der alltägliche Lernprozess zu einer Folge von Achtsamkeitsübungen werden kann. Lernende können Achtsamkeit entwickeln gegenüber negativen Routinen im Alltag, gegenüber Widerständen und Vermeidungsritualen. Die Orientierung auf Achtsamkeit könnte eine Alternative zur Sanktionierung sein. Wenn Lehrende in dieser Achtsamkeit eine positive Qualität sehen, dann wird der Lernende als Lernsubjekt außerordentlich profitieren. Dann besteht die Möglichkeit, dass die Hürden im Erwerb von Fachkompetenzen bewusst werden. Allerdings verlangt es Zeit. Es bedarf für viele Lernende einer intensiven individuellen Begleitung. Aber mit großen Lerneffekten. Wenn ich weiß und es vor allem auch eingestehen kann, warum ich etwas nicht lernen mag und was ich anstelle, um es nicht zu tun, bin ich schon aus der Falle des Versagens heraus.

Es gibt Schulen, die veranstalten regelmäßig Besinnungstage in oder außerhalb der Schule. In diesen Besinnungstagen wird das Selbst der Lernenden zum Ereignis. Es werden Übungen des künstlerischen Selbstausdrucks gemacht, es werden Visionen des eigenen Selbst hervorgerufen und es wird meditiert. Es gibt Schulen, die Angebote zur Meditation vor Unterrichtsbeginn machen. Auch wenn dieses Angebot nur von wenigen angenommen wird, hat es doch eine Signalwirkung für viele. Es entsteht Aufmerksamkeit. Andere Schulen richten einen Raum der Stille ein, der aufgesucht werden kann, wenn es zu Überreizungen im Alltag kommt oder auch völlig ritualisiert, quasi wie Kurzexerzitien. Es werden betreute Räume eingerichtet, die man auch Trainingsräume der Gelassenheit nennen könnte. Es sind

Räume, in denen man übt, herunterzukommen von den Momenten des Außer-sich-Seins. Wenn die Trainingseffekte und die Effekte der Exerzitien stark genug sind, wird die Spiritualität, die in den Produktivkräften der Gelassenheit, Muße und Meditation zur Geltung kommt, das Klima einer Schule ausmachen.

„In Würde lehren und lernen“[119]

Mit diesen Überlegungen sind wir ganz nah bei den Fragen der menschlichen Würde. „Die Würde des Menschen ist unantastbar.“ Das ist der Satz aus der obersten Ethik-Schublade. Er ist der humanistische Anspruch schlechthin. Leider ist er in dieser Fassung reine Metaphysik. Empirisch wird die Würde des Menschen unentwegt angetastet.

Aber wo kämen wir hin, wenn wir diesen Anspruch kurzerhand für nichtig erklärten, weil er auf den idealen Menschen gemünzt ist, aber nicht auf den empirischen. Zu Beginn habe ich von dem Markt der guten Ideen gesprochen, die die Möglichkeiten eines besseren Lebens und einer besseren Gesellschaft sondieren. Die Idee der Würde des Menschen ist schon alt, aber Peter Bieri hat sie aktualisiert und in konkreten Zusammenhängen reflektiert.[120] So überzeugend es ist, gehört Bieri doch in die Reihe derer, die sich beschreibend und auch appellativ an die erwachsenen Menschen wendet. Aber wie gewinnt man praktisch oder genauer: wie gewinnen Kinder praktisch, was wir Würde nennen? Oder ist sie keine Angelegenheit der Praxis, sondern nur eine große Idee? Hätten Würde und die Produktivkräfte des Lernens eine Chance, wenn man ihre Entwicklung dem freien Markt überließe? Jeder und jede von Ihnen, liebe Leserinnen und Leser, kennt Kinder, die sich schon in jungen Jahren so fremd geworden sind, dass sie nur noch ein wenig Spaß beim nackten Überleben haben wollen, oft asozial. Die Hoffnung auf Wertschätzung haben sie längst aufgegeben. Dieser Spaß ist häufig zerstörerisch. Vielleicht kennen Sie auch Kinder, die nie die Chance bekommen haben, sich erfolgreich

---

119 Andreas Becker, In Würde lehren und lernen, www.active-books.de.

120 Peter Bieri, Eine Art zu leben. Über die Vielfalt menschlicher Würde, München 2013.

mit den Widerständen des Lebens auseinanderzusetzen, weil ihnen alles abgenommen wurde, die weder einen Sinn für sich selbst noch für die äußere Welt gewinnen konnten. Auf die spontan-anarchischen Einflüsse und Prozesse der Gesellschaft kann man nicht vertrauen. Wir müssen schon sehr reflektiert erzieherisch mit Kindern umgehen. Das ist ein Gebot der Würde. In allen antipädagogischen Konzepten wird das Kind mit dem Bade ausgeschüttet.

Ich möchte auf einen kleinen Aufsatz von Andreas Becker, Lehrer und Transaktionsanalytiker, zu sprechen kommen, in dem er von der Würde im Lehren und Lernen spricht. Hier wird die Frage nach der Würde praktisch, zunächst aber auch wie bei Peter Bieri, indem er von dem erwachsenen Menschen spricht. Es wird sich immer gefragt, ob und wie man seine Würde verlieren kann. Becker zitiert Eca aus dem Roman „Nachtzug nach Lissabon", als dieser zu den Folterungen im faschistischen Portugal sagt:

> „Er sei zu dem Ergebnis gekommen, dass sie ihn damit hätten zerstören können, aber die Würde hätten sie ihm auf diese Weise nicht nehmen können. Um seine Würde zu verlieren, müsse man sie selbst verspielen."[121]

Das heißt aber, dass das, was zerstört werden kann, auch vorher entstanden sein muss. Die Kraft, die Eca seine Würde hat behalten lassen, ist in ihm vorher gewachsen. Becker stellt fest, man müsse „erst ein Gefühl dafür entwickeln, was Würde ist. Sie muss als Phänomen bewusst gemacht und benannt werden, um dann in der Wertevermittlung einen ihr gebührenden Platz zu bekommen [...]"[122]. Damit ist er bei den Kindern und beim Lernprozess angelangt. Leider ist die Wertevermittlung in der Schule häufig ein Verlegenheitsanspruch. Was muss man tun, um Kindern zu ermöglichen, die eigene Würde zu entdecken?

Man muss die Frage, wie Würde entsteht, sehr elementar denken. Die Antwort ist gebunden an die Fähigkeit, sich selbst und andere wahrzunehmen. Wie kann man Würde gewinnen oder erhalten, wenn man ein würdeloses Schicksal erleiden muss oder das anderer reakti-

---

121 Becker, In Würde lehren und lernen, S. 3.

122 Ibid., S. 4.

onslos hinnimmt? Diejenigen, die gewissermaßen von Haus aus leidvoll benachteiligt sind, sind am stärksten herausgefordert in ihrer Würde. Aber wo sollen sie die Kraft hernehmen? In der Schule ist diese Erfahrung schicksalhafter Verstrickung in schlechtes Leben allgegenwärtig. Die Würde fällt den Menschen in ihrem ersten Atemzug (oder vielleicht auch schon früher) nicht automatisch zu und auch nicht wie in einem Taufakt. Die Geborenen können nur auf die Würde der sie umsorgenden Menschen hoffen. Würde entsteht durch die Fähigkeit zur Selbsterfahrung und die Erfahrung von Selbstwert. Sie ist von Anfang an Anspruch und Möglichkeit, aber sie kann ebenso systematisch verhindert werden. Ohne nun in die transaktionsanalytische Terminologie eindringen zu wollen, lernen wir von Becker, dass es für mich als Kind darauf ankommt, „dass mein Gefühl für meinen Wert und meine Eigenarten mit inneren Erlaubnissen zum ‚So-sein-Dürfen' korrespondieren und dass dieses Erleben mit dem Außen abgeglichen wird, indem ich die Verantwortung für mich, meine Gefühle, mein Denken und mein Handeln übernehme".[123] Dieser Anspruch wird in der Entfaltung der Produktivkräfte des Lernens eingelöst und besonders in der hier porträtierten Produktivkraft der Gelassenheit, der Muße und der Meditation.

Im Fachunterricht der Schule bekommt die Würde per se keine empirische Kraft. Wenn sich die Schule darauf beschränkt, kognitive Leistung zu erzeugen und sie zu bewerten, dann affirmieren wir womöglich eine negative Ausgangslage. Im schlimmsten Fall erzeugen wir gar Selbstentfremdung. Andreas Becker soll noch einmal zu Wort kommen:

> „Die letztendliche Reduzierung von Menschen zu Bereitstellern von Arbeitskraft (manpower, Humanmaterial) – und dieses Empfinden haben nicht nur viele Lehrkräfte – stellt eine fundamentale Entwürdigung dar, die dann unbewusst an nachfolgende Generationen weitergegeben wird."[124]

Zur Würde gehört ganz entscheidend die Gewinnung des inneren Ruhepunktes. Dieser ist aber kein ein für allemal erreichtes Entwick-

---

[123] Ibid.
[124] Ibid., S. 5 f.

lungsziel, sondern ein Existenzial, dessen wir uns im Vollzug des Lernens und Lebens als Produktivkraft vergewissern müssen. Es realisiert sich immer wieder im Vollzug. Ja, der Ruhepunkt ist eine Angelegenheit alltäglicher Praxis. Der schon oben zitierte Philosoph Byung-Chul Han stellt in seinem kleinen Buch „Müdigkeitsgesellschaft" fest: „Wenn man nur die Potenz, etwas zu tun, besäße und keine Potenz, nicht zu tun, so käme es zu einer tödlichen Hyperaktivität".[125] In der Zen-Meditation sieht er einen äußerst aktiven Vorgang, „also alles andere als Passivität. Sie ist eine Übung, in sich einen Souveränitätspunkt zu erreichen, Mitte zu sein. [...] Die Hyperaktivität ist paradoxerweise eine extrem passive Form des Tuns, die keine freie Handlung mehr zulässt".[126]

Mit den Worten Peter Bieris möchte ich die Wirkung der hier dargestellten Produktivkraft in ihrer ethischen und freiheitlichen Dimension noch einmal bekräftigen:

> „Auf die Erfüllung eigener Wünsche zugunsten anderer verzichten: Das können nur Wesen, die zu sich einen bewertenden inneren Abstand, eine kontrollierende Distanz haben, wie sie Subjekte auszeichnet. Wesen, die nicht als Getriebene wehrlos dem Diktat ihrer Wünsche ausgeliefert sind. Wesen, die Herr über sich selbst sind und nicht Sklaven ihrer Wünsche. Wesen also, die selbst darüber bestimmen können, welche Wünsche sie in Handlungen münden lassen. Das bedeutet: Die Erfahrung moralischen Entscheidens und Verzichtens ist die Erfahrung der selbstbestimmenden Distanz und Kontrolle. Nicht die einzige Erfahrung ihrer Art, aber doch jedes Mal eine Bestätigung dieser Fähigkeit und also eine Erfahrung der inneren Freiheit."[127]

Was Peter Bieri hier beschreibt, das ist die Umschreibung der Fähigkeit zur Selbstdisziplin.

---

[125] Han, Müdigkeitsgesellschaft, S. 44.

[126] Ibid., S. 45.
Auch wenn für Sie Mystik etwas Verschwurbeltes und Realitätsfernes ist, möchte ich doch die mystische Erfahrung für unsere säkulare Welt retten. Es geht um eine besondere Erfahrung, die diesseits der konventionellen Sprache liegt. Es geht um ein Ereignis, das nicht an sprachliche Repräsentation gebunden ist. Ursprünglich ging es um direkte Gottesschau ohne Sprache. Und das hieß Einssein mit Gott. Für das mystische Erlebnis ist die Annahme Gottes nicht eine notwendige Bedingung. Es gibt die Möglichkeit der inneren Schau, in der ich mich selbst schaue, gewissermaßen mit mir selbst eins werde. Eine Mystik ohne Gott. Man trifft auf sich selbst, wie Meister Eckhart Gott geschaut hat. Ich habe den Eindruck, dass diesen Moment auch Derrida in seiner Philosophie sucht, indem er den Schutzschild der Sprache brüchig macht. In der Kunst findet sich häufig dasselbe Bemühen um die mystische Erfahrung.

[127] Bieri, Eine Art zu leben, S. 265 f.

IV. Schule und praktische Intelligenz

Eine bessere Schule ist möglich: hier und jetzt

Wozu die Produktivkräfte des Lernens taugen

Die Produktivkräfte des Lernens lassen sich nicht erzwingen, aber man kann ihre Wirkung verhindern. Man muss ihnen schon Raum und Zeit geben, wenn sie wirken sollen. Sie sind der Gegenpol zum Curriculum. Das Curriculum entscheidet traditionell über die Inhalte. Dadurch sollen Vergleichbarkeit hergestellt und Unterscheidungen ermöglicht werden. Wenn es hauptsächlich darauf ankommt, sind die Produktivkräfte des Lernens eher störend. Aber damit allein wird das Lernen um entscheidende Dimensionen beraubt. Will das Curriculum die Lernenden normativ in eine Lernbewegung ziehen, schicken die Produktivkräfte die Lernenden auf Exkursion. Wie der Soziologe Hartmut Rosa schreibt, handelt es sich dabei um den Vorgang der Anverwandlung.[128] Sowohl die Sache als auch der Lernende verändern sich in der Auseinandersetzung. Das ist notwendigerweise immer ein sehr persönlicher Prozess. Man nennt das auch Individualisierung. Die Produktivkräfte sind immer da, wirksam oder auch leidvoll unterdrückt. Ich sage „leidvoll unterdrückt", weil ich überzeugt bin, dass ihre positive Wirksamkeit mit Glück zu tun hat, und zwar insofern, als sie Ausdrucksformen der Selbstwirksamkeit sind. Diese entsteht indirekt und nicht durch die Erfüllung von Arbeitsaufträgen, wie „Sei engagiert!", „Sei selbstreflexiv!", „Sei freundlich!", „Sei gelassen!", „Bewege dich bewusst!", „Handle intelligent!". Die Erwachsenen, also die Lehrenden, möglichst auch die Eltern, müssen es vorleben. Sie müssen in der Tat um die Produktivkräfte wissen und ein Klima schaffen, in dem diese sich entfalten können. Der Slogan „Auf den Lehrer kommt es an!" ist insofern richtig. Leider müssen die Erwachsenen, also die Lehrenden und Eltern, häufig nachlernen. Man

---

128 Hartmut Rosa/Wolfgang Endres, Resonanzpädagogik, Weinheim 2016.

könnte meinen, es sei selbstverständlich für den Lehrenden, die Mechanismen des eigenen Tuns zu durchschauen und engagiert Neues im Umgang mit den Kindern zu erproben. Es ist aber nicht selbstverständlich. Das Selbstverständliche muss wiederentdeckt werden.[129] Wir Erwachsenen sind Kinder der alten Schule, in der die Förderung autodidaktischer Initiativen nicht die höchste Priorität hatte. Man hört so oft: Ja, ich hatte einen Lehrer, der hat mich verstanden, dem habe ich viel zu verdanken. Oder: Mich hat Schule nicht interessiert, nur Deutsch, da war ich bei der Sache. Es reicht nicht, wenn im Angebot für die Lernenden eine Lehrkraft ist (oder vielleicht auch zwei), die den Ansprüchen genügt. Es reicht auch nicht, wenn man als Lernender ein Fach hat (oder vielleicht auch zwei), in dem ermutigendes Lernen stattfindet. Schule muss ein positiver existenzieller Erfahrungsraum werden. Und das ist möglich.

Die Produktivkräfte des Lernens sind eigentlich Produktivkräfte schulischer Arbeit. Sie kennzeichnen schulisches Geschehen, von Lernenden und Lehrenden. Selbstwahrnehmung, Engagement, Freundlichkeit, Leichtigkeit in der Bewegung, meditative Praxis und praktische Intelligenz sind omnipräsente und omnipotente Stimulanzien. Sie erfüllen den Handlungsraum Schule und den spirituellen Raum Schule. Sie erzeugen stets einen Mehrwert, wenn sie wirken. Sie sind wie ein Fluidum, das alles Geschehen umspült und inspiriert. Sie repräsentieren keine Normativität, weil diese den Menschen allzuoft demotivierend, manchmal angsteinflößend entgegentritt und eine Zwangskultur erzeugt. Individuelle Hochleistungen und Geistesblitze führen zu klimatischen Aufhellungen wie Widrigkeiten, Entgleisungen und Störungen zu klimatischen Eintrübungen. Es sind Ereignisse derselben Atmosphäre. Von der Wirksamkeit der Produktivkräfte aufseiten der Lehrenden hängt es ab, ob es immer wieder zu Wetterberuhigungen kommt, in denen man sich auf die Kraft des langen Atems verlassen kann. Jedenfalls erzeugen diese Produktivkräfte keinen starren Raum, sind keine Zwangsinstrumente, keine starren

[129] Siehe auch: Moshé Feldenkrais, Die Entdeckung des Selbstverständlichen, Frankfurt a.M. 1985.

Normen. Sie sind dynamisch. Sie nicht wirksam werden zu lassen, bedeutet, sie gezielt zu unterdrücken oder sie zu vernachlässigen, indem sie keine Beachtung finden. Wir unterdrücken sie auch, wenn wir Wirksamkeitsresultate definieren, wenn wir z.B. sagen: Selbstwahrnehmung ist erfolgreich, wenn wir Mathematik gut finden; Engagement verdient eine gute Note, wenn der eingeklagte Fahrradweg gebaut wird; oder die ausreichende Bewegungskompetenz beginnt mit dem Felgaufschwung. Das alles ist nicht gemeint. Dennoch herrscht eine Erwartung vor. Die Vernachlässigung ist nicht akzeptabel. Das gilt für Lernende und Lehrende. Die Eintrübung des Lernklimas hat Folgen. Man darf in der Sache erfolglos sein, aber die Vernachlässigung der subjektiven Produktivkräfte ist nicht folgenlos. Laissez faire, also Gleichgültigkeit, findet nicht statt. Je mehr Kinder in ihrem kurzen Leben kraftlos geworden sind, umso mehr Menschen brauchen wir, um zu helfen, dass die noch so geringen Kräfte genutzt werden. Es ist der Grundirrtum der traditionellen Schule, dass subjektive Kräfte durch gesteigerte Normativität ersetzt werden können. Damit würde nur das weitere Scheitern des Lernens gefördert. Der berühmte „Tritt in den Hintern", der in den vielen Rückblicken auf den richtigen Weg zurückgeführt habe, ist entweder die nachträgliche Verklärung einer Anpassung an die normative Lehre oder man enthielt die Zuwendung, die nur drastisch ausdrückt, was in Wahrheit eine Hilfe zur Selbsthilfe war. Wenn wir für die Wirksamkeit der Produktivkräfte sorgen, ebnen wir den Weg in die Autonomie, die Selbsttätigkeit, die Autodidaxe, in die Demokratie. So wird Schule zur Schule der Demokratie. Jeder kann es beobachten: Wenn Kinder erstmals eine Schule betreten, sind sie bereit, sich zu entdecken. Sie befinden sich in Vorfreude. Diese Spannung darf sich nicht abnutzen. Sie muss sich vielmehr steigern.

Wenn wir das Augenmerk auf die Produktivkräfte des Lernens richten, unterlaufen wir niemals die Komplexität des Lernens. Wir übersetzen die Komplexität nicht in falsche lineare Bewegungen: erst das, dann das, dann das. Schulen, die sich auf diese fachdidaktische Strategie beschränkten, sind dafür verantwortlich, dass es heute unter

Erwachsenen eine verblüffende Unkenntnis fachlichen Wissens gibt. Es fehlen Rückkopplungen, Selbstbezüglichkeiten, die Selbstverständlichkeit sich selbst spiegelnder dynamischer Prozesse im Lernen. Formen der Selbstwahrnehmung und Formen der äußeren Aktivität müssen ineinander spielen. Von dieser komplexen Dynamik hängt ab, ob und wie curriculare Erwartungen wirken.

Individualisierung und der Denkfehler

In der modernen Pädagogik geistert ein Zauberwort herum: Individualisierung. Es war auch meines, war und ist es in bestimmter Hinsicht auch noch. Das Wort stand und steht auf dem Banner derjenigen, die sagen: „Schluss mit der curricularen Gleichmacherei. Jedes Kind ist anders, jedes Kind ist besonders." Recht haben sie. In jeder noch so ausgelesenen Lerngruppe spiegelt sich die Heterogenität eines Jahrgangs bis zu 70%.[130] Nun kommt aber der Hammerschlag, der die Lehrenden zum Taumeln bringt. Konsequenterweise müsste nun jedes Kind als Einzelkind betrachtet und behandelt werden. Die Klasse von 26 bis 30 Kindern als Familie von 26 bis 30 Einzelkindern. Lehrende wären dann nicht die Hofmeister von ein oder zwei adeligen Kindern, sondern von einer großen Zahl solcher singularisierten Kinder. Das kann nicht funktionieren. Worin liegt der Denkfehler? „Individualisierung" tritt in einem verbreiteten Verständnis als Anspruch auf, jedes einzelne Kind wie ein Einzelkind zu versorgen. Im Idealfall passe ich das Curriculum auf jedes einzelne Kind an, gebe ihm individualisiert Aufgaben, individualisiert Hilfen, individualisiert Tests, führe individualisiert Elterngespräche etc. Vieles davon macht man tatsächlich. Vieles davon führt über die Grenzen der Belastbarkeit der Lehrenden hinaus. Das Ergebnis ist nicht selten der Zustand der Erschöpfung, der Verlust an Freude und Freiheit im pädagogischen Handeln. Wenn ein neues Kind in die Klasse kommt, ist das die zusätzliche Auseinandersetzung mit einem weiteren biografischen Kosmos. Wenn es sich dann um ein Kind handelt, das anderswo schon gescheitert ist,

---

130 Die Zahl habe ich aus einem Vortrag des Bildungsforschers Jürgen Baumert auf einem Bildungskongress in Kiel.

kann man sich die Stimmungseintrübungen der Lehrkraft vorstellen. Das alles macht aber den Denkansatz nicht falsch: Jedes Kind lernt individuell, jedes Kind denkt und empfindet vor dem Hintergrund seiner Selbstkonstruktionen. Wenn wir Eltern sind, wollen wir – selbstverständlich –, dass das berücksichtigt wird. Wenn wir Lehrkräfte sind, können wir das – selbstverständlich – nur als Überforderung empfinden.

Große Hoffnung wird in die Rolle der Computer gesetzt. Es gibt gar die Vision, dass der Computer zum Coach in Permanenz wird. Er soll wie ein selbstlernender Roboter wirken, der in der Lage ist, in das System des menschlichen Zöglings hineinzukriechen. Er werde sich dann komplett auf individuelle Bedürfnisse und individuelle Notwendigkeiten einstellen. Er ist dann sozusagen der unmenschliche Resonanzboden für den Lernenden. Dieser Lehrer-Computer wird Monster erzeugen. Dieses Konzept ist der Versuch, eine Antwort darauf zu finden, dass menschliche Beziehungen, wo auch immer, scheitern können und oft scheitern. Bei Kindern führt das häufig zu Lernstörungen. Beziehung auf dem Feld des Lernens zu vermeiden, ist eine denkbar schlechte Lösung, nach dem Motto: lieber keine Beziehung als eine schlechte. Hier kann man gar nicht laut genug den Bildungsforscher Hattie zitieren: Auf den Lehrer kommt es an! Computer sind für Kinder faszinierend, weil sie u.a. auch Werkzeuge sind. Wenn sie zur Erziehungsinstanz werden, die vermeintlich immer das Richtige tut, dann werden sie zu einem Unterdrückungssubjekt. Nein, Computer sind eine große Chance. Sie sind wunderbare Werkzeuge, um eine zweckmäßige Individualisierung zu unterstützen. Mehr aber auch nicht.

Der Denkansatz der Individualisierung ist in der Tat nicht in der traditionellen Schule einlösbar. Wenn wir eine demokratische Schule organisieren wollen (also nicht mehr in der Rolle von Hofmeistern sind), werden wir das Lernen anders denken müssen. Der demokratische Zentralismus des Lehrens ist keine Option. Zu viele Lernende bleiben unter ihren Möglichkeiten. Wenn man so will, brauchen wir eine soziale Marktwirtschaft des Lernens. Und auf dem Feld des Lernens ist – wie im Ideal von Adam Smith – jeder Produzent. Ein streng regulierter Markt muss dafür sorgen, dass jeder ausstellen kann. Jeder hat einen Anspruch auf Resonanz, die gleichzeitig ein Feedback ist. Lehrende sind wie Banken, die Kredite vergeben, also Glauben an die Nutzung der eigenen Produktivkräfte der Lernenden. Konkurse gibt es nur temporär. Das Sozialsystem Schule sorgt immer für angemessene individuelle Hilfe. Keiner wird aber aus der Verantwortung entlassen, seine Freiheit zu nutzen. Das Ziel ist immer, dass die Freiräume wachsen. Wachstum ist in dieser Schulgesellschaft immer Wachstum an produktiv genutzter Freiheit. Schulen, die strukturelle Wachstumsprobleme haben, stehen unter großem Rechtfertigungsdruck. Politisch Verantwortliche auch. Individualisierung ist also nicht zentral steuerbar. Sie geschieht in einem Raum, in dem die Produktivkräfte des Lernens Wachstumsmotoren sind.

„Intelligenz der Praxis"[131]

Wenn Sie mir in weiten Zügen folgen, stellt sich uns folgende Frage: Wie soll die Orientierung an den Produktivkräften des Lernens konkret, pädagogisch-praktisch alltagstauglich werden? Sie begründen eine Pädagogik, die die „Selbst"-Qualitäten stärken soll, ohne einer Beliebigkeit zu verfallen. Sie setzen einen Rahmen, der klimatisch die besten Voraussetzungen für Geistesblitze schafft und vor allem Angst vor dem Versagen vermeidet. Die Fähigkeit zur inneren Ruhe wird als wichtige Lernvoraussetzung ernst genommen. Lernende können sich selbst vertrauen, indem sie wissen, dass sie scheitern dürfen, ohne dafür mit schlechten Noten bestraft zu werden. Sollten Fluchtbewegungen, Vermeidungsverhalten, energetische Verödungen und Versandungen erkennbar sein, lösen sie bei den Lehrenden höchste Alarmstufen aus. Wenn für das Lernen „Persönlichkeit" eine zentrale Kategorie ist, wie Gerhard Roth sagt, Persönlichkeit als Ganze aber nicht

131 Reinhard Kahl, Die Intelligenz der Praxis. Lust aufs Lernen, DVD, Archiv der Zukunft 2014. Weitere Filme von Reinhard Kahl über besondere schulische Konzepte und Projekte findet man auf dessen Homepage und der des „Archivs der Zukunft" (www.archiv-der-zukunft.de).

pädagogisch fassbar ist und wir auch nicht der Gefahr einer diffusen Persönlichkeitsmetaphysik erliegen wollen, dann haben wir in den Produktivkräften des Lernens beobachtbare Dimensionen von Persönlichkeit vor uns. Der Entwicklungsstand der Produktivkräfte des Lernens sagt etwas darüber aus, wie es die Schule schafft, Anregungsraum für Selbsttätigkeit zu werden.[132] Das Kriterium für besondere Hilfe findet sich in dem Entwicklungsstand der Produktivkräfte. Die Wahrnehmung von Lernenden wird insofern erleichtert, als ein Versagen immer als Ausdruck unterentwickelter Produktivkräfte erscheint, sodass für den Lehrenden der Bedarf an Entwicklungshilfe leicht erkennbar ist. Und die Schule wird sich der Frage stellen müssen, ob die Lernarrangements ausreichend sind.

Man könnte von einer Intelligenz der Praxis sprechen. Diesen Begriff habe ich dem „Archiv der Zukunft"[133] entliehen, auf das ich unten noch genauer eingehe. Ich habe oben schon Begriffe wie Klima, Fluidum, Atmosphäre verwendet, um den Lernraum zu charakterisieren. Wenn man gute Schulen betritt, dann spürt man all dies. Wenn wir eine Zwangskultur auch ablehnen, in der definitiv nicht gelernt wird, allenfalls das Falsche und Schlechte, so gibt es doch den Habitus einer Schule[134], einen verbindlichen Rahmen, in dem Praxis intelligent werden kann. Wir wissen aus alter kritischer (Frankfurter) Schule, dass Praxis blind machen kann. Ich habe oben schon von der Notwendigkeit gesprochen, kritischen Abstand zu Gewohnheit und Mechanik herzustellen, weil sie eng und träge machen. Im Habitus wirksamer Produktivkräfte besteht diese Gefahr nicht. In diesem Habitus wird ein Gewohnheitssystem als Sicherheitshorizont geschätzt, aber im Grunde auch stetig aufgebrochen. Sloterdijk schreibt über die jedem Könnensbereich inhärente Vertikalspannung (eine anderer Begriff für den Griff nach den Sternen):

---

132 Diesen Gedanken finden wir schon bei Kant und Fichte.

133 Ein 2007 gegründetes Netzwerk mit dem Ziel, Beispiele gelingenden Lernens ausfindig zu machen und zu exponieren.

134 Peter Sloterdijk, Du mußt dein Leben ändern, Frankfurt a.M. 2009, S. 276 ff.

> „Sie erläutert, wie es möglich ist, dass gerade das, was schon recht gut gelingt, den Sog des Besseren verspürt, und warum das vorzüglich Gekonnte im Attraktionsfeld eines noch höheren Könnens steht. Die authentische Form der *habitus*-Theorie beschreibt den Menschen in aller Diskretion als Akrobaten der *virtus*."[135]

Dass der Mensch das Zeug zum Virtuosen hat, versteht sich danach von selbst. Sloterdijks skeptische Ausführungen zum Basislager des Lernens möchte ich nicht gelten lassen als Beschreibung von Schule. Schule sollte Basislager sein. Dort sind Ambitionierte, die über sich hinaus wollen, die Gipfel im Auge haben, nicht um sich dort niederzulassen, sondern um neue Ausblicke und Horizonte zu gewinnen. Wie wir von Bergsteigern wissen, kommen sie alle nicht mit denselben Erfahrungen zurück. Es hängt schon davon ab, was sie mental mitnehmen auf den Weg nach oben. In der Regel scheint bei aller Unterschiedlichkeit der Gewinn aber so groß, dass fast alle irgendwann wieder aufbrechen. Das ist eine Praxis, die zu neuer Praxis inspiriert. Wir werden am Porträt des „Archivs der Zukunft" sehen, dass Praxis nicht beklemmend und zur Gewohnheit wird, wenn die Produktivkräfte des Lernens am Werk sind. Wenn wir eines durch PISA gelernt haben, dann doch Folgendes: Ein Wissen und Können muss so verankert sein, dass es praktisch wirksam werden kann. Das bedeutet auch, dass Lernen selbst zu einer Praxis werden muss, die die gesamte Persönlichkeit erfordert und herausfordert. Man könnte auch sagen: Theorie und Praxis bilden im Lernen eine Einheit.

Der Produktivkräfte-Ansatz enthält damit noch einen weiteren Vorzug. Die Wirksamkeit der Produktivkräfte des Lernens wäre die realistische Bedingung für maximale Unentfremdetheit in einem Zeitalter höchster Differenzierung, Arbeitsteilung und Ausbildung von Spezialkenntnissen. Im Lernsubjekt zumindest erfüllt sich trotz dieser gesellschaftlichen Lebensbedingungen ein Anspruch auf Ganzheitlichkeit. Das gelingt aber nur, wenn man erstens die Entfaltung der Produktivkräfte des Lernens an die erste Person bindet (alles andere wäre auch widersinnig) und wenn man zweitens Raum und Zeit gibt

---

135 Ibid., S. 291 f.

für alle Formen des Engagements, also der äußeren Aktivität, und für alle Formen der Besinnung und Muße, also der selbstreflexiven Aktivität. Damit können wir die Schublade der Utopie öffnen und selbst in Zeiten technokratischer Selbstverluste in einem humanen Sinne handlungsfähig bleiben. Lebenssinn wäre nicht oberflächlich an Karriere und an ein finanzielles Maß gebunden, Lebenssinn kann entstehen, ob wir Handwerker, Literaturwissenschaftler oder gar beides werden. In der Entwicklung der Produktivkräfte des Lernens werden soziale Vernetzung und individuelle Autonomie nicht nur friedlich, sondern auch produktiv miteinander auskommen.

Eine Sache zu Ende bringen

Ich möchte noch einmal auf den Begriff der Würde[136] in der alltäglichen Praxis zurückkommen. Wie kann man sich innerlich gegen alle Versuche, seine Würde anzutasten, wappnen, d.h., wie kann man sich so stärken, dass man in seiner Würde wirklich unantastbar ist? Was kann man tun, dass man am Ende wie Eca in „Nachtzug nach Lissabon" sagen kann: „Um seine Würde zu verlieren, müsse man sie selbst verspielen."? Gibt es eine Praxis, in der das ohne nervende Appelle, sozusagen im alltäglichen Vollzug, gleichsam im Kleinen gelernt werden kann?

Es gibt viele Faktoren, die positive Selbsterfahrungen als Bedingung für die Entstehung von Würde ermöglichen. Ich möchte einen Faktor herausheben, der konkret fassbar ist und der sich nicht diffus in einer Würde-Metaphysik verliert. Es ist das alles überragende Manko der traditionellen Schule, die sich überwiegend auf das Stundengeben beschränkt, dass die Erfahrung des Zu-Ende-Bringens unterschlagen wird. Schule muss so organisiert werden, dass Lernende stets die Erfahrung machen, dass die Arbeit an einer Sache einen Beginn und ein Ende hat, und zwar nicht irgendwie, sondern meinen Beginn und mein Ende. In dem Ergebnis einer Arbeit drücke ich mich aus. Im Gelingen und im Scheitern. Diese Erfahrung ist der Modus, in

136 Siehe das Kapitel über Gelassenheit, Muße und Meditation.

dem sich die Produktivkräfte des Lernens entfalten. Selbst das Konzept der Gestaltung von Unterricht in Unterrichtseinheiten erfüllt nur in Ausnahmefällen den Anspruch, etwas zu Ende zu bringen. Das liegt in den meisten Fällen an der Gleichschrittigkeit des Tuns. Es gibt den Startschuss und den Schlussgong. Die einen haben es geschafft, die anderen nicht. Das ist fast immer so, z.B. bei Experimenten im naturwissenschaftlichen Unterricht, bei weltkundlichen Aufgaben oder bei Textproduktionen. Wie oft endet der Unterricht mit dem Lehrersatz: „Den Rest macht ihr zu Hause." Für die meisten heißt das Abbruch. Und die meisten lernen aufgrund dieser Arrangements, dass es nicht auf das Ende ankommt. Aufgaben werden häufig wahrgenommen wie Arbeitsbeschaffungsmaßnahmen, nicht wie das Arrangement von Ereignissen, die gespannt machen auf das Ergebnis, das Ende. Hausaufgaben haben in vielen Fällen eine desaströse Wirkung auf das Lernen als kreativen Vorgang mit langem Atem. Es hängt vom Niveau der Produktivkräfte des Lernens ab, wie lang der Atem der Lernenden ist, um etwas auch über Durststrecken hinweg zu Ende zu bringen. Wenn Kinder von sich aus abbrechen, beklagen Lehrkräfte das subjektive Versagen oder das mangelnde Durchhaltevermögen. Sie beklagen aber nicht, dass in der Schule viel getan wird, dass diese Kompetenzen nicht kultiviert werden. Was also muss getan werden, dass es eine Selbstverständlichkeit wird, eine Sache zu Ende zu bringen, die man begonnen hat? Das Entscheidende ist natürlich, dass eine Sache ein erkennbares Ende hat, das mehr ist als die Summe von erledigten Einzelaufgaben. Es muss ein besonderes Können oder eine besondere Erkenntnis sein, die in jeweils individueller Ausprägung sichtbar werden. Es muss etwas entstehen, an dem man sich erfreuen kann oder über das man sich auseinandersetzen kann. Ein Misslingen muss transparent werden. Das Leben tut manchmal weh. Wer nicht scheitern gelernt hat, wird vermutlich leichter seine Würde verlieren als der, der die Möglichkeit immer im Kalkül hat. Im Moment des Misslingens, im Umgang mit Scheitern zeigt sich die Qualität von Lernenden, Lehrenden und der Schule. Es gibt viele Syndrome, die an dieser Stelle auftreten können: Angst vor Konflikten, Opportunismus, das Ende aller Gelassenheit, Angriff als Form der Selbstverteidigung, ein Schlechtreden des Anderen, der zum Konkurrenten wird, üble Eskalationen. Es hängt auch hier vom Niveau der porträtierten Produktivkräfte ab, ob der Vorgang des Lernens im Moment des Misslingens abgebrochen wird. Die traditionelle Schule tut vieles, um ein Misslingen in der Sache zum Scheitern der Person auswachsen zu lassen, auch wenn es die Lehrenden subjektiv nicht wollen. Es gibt dann sehr schnell die Ausbildung einer neuen Hochkultur: den Bluff. Ich kann mich an meine Studienzeit erinnern, als der Bluff, also die Simulation von Wissen und Können, ein großes Thema wurde. Es war insofern für uns brisant, da es mit unserer Würde zu tun hatte und nur in zweiter Linie mit unserer kognitiven Weiterentwicklung. Wir waren dabei, in Konkurrenz und intellektueller Selbstbehauptung unsere Würde zu verspielen. Man arbeitete so, dass man in der Sache unantastbar werden wollte. In seiner Würde wurde man damit aber antastbar. Der beste Schutz ist, sich am Ende einer Arbeit mit seinen Ergebnissen zu zeigen, womöglich auch mit seinem Scheitern. Dazu müsste aber in der Schule grundlegend umgedacht werden.

Manfred Spitzer möchte deswegen Fächer wie Kunst, Musik, Theater zu Hauptfächern machen, weil in ihnen diese Erfahrung des Zu-Ende-Bringens auf besondere Weise nachvollziehbar gemacht werden kann. Böse Zungen unterstellen gern, es handele sich um eine Vorliebe für Leichtes, für Dinge, die wenig anstrengend seien. Das Gegenteil ist richtig. Es ist allemal ein Gebot der Würde, als Lernender Beachtung und Anerkennung für seine für alle sichtbare Leistung zu erhalten.

„Archiv der Zukunft" oder wie Fantasie praktisch wird

Der Gestaltungsfantasie auf der Basis der Produktivkräfte des Lernens sind keine Grenzen gesetzt. Dazu brauchen wir Optimismus als Grundlage für Optimierung und auch den langen Atem. Es gibt einen Verein, der beides hat, den langen Atem und den Optimismus ins Hier und Jetzt. Er trägt den Namen „Archiv der Zukunft".

Im Kapitel „Einstimmung auf den pädagogischen Optimismus" habe ich in Anlehnung an Francois Jullien vom Versandungsprozess im Leben gesprochen und die Frage gestellt, wie sich Schule an diesem Prozess beteiligt. Das ist aber kein Naturgesetz. Wir erinnern uns vielleicht: Mit viel Freundlichkeit wurden wir ins Leben gerufen. Wir wurden als Babys durch Lächeln zum Lächeln gebracht. Handeln und Freude waren stets ein unzertrennliches Paar. Die Stimmigkeit zwischen den beiden Elementen dieses Paares findet sich sprachlich wieder: Kon-Takt, Sym-Pathie, Inter-Esse.[137] Die Melodie des Lebens, von der Reinhard Kahl als Vorsitzender des „Archivs der Zukunft" immer wieder spricht, wird erprobt und kultiviert. Um die Musikalität des Lebens geht es dem Verein. Er beklagt den Verlust an Musikalität im Prozess des Lernens, im System der traditionellen Schule und damit die Entfremdung von dem, was uns mit Freude groß und innerlich reich werden lässt. Was steht am Anfang: die Musik und das Lied oder die Note und das Notensystem? Steht am Anfang die Erfahrung des Waldes oder die Analyse des Baumblattes? Steht am Anfang der Kon-Takt oder die Norm, das Ereignis oder die Grammatik einer Sache, die Unmittelbarkeit oder die Abstraktion? Der Verein sammelt alle Erfahrungen, in denen Kontakt zwischen Lernenden untereinander und zwischen Lernenden und Sachen ernst genommen wird. Es entsteht intuitiv eine Grammatik des Lebens, die etwas anderes ist als die Grammatiken der Fächer und der Sprache. Das „Archiv der Zukunft" sammelt Beispiele von Orten, an denen wieder sichtbar wird, was in Vergessenheit geraten ist: Lernen als Leben-Lernen. Diese Orte sind Kindergärten, Schulen und Initiativen, in denen die Klangwelten des Lebens nicht der Schwere einer Normativität zum Opfer fallen. Dabei geht es nicht um eine Regression in paradiesische Stimmigkeit. Das Leben ist widerständig, wie Manfred Spitzer in einem Vortrag des Vereinskongresses sagt. Man wird das Leben am Ende nur bewältigen, wenn man auch die Grammatiken der Wirklichkeit beherrscht. Eine Sache zu beherrschen, einen Vorgang zum Ende, zum Erfolg zu

[137] Auf diese Bedeutungsaspekte bin ich gestoßen bei: Stefanie Maeck, Berührung durch das Unberührbare: Singularität und Expressivität in der Dichtung aus der Perspektive des Narzissmus, Würzburg 2008.

bringen und damit zum Ereignis zu machen, ist aber nicht das Ergebnis einer Zwangskultur, sondern einer Disziplin, die von der Sache her kommt. Ich kann nur wiederholen: Etwas zu Ende führen zu wollen ist der Schlüssel zur Kunst des langen Atems. Deswegen sagt Spitzer ja auch, Musik, Sport, Theaterspiel, Kunst sollten Hauptfächer sein. Das „Archiv der Zukunft" hat Beispiele gesammelt, in denen das gelingt. Die Pointe, bei denen die Folkloristen gerne weghören, ist, dass die jungen Leute dadurch nicht lebensuntüchtig werden und auch keine kognitiven Mängelwesen, sondern im Gegenteil. Leider ragen die vorgestellten Beispiele immer noch aus der Normalität heraus. Man kann sie wie Heldengeschichten lesen. „Unglücklich das Land, das Helden nötig hat." Auf diesen Gedanken von Brecht wird man angesichts der Standardwirklichkeit gestoßen. Mutige Schulleiterinnen und Schulleiter, mutige Kollegien nutzen die Gunst der Stunde, um das Lernen auf neue Füße zu stellen, um sich freizumachen von administrativen Vorgaben und in der Schule neue Klangwelten entstehen lassen. Den Mut haben zu sollen, sich seines eigenen Verstandes zu bedienen, ist allerdings keine so neue Aufforderung.

All die porträtierten Schulen, ob in Bremen, Potsdam, Wiesbaden, Göttingen oder Hamburg, wissen eins: Die Emotionalität von jungen Menschen ist nicht hintergehbar. Es entsteht immer große Freude im Gelingen und keine Angst vorm oder im Scheitern. Wenn Kinder keine Chance haben, die Emotionen produktiv werden zu lassen, dann kommen sie destruktiv zur Geltung. Wenn ältere Herrschaften auf Partys über die Schule reden, dann geht es meistens ums Emotionale. Man spricht über empfundene Ungerechtigkeiten, über die Heldentaten bei Störungen, das Sitzenbleiben als Großtat, das Unter-dem-Tisch-Lesen, das Versagen in Mathematik usw. Es geht in diesen Reden um Emotionen, auch um Emotionen als Störmanöver. In diesen Emotionen durften sie Subjekt sein. Wie gesagt: Emotionen sind nicht hintergehbar. Was machen nun die porträtierten Schulen anders? Wie machen sie das Emotionale produktiv und konstruktiv? Sie kooperieren mit einem bekannten Sinfonieorchester; sie bilden Profile mit schwerpunktmäßig musisch-künstlerischen Akzenten; sie arbeiten in manchen Bereichen jahrgangsübergreifend; sie lassen Theaterspielen, und zwar mit langem Atem, nicht als kurze Episode; sie bilden kleine Arbeitseinheiten mit einem hohen Grad an Selbstverwaltung und damit Selbstverantwortung; sie machen umfangreiche Expeditionen mit großer körperlich-psychischer Anstrengung; sie kultivieren eine Anbaufläche und nutzen sie das ganze Jahr über; sie lassen Kinder alljährlich entscheiden, welche Projekte sie machen – nicht für eine oder zwei Wochen, sondern das ganze Jahr über. Es gäbe noch viel aufzuzählen. Den Schulen ist gemeinsam, dass sie Raum schaffen für Geistesblitze, Emotionen und den langen Atem.

Sympathisch macht den Verein „Archiv der Zukunft", dass er nicht der Gralshüter des richtigen Modells oder der richtigen Theorie sein will. Nein, er will Geschichten des Gelingens erzählen. Erzählung statt Modell. Und ob etwas gelingt, kann man an den Lernenden sehen, wie sie leibhaftig agieren, nicht an den Noten. Filme geben Auskunft, nicht schriftliche Proklamationen. Filme, die einfach Lust aufs Lernen und Lehren machen, weil sie die Signatur der Freude in sich tragen.

Hirnforscher, die an der Lösung pädagogischer Probleme interessiert sind, melden sich in dem Verein zu Wort. Sie fordern eine Praxis, die auch mich zu den Überlegungen dieses Buches inspiriert hat. Viele fordern eine andere Schule, zumindest eine andere schulische Praxis. Viele Pädagogen sagen zwar, das hätten sie schon alles gewusst. Schade aber, dass sie nie eine andere Lernkultur eingefordert haben. Dann wäre das glaubwürdiger. Es wurde in früheren Kapiteln schon immer darauf hingewiesen, dass es in der Geschichte pädagogischen Denkens und pädagogischer Praxis Vorläufer für die Akteure im „Archiv der Zukunft" gab, pädagogisch denkende Philosophen und philosophisch denkende Pädagogen. Und es ist sicher kein Zufall, dass mit Richard David Precht wieder ein Philosoph für Wirbel in der pädagogischen Landschaft sorgt.[138] Und natürlich sind die Reflexe bekannt: „Nichts Neues!" oder „Keine Ahnung vom Schulalltag!" oder

---

[138] Richard David Precht, Anna, die Schule und der liebe Gott. Der Verrat des Bildungssystems an unseren Kindern, München 2013.

„Idealist!“ oder oder … Die Schulfolklore muss nicht lange überlegen, um ihre Pfeile aus dem Köcher zu holen. Ein Argument muss dabei immer wieder herhalten: Man darf mit Kindern keine Experimente machen. Wie dick muss das Fell sein, um nicht zu merken, dass unsere Kinder in den Schulen nicht auf den Inseln des Glücks leben. Es gibt gute Gründe, sich aus dem Bann der Schulfolklore und einer komplizenhaften Professionalität zu befreien. Das „Archiv der Zukunft“ trägt dazu bei.

Zum Archiv für eine bessere pädagogische Praxis sind noch weitere Netzwerke zu zählen, die einen beachtlichen Fundus an innovativen pädagogischen Erfahrungen zu bieten haben. Im „Blick über den Zaun“ sind viele Schulen verbunden, in denen sich um eine glücklichere und erfolgreichere Praxis bemüht wird. Vertreter dieser Schulen hospitieren untereinander, weil sie neben ihrem besonderen Engagement auch bereit sind zu Kritik und Selbstreflexion. Ein Netzwerk von Preisträgerschulen des Deutschen Schulpreises entsteht gerade. Und die Deutsche Schulakademie hat sich ebenfalls auf die Fahnen geschrieben, gelingende Praxis zu dokumentieren und zu exponieren. Gute Praxis muss ermutigen und Wellen schlagen.

Ordnung und Freiheit

Die neue Schule enthält, nachdem wir unser von Schulfolklore und falscher Profession kontaminiertes Wissen ausgeleert haben, dennoch viel positives Wissen aus der alten Schule. Über eins darf es bei aller individuellen Begeisterung keinen Zweifel geben: Es entstehen neue Ordnungen. Einzelwille und Allgemeinwille fallen nicht immer glücklich zusammen. Wenn man sich das nicht bewusst macht, entstehen furchtbar viele Enttäuschungen. Der Biologe und Philosoph Andreas Weber schreibt in seinem Buch „Biokapital. Die Versöhnung von Ökonomie, Natur und Menschlichkeit“:

„Denn das Problem des Lebens, allen Lebens, ist es immer, innerhalb einer grundsätzlichen Polarität zu vermitteln, die Gegensätze von Ordnung und Freiheit auszugleichen."[139]

Die Gefahr der alternativen Praxis in der Schule liegt darin, dass wir dazu neigen, sie schönzureden, wenn wir sie mühsam eingeführt haben. Die Erfahrungen alternativer Praxis lagen nicht selten darin, dass eine Polarität verloren gegangen ist, dass der eine Pol „Ordnung, Verbindlichkeit, Überschaubarkeit, Disziplin" zugunsten des Pols „Freiheit, Offenheit, Spontaneität" vernachlässigt wurde. Subjektiv verständlich angesichts einer höchst problematischen Tradition, in der die Schule nicht wirklich in der Demokratie angekommen ist, hat diese Vernachlässigung doch auch problematische objektive Effekte gehabt.[140] Wichtig ist die Herstellung einer Polarität als Bedingung für die Wirksamkeit von Spannung. Wenn Lernende nicht mit einem freien Raum umgehen können, in dem sie sich verlässlich und selbstständig bewegen können, dann brauchen sie individuelle Hilfe, und zwar verbindliche Hilfe. Sie müssen lernen, Freiräume für sich zu nutzen. Das hört sich paradox an, ist es aber nur theoretisch. Es ist aber eine performative Selbstverständlichkeit. „Die Freiheit des Menschen ist unantastbar" ist ein ähnlicher Satz wie „Die Würde des Menschen ist unantastbar". Beides realisiert sich nicht metaphysisch, sondern praktisch, nicht in Reinkultur, sondern mit Widersprüchen. Man muss beides lernen, wie z.B. auch Glück und Toleranz.

Es darf einer Schule niemals egal sein, wenn Lernende aussteigen oder (selbst)destruktiv werden. Die individuelle Hilfe muss allerdings höchsten Ansprüchen genügen. Der traditionelle Förderunterricht eignet sich dann nicht, wenn der Stoff des Unterrichts nur noch einmal wiederholt wird. Entweder verweigern sich Lernende auch

---

139 Andreas Weber, Biokapital. Die Versöhnung von Ökonomie, Natur und Menschlichkeit, Berlin 2010, S. 22.

140 Die verheerende Praxis in der Odenwald-Schule hat zudem die Idee der Reformpädagogik stark belastet und die Schulfolklore triumphieren lassen. Leider haben dabei auch renommierte Wissenschaftler wir Jürgen Oelkers mitgespielt. Wenn ein Versagen von einzelnen Schulen traditioneller Provenienz immer solche Effekte der Totalabrechnung hätte, dann gäbe es überhaupt keine Schulen mehr.

hier, weil sie häufig in Zusatzstunden das noch einmal machen müssen, von dem sie meinen, dass sie es nicht können und nicht interessiert. Oder sie lernen, dass es im „regulären" Unterricht eh nicht drauf ankommt. Von einem Schüleraustausch wissen wir, dass in der befreundeten Schule eines anderen Landes der Schulunterricht so gering geschätzt wurde, dass man sich strukturell auf einen abendlichen Privatunterricht einstellte, auf den sich die Kinder z.T. während des Unterrichts am Morgen vorbereiteten. Nein, es kommt auf die Anwesenheit von Freiraum und damit von Selbstverantwortung an. Dieser Raum muss wachsen. Er wächst, indem für die Lernenden Selbstreflexion und Intentionalität eine Selbstverständlichkeit werden. Auch die anderen Produktivkräfte müssen Entfaltungsraum bekommen. Auf sie alle kommt es an. Ihre Entfaltung entscheidet darüber, ob Lernen erfolgversprechend ist. Der Erfolg drückt sich in der Entstehung einer inneren Ordnung aus. Ordnung entsteht im Lernprozess und kann nicht bloß appellativ eingefordert werden. Die Entstehung von Ordnung setzt immer zumindest ein Minimum von Freiheit voraus. Man muss sich klar machen, dass, wenn Kinder Freiräume nur destruktiv nutzen, sie Opfer eines fehlgeleiteten Lernprozesses sind. Wir haben es hier mit „erlernter Hilflosigkeit" zu tun, wie Frank Schirrmacher diagnostiziert.[141] Das ist keine Banalität. Wer im Zustand erlernter Hilflosigkeit ist, wird eigene Probleme nicht lösen können und auch nicht zur Lösung der Probleme der Welt beitragen. Es ist nun mal so, dass ein falsches Lernen unglaublich viel Energie, Zeit und erzieherische Hilfe braucht, um korrigiert zu werden. Wir dürfen deswegen auch mit Offenheit im Lernprozess nicht dogmatisch umgehen. Es besteht auch hier die Gefahr permanenter Selbstverfehlung, so wie Kinder vom Curriculum und vom Frontalunterricht verfehlt werden können. Wie kann man die Selbstverfehlung vermeiden? Durch Selbstreflexivität. Ohne systematische Selbstwahrnehmung führt Offenheit in den Zustand der Leere.

Eine schlechte primäre Erziehung von Eltern, ErzieherInnen und Lehrkräften führt letztlich zu mehr als den doppelten Kosten. Die

[141] Frank Schirrmacher, Ungeheuerliche Neuigkeiten, München 2014, S. 60.

Kosten einer unzureichenden Primärerziehung waren vergebliche Ausgaben und die korrigierende schulische Praxis kostet – wenn man Schule ernst nimmt – mindestens noch einmal so viel wie die Standardpraxis. Ich kann es nur wiederholen: Die Orientierung an den porträtierten Produktivkräften würde einen Großteil der schulischen Probleme nicht entstehen lassen und die Zufriedenheit der Lernenden mit den eigenen Tun deutlich erhöhen. Auf ein dänisches Beispiel möchte ich noch hinweisen, um zu verdeutlichen, dass es teuer wird, wenn man Zeit nicht rechtzeitig nutzt. Ulrich Schnabel berichtet davon.

> „Dort gibt es die sogenannten Folkehojskolen (die mit der deutschen Volkshochschule nur den Namen gemein haben). Sie bieten Schulabgängern die Möglichkeit, sich vor dem Einstieg ins Arbeitsleben oder ein Studium erst einmal zu orientieren und die eigenen Talente zu erproben. ‚Finde raus, worin du gut bist', lautet der Leitspruch dieser 76 Erwachseneninternate (für die sich alle EU-Bürger bewerben können), unterrichtet werden vor allem ‚brotlose' Künste wie Musik, Philosophie, Literatur, Theater und Kunst. Rund vier Monate leben, lernen und schlafen die Jugendlichen in der Folkehojskole, ein Zeugnis gibt es nicht, dafür haben die Studenten am Ende viele Erfahrungen gesammelt, neue Freunde gewonnen und oft wieder Lust aufs Lernen bekommen, die ihnen in der Schule genommen wurde."[142]

Ein wenig pervers ist es schon, dass die Zeit, in der gelernt werden soll, eine Folgezeit braucht, um die verlorene Lernfreude wieder zu entdecken. Zusammengefasst lässt sich sagen, dass die Größe des Raumes für Selbsttätigkeit das Maß für den Bildungserfolg jedes Einzelnen und einer Schule insgesamt ist. Man sollte angesichts der unterschiedlichen Ausgangslagen der Menschen in den einzelnen Schulen besser von dem Wachstum der Größe des Freiheitsraumes sprechen, um die Qualität einer Schule zu beschreiben.[143]

---

142 Schnabel, Muße, S. 217.

143 Man muss immer wieder daran erinnern, dass eine andere Pädagogik keine Erfindung der Gegenwart ist. Der Bildungshistoriker Tenorth verweist im Gespräch mit Alexander Kluge auf die großen pädagogischen Ideengeber zur Zeit der Wende vom 18. zum 19. Jahrhundert, die, soweit sie Rang und Namen hatten, „Schule als Anregung zur Selbsttätigkeit" verstanden. Das galt für Rousseau, Kant, Humboldt und Fichte. Kant formulierte es wie für die Ewigkeit: „Bildung ist die Kultivierung der Freiheit beim Zwange." Zwingend ist die Aufgabe, die sich aus einer Sache ergibt. Und Alexander Kluge assistiert in einem Gespräch mit Tenorth: „Ohne Motiv taugt alles Können nichts." Und er meint natürlich damit, dass jeder Mensch für sein

Geistesblitze, Emotionen und langer Atem oder Lernen als stärkstes Antidepressivum

Menschen lehren und Menschen lernen. Und Menschen muss es gut gehen, wenn sie das erfolgreich tun wollen. In der Lehrerbildung könnten die porträtierten Produktivkräfte exzellent auf den Beruf orientieren. Sollte jemand Lehrender werden, der sich selbst nicht in den Blick nehmen kann, der nicht weiß, was er tut, wenn er etwas tut, der nicht konzeptionell denken kann und intentional auf die Welt einwirken will, der nicht zur Freundlichkeit als klimatischer Grundstimmung fähig ist, der auf der Flucht vor sich selbst ist, der nicht seiner autonom genutzten Intelligenz vertraut und der nicht die Bewegungsfreude hat, die einer Versteifung der Lebensführung entgegenwirkt?

Für die Pädagogik, die sich aus der Depressionsfalle befreien will, stellen sich die Fragen: Nutzen wir unsere Freiheit oder nur die kleinen Freiheiten? Denken wir die Menschen groß oder klein? Nutzen wir wirklich praktisch, was wir über das Lernen wissen? Wenn wir Letzteres verneinen müssen, bleiben wir Gefangene. Im Gegensatz zu den Höhlenmenschen in Platons Gleichnis haben wir eine Ahnung von der Gefangenschaft. Das macht nicht glücklich. Wir haben die Ahnung, dass wir Handelnde sein könnten. Wenn wir es dann nicht sind, macht es noch unglücklicher. Der Klageton wird zum kultivierten Ausdruck dieses Zustandes. Wir werden in der traditionellen Schule nicht mehr das Heil finden. Wenn etwas nicht gut ist, wenn etwas misslingt, müssen wir nach vorn denken. Das ist ein Gebot der Humanität und hat aber auch – Gott sei Dank – ökonomische Gründe. Eine ökonomische Gesamtrechnung wird in der Regel vermieden. Womöglich müsste man sich selbst auf die Schliche kommen, dass man allzu sehr in kleinen Zeithorizonten denkt, und bemerken, dass die Beharrung auf dem mythischen Kern der alten Schule ideologisch nicht mehr taugt. Die Bildungsökonomie verdiente noch einmal gesonderte Ausführungen.

Handeln einen plausiblen Grund braucht, womit wir wieder bei den Produktivkräften Engagement und Selbstwahrnehmung angekommen sind.

Noch wichtiger ist mir aber in meinem Zusammenhang, dass der Humanismus nicht nur papierne Bedeutung behält, sondern praktisch wird. Kinder werden auf ihre eigenen Kräfte verwiesen, mit denen sie ihren Lebenssinn schaffen. Das ist das Gegenteil von Entfremdung und Beliebigkeit. Das ist so normativ wie die Würde des Menschen oder bescheidener die Freiheit der Berufswahl und die Freiheit, mein Wahlkreuz dort zu machen, wo ich es für richtig halte. Pädagogik ist insofern die Schwester der Philosophie, als in ihr praktisch werden muss, was Martha Nussbaum philosophisch-politisch einklagt:

1. Menschen haben eine Seele, die man nicht verletzen darf. Wie viele Kinder erleben Niederlagen, die sie nicht begreifen und die seelische Zerstörungen anrichten.
2. Menschen müssen demokratisch partizipieren, wenn Demokratie mehr sein soll als eine leere Form.

Schule ist der Ort, an dem zur Freiheit befähigt wird. Wie viele Kinder werden zu Vollzugsorganen curricularer Vorgaben und verlieren sich und die Welt damit aus den Augen. Stammtischgerede mag eine Charakterschwäche sein, es ist aber ebenso sehr Ausdruck einer fehlenden Kraft zur demokratischen Partizipation. Diese wurde womöglich nie gelernt.

Geistesblitze, Emotionen und der lange Atem: Wer mit diesen Dimensionen des Lebens vertraut ist und sie sich zutraut, der wird sich selbst nicht klein denken. Wer diese Dimensionen genießen kann, ob als Lehrender oder als Lernender, der wird mit sich in Kontakt sein, der wird einen inneren Fluss spüren. Schule hat die Aufgabe, das Leben zu verflüssigen. Wenn sich Haltungen verfestigt haben (also die Haltung des Ängstlichen, des Miesepeters, des Stänkerers, des Schuldzuweisers, des Verweigerers, des Selbstlosen, des Selbstsüchtigen), helfen keine Argumente. Man hat nur die Chance, Gelegenheit zu geben, andere Erfahrungen zu machen.

Metakompetenzen entscheiden darüber, ob erfolgreich gelernt werden kann. Wer keine Frustrationstoleranz, keine Selbstdisziplin, keine Freundlichkeit entwickelt, wird nur unter Zwang lernen. Das aber ist kein selbstwirksames Lernen. Wenn man die Produktivkräfte des Lernens aus dem Blick verliert, verliert man sich selbst aus dem Blick. Die Schule muss das ideelle Zentrum der Gesellschaft sein und sie muss – in anderer Form, aber sichtbar – die Kathedralen alter Zeit ersetzen. Erst dann wird Schule wirklich demokratisch. Die empirischen Realitäten werden dennoch widerständig genug sein. Wenn zwei Sätze den spannungsvollen Raum des Aufwachsens in der Kindheit und Jugendzeit umgrenzen, dann folgende:

1. Lernen ist die Vorfreude auf sich selbst.[144]
2. Glück ist, zu sich selbst zurückzukommen und nicht zu erschrecken.[145]

Das muss im pädagogischen Alltag praktisch werden.

Den ersten Satz verstehen wir noch gut, der zweite ist schon schwieriger. Er knüpft an die Produktivkräfte der Selbstwahrnehmung und der Muße, Gelassenheit und Meditation an. Jede Selbstwahrnehmung ist ein Zurückkommen zu dem, was man getan hat, und das ohne Angst. Es ist also das Gegenteil von Vermeidung. Das Sich-Aushalten in der Muße oder die Selbstversenkung in der Meditation sind Vorgänge, die zeigen, dass man mit sich im Reinen ist oder ins Reine gekommen ist. Und aus jeder gelungenen Rückkehr erwächst wiederum eine Vorfreude.

Gedankenexperiment

Damit Sie sich auf ein Gedankenexperiment einlassen können und nicht gleich an einer Blockade scheitern, vor allem wenn Sie Entscheidungsträger sind, möchte ich mit einer Vorbemerkung beginnen. Es traten in der Geschichte immer wieder pädagogische Theorien auf, die nicht beherrscht waren von ökonomischen Kalkülen oder von gesellschaftlichen Bedarfszwecken bzgl. bestimmter Kompetenzen. Wäre diesen Theorien bildungspolitisch gefolgt worden, hätte das zunächst erhebliche Mehrkosten für den Staat bedeutet, aber die mittelfristigen Erfolge im humanistischen Sinne wären ebenso erheblich gewesen. Pädagogik darf keinem Konjunkturmuster folgen. Pädagogik hat sich

---

144 Nach Peter Sloterdijk.
145 Nach Walter Benjamin.

zunächst an einem Humanitätsanspruch zu orientieren. Pädagogik folgte in der Regel aber primär der Ökonomie, besser: der kurzfristig kalkulierenden Ökonomie. Das dreigliedrige Schulsystem war ein ökonomisches Postulat. Sie war wie eine bildungspolitische Haut, die aufzuschneiden zu Schmerzensschreien führte. Sie suggerierte einen nahezu mythischen Identitätscharakter. Die Lehrerzuweisung folgte bildungsökonomischen Traditionen, nicht bildungspädagogischen Notwendigkeiten. Pädagogische Ansprüche sind dieser Ökonomie geopfert worden.

Wenn man auch nur erwägt, die Bildungseffekte erzielen zu wollen, die ich erläutert habe, wenn man humane Bildung wirklich ernst nimmt, also den Menschen zur selbstbestimmten Persönlichkeit erhebt und damit einen Hauch von gesellschaftlicher Transzendenz im Sinne der Humanisierung von Gesellschaft ins Spiel bringt, dann denkt man Bildungspolitik neu. Dann würde die Rhetorik nahezu jeder Partei („Bildung voran", „Mehr Bildung") politische Praxis werden. In dieser Rhetorik geht es gegenwärtig jedoch fast immer um Quantitäten. Ich hoffe sehr, deutlich gemacht zu haben, dass es damit nicht getan ist. Ich möchte, dass nicht gleich die Größe der Veränderung als Grund ihrer Unmöglichkeit angesehen wird, genährt von den trivialen Wahrnehmungen der Schulfolklore. Ein Weitermachen wie bisher – allenfalls durch pseudoaktive Manipulationen verschleiert – wird hingegen die eingangs beschriebenen Probleme verstärken. Ich möchte nicht sagen, wie Schule definitiv zu sein hat. Vielmehr möchte ich Ressourcen beschreiben, die zwangsläufig Schule positiv verändern werden. Sie lassen aber praktische Spielräume. Ich möchte die Umrisse für meine Version der Nutzung dieser Ressourcen darstellen, aber auch darauf hinweisen, wie viele praktische Möglichkeiten es sonst noch gibt.[146]

Um eine Reform, die den Namen verdient, zu stimulieren, möchte ich Sie also zu einem Gedankenexperiment einladen. Das Experiment

---

[146] Siehe die vielen Beispiele aus „Archiv der Zukunft". Siehe auch die Schulen, die sich in dem Verein „Blick über den Zaun" verbunden haben.

besteht aus zwei Teilen, die aber jeweils nicht ohne den anderen funktionieren. Sie müssen zusammen gedacht werden.

Wir stellen uns einmal vor, die politischen Parteien meinten es mit ihren Bildungsoffensiven ernst. Sie würden wirklich die Größe des menschlichen Gewinns in einer verbesserten Bildung im Blick haben und dem Versprechen zeitfernerer positiver ökonomischer Effekte vertrauen. Sie verpflichten sich, nach einer Legislaturperiode ihr Regierungsmandat abzugeben, wenn die oben beschriebenen Symptome[147] der subjektiven Verwahrlosung, vom Analphabetismus über fehlende Impulskontrolle bis zu pathologischen Stresssymptomen, und der objektiven sozialen Randständigkeit nicht verschwunden sind, zumindest nicht deutlich sichtbar minimiert wurden. Es werden die Mittel mit absoluter Priorität bereitgestellt, die nötig sind, um eine Schullandschaft im Sinne des dargestellten Zieles zu verändern. Geschieht das nicht, verlieren Parteien und Politiker das Regierungsmandat und dürfen für fünf Jahre das Wort Bildung nicht mehr verwenden. Zugleich verpflichten sich Medien, Bildung nicht mehr als Ersatzreligion zu missbrauchen. Jedem Wirtschaftsredakteur, der sich etwas grundsätzlicher zu den Problemen des Landes und der Welt äußert, wird verboten, das Wort Bildung als leere Formel an der Stelle in den Text einzufügen, an der er eine Lösung der Probleme benennen sollte. Es sei denn, er beschreibt haargenau, wie Bildung entstehen soll, um Menschen zu befähigen, Probleme zu lösen.

Wir stellen uns für den zweiten Teil des Experimentes vor, die am Lernprozess beteiligten Pädagogen würden nach Maßgabe ihres Erfolges bezahlt. Auch hier gilt als Kriterium für Erfolg die Beseitigung der angesprochenen Probleme. Die Schulen sind ausgestattet, wie es nötig ist, um im Sinne meiner Überlegungen allen Lernenden zu einer selbstwirksamen Lebensführung zu verhelfen. Wir stellen uns vor, dass es uns gelingt, Bedarfsstände für jede Schule zu ermitteln. Je höher die Zahl der Lernenden, die in ihrer Fähigkeit zur Selbstwahrnehmung, zum Engagement, zum autonomen Gebrauch ihrer Intelligenz,

[147] Siehe oben: „Zweite Einstimmung auf pädagogischen Optimismus“.

zum freundlichen Umgang, zum produktiven Alleinsein und zur Beweglichkeit noch geschwächt sind, umso höher die individuelle Zuwendung. Niemand muss in der Kultivierung dieser Fähigkeiten aufgrund mangelnder personeller und sachlicher Ausstattung aufgegeben werden. Die Versorgung der Schulen ist also gut. Die Verpflichtung der Lehrenden auf einen Erfolg im Sinne der Lernenden ist also keine Zumutung. Wir stellen uns vor, es gäbe Indikatoren, die den Fortschritt erkennen lassen. Wie gesagt, die Lehrenden werden nach Maßgabe ihres Erfolges bezahlt. Bei stetigem Misserfolg droht die Schließung der Schule.

Das Gedankenexperiment hat natürlich nur eine heuristische Funktion. Es soll zeigen, dass, wenn es uns wirklich auf Bildung ankäme, wenn wir es wirklich ernst meinten mit der Wissensgesellschaft, wir diese in relativ kurzer Zeit entstehen lassen könnten.

Den Politikern, die als Regierende wiedergewählt werden wollen, sei gesagt: In Brennpunktschulen verdoppelt sich nahezu der Bedarf an Personal so lange, bis es keine Brennpunktschulen mehr sind. Beziehung, die nicht zu Hause gelernt und kultiviert wurde, muss in der Schule nachgelernt werden. Dee Joy Coulter hat in ihrem Buch „Original Mind – Anfängergeist und Bildung"[148] dargestellt, dass auch nach einem schlechten Start ins Leben nichts unmöglich ist. Auf Beziehung kommt es an. Und natürlich auf Verbindlichkeit. Es müssen Menschen bereit stehen, die neben großer Freundlichkeit (oder besser: infolge großer Freundlichkeit) auch große Konfliktfähigkeit besitzen. Jeder Mensch braucht das Empfinden, auf ihn komme es an. Dieses Empfinden hat mit Selbstwert und damit mit Würde zu tun. Wenn wir das nicht ermöglichen, müssen wir uns auf Kompensationsstrategien dieser Menschen einstellen. Die Kosten, die dann entstehen, sind sehr viel höher als die Investitionen in Bildung. Verschwiegen werden darf nicht, dass es den berühmten zweiten Pädagogen gibt. Das ist der Mitschüler. Die kategorische Trennung von Kindern ist unglaublich kontraproduktiv. Sie ist nur ein Gebot von Privilegierten, die gar nicht

---

148 Dee Joy Coulter, Original Mind – Anfängergeist und Bildung, Burgrain 2014.

wissen, wie borniert sie sind, wenn sie nicht möchten, dass ihre Kinder mit Kindern anderer sozialer Schichten in Berührung kommen. Sie verordnen ihren eigenen Kindern geradezu eine menschliche Verarmung. Die schon oben angesprochene Initiative in Hamburg „Wir wollen lernen" ist nicht nur bildungspolitisch Ausdruck einer Verirrung, sie ist Ausdruck eines moralischen Desasters. Was hätte der große Kant dazu gesagt? Von Rousseau ganz zu schweigen.

Den Lehrenden sei gesagt: Wir sind an vieles gewöhnt, selbst an unser Unglück. Wir sind im Laufe der Jahre zum Teil der Schulfolklore mutiert. Das Lehren kann so wunderbar sein. Die Angst vor schwierigen Schülerinnen und Schülern ist so überflüssig. Die Freizeit könnte so viel erfüllter sein, wenn nicht aussichtslose Kämpfe auf uns warten oder große Stapel von Korrekturen, deren Wirkung höchst fragwürdig ist.

Wir würden, angetrieben von der Versuchsanordnung des Gedankenexperiments, in zehn Jahren unsere Bildungslandschaft nicht wiedererkennen. Die Gesellschaft würde aus den Schulen so viele positive Impulse empfangen, dass auch sie nicht wiederzuerkennen wäre.

V. Wie meine Schule aussehen könnte

Was würde ich als Schulleiter nun tun, um zu erreichen, dass die Lehrenden entsprechend meinem Experiment ihr maximales Gehalt bekommen? Das Experiment ist dummerweise an eine Verfassungsänderung gebunden. Aber wir können es ja einfach als mahnenden Hintergrund denken, wenn wir eine neue schulische Praxis entwerfen.

Ich stelle das dar, was ich für möglich halte, wohl wissend, dass die gestalterischen Spielräume groß sind und je nach Temperament und politischer Diskussionskultur unterschiedlich genutzt werden können. Ich weiß, dass es imposante Schulen gibt, in denen das Profil der traditionellen Schule kaum wiederzuerkennen ist, die Villa Monte z. B. oder die Beatenberg-Schule, beide in der Schweiz angesiedelt. Diese Schulen wären für mich kein Modell, aber der Beweis, dass es ein besseres Lernen gibt, als es in deutschen Lehrerschmieden gedacht wird. Die Praxis meiner Schule weiß von der Sehnsucht der Eltern, ihren Kindern möge es gut gehen, sie mögen das Rüstzeug fürs Leben mitnehmen, indem sie Leben lernen und indem sie das Können erwerben, das auf Mehrwert angelegt ist, das also produktiv wird. Aber ich weiß auch von der Angst der Eltern, ihre Kinder würden wichtige Kompetenzen verfehlen. Ich weiß also von den Resonanzproblemen. Daraus ergibt sich meinerseits auch eine Vorsicht, die sich mit der Leidenschaft, eine bessere Schule begründen zu wollen, in einer Balance befindet. Viele werden das nicht radikal genug finden. Aber man muss nicht mutig sein wie Ulrike Kegler, die Leiterin der Montessori-Gesamtschule in Potsdam, oder standhaft wie Angelika Knies, die Leiterin der Anne-Frank-Schule in Bargteheide. Diese Schule hat 2013 den Deutschen Schulpreis gewonnen. Alle Pädagoginnen und Pädagogen dieser Welt können jedoch dafür sorgen, dass Kinder die Produktivkräfte ihres Lernens nutzen. Folgendes würde ich dem Kollegium, den Eltern und den Lernenden vorschlagen und mit ihnen diskutieren. Vieles aus meiner alten Schule geht in diesen Vorschlag ein.

Die Diskussionen werden leidenschaftlich sein und zu Modifikationen führen.[149]

Ich formuliere zunächst einige Leitsätze und dann einige Gestaltungsgrundsätze.

Leitsätze:

1. Die Produktivkräfte des Lernens sind Dreh- und Angelpunkt schulischer Arbeit. Die Entfaltung dieser Produktivkräfte hat einen Vorrang gegenüber curricularen Vorgaben. Curriculare Vorgaben verselbständigen sich jedenfalls nicht, sind kein Selbstzweck, sondern immer funktional gebunden. Die Produktivkräfte als Existenziale optimierenden Lernens sind also immer Bezugspunkt pädagogischer Praxis der Schule. Spielräume liegen nicht auf dieser Ebene, sondern auf der Ebene der konkreten Aktivierung dieser Kräfte.
2. Jedes Kind wird in dem Optimismus unterstützt, dass es prinzipiell die Produktivkräfte des Lernens entwickeln kann. Es gehört zu seiner Intelligenz, sich Gründe für Optimismus zu erarbeiten. Vermeidungsverhalten jeglicher Art wird als Hilferuf gesehen und führt zu einer gesteigerten individuellen Fürsorge. Der Lernende ist immer in der Erste-Person-Perspektive, aus der er so wenig herauskommt wie aus seiner Haut. Die eigene Stimme zu kultivieren, die eigenen Worte zu finden ist ein Lernprozess, der sich als Emanzipationsprozess verstehen darf.
3. Die Schule stellt den Raum für die Komplexität des Lernens her. Kinder betreten den Raum, um ihre Lernfähigkeit zu steigern und ihre Persönlichkeit zu entwickeln. Die Lernangebote sind dementsprechend komplex. Sie vermeiden die Annahme einer falschen Linearität und einer trügerischen Kausalität.

[149] Ich weiß um die Vorläufigkeit meiner Überlegungen. Die Inklusions- und Integrationskonzepte werden, wenn sie ernstgenommen werden, noch einmal belebende Effekte in die Schullandschaft bringen. Schule wird sich radikal verbessern müssen oder an den anstehenden Aufgaben scheitern. Siehe auch die Überlegungen in der Deutschen Schulakademie: www.deutsche-schulakademie.de

Gestaltungsgrundsätze:

1. In jedem Jahr arbeiten die Lernenden an einem Projekt von gesellschaftlicher Relevanz (in weitestem Sinne) und mit gesellschaftlicher Resonanz. Die Resonanz zeigt sich a) in der öffentlichen Wahrnehmung der Ergebnisse und b) im Versuch, die Ergebnisse für eine gesellschaftliche Nutzung zu sondieren. Diese Projektarbeit erfolgt innerhalb und außerhalb der Schule. Lernen wird damit zu einem selbstbestimmten und nicht fragmentierten Vorgang, in dem Lernende sich als solche in den Blick bekommen.
2. Für Fachunterricht wird weniger Zeit aufgebracht. Fachunterricht im Sinne tradierter Lehrerbildung steht für überholtes, z.T. ineffektives Lernen mit vielen Kollateralschäden. Dennoch bleibt er in unserer Schule erhalten. Aber mit sehr viel weniger kognitivem Leerlauf. Fachliche Arbeit besteht aus einer Mischung aus „angeleitet-instruktiv", „geregelt-kooperativ" oder „autodidaktisch motiviert".
3. Sowohl der Schultag als auch das Schuljahr bekommen andere Rhythmen als in der traditionellen Fachunterrichtschule. Alles, was der Selbstvergessenheit in einem monotonen Fluss des Lehrens und Lernens anheimfallen könnte, wird vermieden. Man steigt immer wieder aus diesem Fluss heraus, um – epochal und schwerpunktmaßig fokussiert – besondere Arbeitsanstrengungen vorzunehmen. Für autodidaktische Initiativen (auch jahrgangsübergreifend) werden Zeitfester geschaffen, ebenso für individuelle Hilfen bzgl. bestimmter Inhalte und Kompetenzen.
4. Neue Erfahrungs- und Lernfelder entstehen: a) Alle Aktivitäten werden vom Lernenden selbst registriert. Kein Lernender verlässt die Schule am Nachmittag, ohne die Wirkungen dieser Aktivitäten in der subjektiven Wahrnehmung zu bilanzieren. Diese Bilanzierung kann souverän selbstgesteuert erfolgen oder mit individueller Hilfe. Hierbei handelt es sich um eine Pflicht. b) Es entstehen Zeitfenster für spirituelle Selbsterfahrung (im Sinne

Thomas Metzingers). Jeder hat das Recht, einen inneren Ruhepunkt zu finden und zu pflegen als Bedingung für selbstreflexives und engagiertes Handeln.

5. Es entsteht eine besondere Präsentations- und Feedback-Kultur. Die Relevanz des lernenden Handelns wird in der Resonanz der Ergebnisse erfahren. Lehrerkorrekturen und Noten verlieren ihren absolutistischen Charakter. Die Heterogenität der Lernenden wird in der Feedback-Kultur genutzt. Lernende beurteilen sich gegenseitig und lernen mit Differenz konstruktiv umzugehen.
6. Alle drei Figuren, der Forscher, der Künstler und der Manager, bekommen Entfaltungsmöglichkeit. Theater, Musik, Kunst, Weltkunde, Naturwissenschaft werden entweder epochal oder als Profiltag einen Schwerpunkt bilden.
7. Wir wissen darum, dass individuelles Glück und individuelle Gesundheit vom Grad der Verfügung über die eigene Arbeit und Arbeitszeit abhängen. Wir führen die Lernenden mit großer Behutsamkeit an diese Fähigkeit der Selbstverfügung heran, wohl wissend, dass die Fallen des Sich-Verlierens allgegenwärtig sind.
8. Lehrkräfte mit voller Stundenzahl verlassen am Nachmittag die Schule und haben mit den Lernenden zusammen den folgenden Tag vorbereitet. Wenn sie die Schule verlassen, haben sie den Kopf frei. Lernende sind auch bei der Gestaltung des Schulalltags in der Verantwortung und wachsen damit über sich als Lernende hinaus (es handelt sich hierbei um eine Keimform der Lehrerbildung).
9. Es gibt Arrangements mit Vereinen vor Ort. Vor allem Sportvereine übernehmen wichtige Aufgaben im Hinblick auf die Kultivierung von bestimmten Sportarten. In der Schule wird mithilfe von Physiotherapeuten an der Bewegungskompetenz gearbeitet. Jedes Kind hat die Möglichkeit in höchster Intensität an seinen Bewegungsspielräumen zu arbeiten und eine Sensibilität

für den eigenen Körper zu entwickeln. Das geschieht im Bewusstsein, dass Körper und Psyche nicht zu trennen sind.

10. Wir lernen von und mit Galerien, Museen, Theatern, Stadtbüchereien, Orchestern, Musikschulen, Verbänden und sozialpolitischen Initiativen der Umgebung. Das gesellschaftliche Umfeld kultiviert sich parallel zur Entwicklung und Praxis der Schule.
11. Die Schule ist eine Ganztagsschule. Wenn die Lernenden die Schule um 16.00 Uhr verlassen, sind sie mit allem fertig, was mit der schulischen Arbeit direkt zu tun hat. Es beginnt dann die Zeit komplett individuell gewählter Aktivitäten. Noch wichtiger aber: Es beginnt die Zeit der Muße. In dieser Zeit ereignen sich Dinge, die nicht kalkuliert oder geplant sind. Hier lernen Kinder das Flanieren durch Zeit und Raum. Unsere Schule wird viel davon gewinnen. Als angstfreie Schule nehmen wir die Anregungen auf, die in dieser Zeit des zwanglosen Flanierens entstehen. Verengungen, schmerzhafte Erfahrungen, Stresszustände, die in dieser Zeit entstehen, sind durch unsere Schule nicht entstanden, aber auch nicht zu verhindern. Wir haben aber ein offenes Ohr. Alle geistigen Aktivitäten in der Schule werden auch zum Spiegel außerschulischer Erfahrungen.

Für Lernende, die aufgrund des Niveaus ihrer Produktivkräfte des Lernens durch einen instruktiv-kontrollierten Rahmen eher gebremst würden, muss es möglich sein, auf besondere Weise autodidaktisch zu arbeiten. Schule wird zu einer Arbeitslandschaft, in der es sehr vielfältig zugeht, die aber dennoch für jeden Einzelnen überschaubar bleibt. Die Klasse ist ein Basislager, in dem systematisch gelernt wird und von dem Expeditionen verschiedener Art ausgehen. Es gehört zum Konzept, dass die Expeditionen auch kooperative Lernunternehmungen zwischen Lernenden unterschiedlicher Leistungsstärken beinhalten. Das geht alles nur, wenn sich Kinder als Lernsubjekte verstehen und nicht in erster Linie als Träger von mehr oder weniger ausgebildeten Fachkompetenzen. Das geht auch nur, wenn sich Lehrkräfte als Lehrsubjekte verstehen, die u.a. auch besondere Kompetenzen in einzelnen Fächern haben.

Man wird sich fragen, ob ausreichend Zeit gegeben ist, um z. B. die Regeln der Inhaltsangabe, die binomischen Formeln, die grammatischen Regeln oder Kristallbildungen zu lernen. Die Zeit, die jetzt zur Verfügung steht, ist eine viel intensiver genutzte Zeit. Im Klassenbuch wird man die Behandlung von weniger Unterrichtsstoff als bisher registrieren. Entscheidend ist, dass sich die Simulation von Lernen verringert, dass die Nachhaltigkeit des Gelernten vergrößert wird, dass die didaktischen Entscheidungen viele autodidaktische Impulse auslösen. Die Qualität von Schule erweist sich immer am Grad der autodidaktischen Effekte. „Intensiver genutzte Zeit" ist kein Trugbild, wenn man vom Status quo weiß, dass die Leistungsschwächeren in der Regel einen recht großen Zeitanteil nicht bei der Sache sind, aber beim Bluffen und Simulieren den größten Lernzuwachs erzielen. Die Leistungsstärkeren kommen in der Regel mit weniger Zeit aus, um die Grundlagen eines neuen Stoffes zu erfassen.

Was ist zu tun, wenn die angemessene Finanzierung ausbleibt, wenn es kein bildungspolitisches Umdenken gibt, wenn sich das pädagogisch Notwendige im Alltagskleinklein verliert?

1. Ständig darauf hinweisen, dass den politischen Entscheidungsträgern nicht an dem pädagogisch Notwendigen gelegen ist und dass Bildung nicht ernst genommen wird.
2. Innerschulisch die Zeiten mutig neu aufteilen. Wenn man nicht einfach mit allen bekannten Negativeffekten weitermachen will wie bisher, kommt man nicht darum herum, Kinder so zu stärken, dass sie Gründe für Optimismus haben und selbstbewusst und selbstständig arbeiten. Es muss immer bewusst bleiben, dass Lernprozesse stets solche des einen Ich sind. Das ist mehr, als gut in Mathe, Deutsch etc. zu sein.
3. Alles nutzen, was an Kompetenzen im Dunstkreis der Schule vorhanden ist. Die Aktivierung des schulischen Umfelds für die innerschulischen Prozesse stärkt die schulische Arbeit und sensibilisiert die Gesellschaft für das Lernen.
4. Nutzung aller schulrelevanten Angebote der Umgebung: Sportvereine, Musikschulen, Feuerwehr, Rotes Kreuz etc. Gründung

eines Sozialfonds, um im Falle finanzieller Knappheit der Eltern zu helfen.

5. Kooperative und Netzwerke gründen oder den bestehenden sich anschließen, wie z.B. „Blick über den Zaun", „Archiv der Zukunft", die Deutsche Schulakademie, Preisträgerschulen des Deutschen Schulpreises, Verband für Schulen des gemeinsamen Lernens (GGG).[150]

Aber: Nie Punkt 1 vergessen. Jeder Politiker muss Grund haben, sich zu schämen, wenn er das Wort Bildung in den Mund nimmt, ohne es praktisch ernst zu nehmen. Und es soll keiner sagen, das Geld stünde nicht zur Verfügung. Schon die Steuern, die – enthüllt 2014 – über Arrangements in Luxemburg vermieden wurden, hätten in Deutschland das gesamte Inklusionskonzept finanziell tragfähig gemacht. Die Steuern auf das Geld, das – enthüllt 2016 – über die Firma Mossack Fonseca in Panama versteckt wurde, von den vielen anderen Steueroasen ganz zu schweigen, würde das Bildungsproblem der Welt verkleinern, wenn nicht verschwinden lassen. Man darf sich also empören, besser aber engagieren.

---

150 www.blickueberdenzaun.de
www.archiv-der-zukunft.de
www.deutsche-schulakademie.de
www.ggg-bund.de

PS: Wie man am Ende der Dienstzeit aus seinem eigenen Schatten tritt

An mehreren Stellen meines Buches habe ich mich darüber beschwert, dass kluge Köpfe inspirierende Visionen ausbreiten, aber überhaupt nicht in Erwägung ziehen, wie innovative Kräfte entstehen. Ich habe mich also darüber beschwert, dass Visionen nicht an die Kraft des Lernens gekoppelt werden. Mein Buch sollte dazu beitragen, diese Lücke zu schließen.

Nun stellt sich aber auch folgende Frage: Ist dieses Lernen an eine frühe Phase des Lebens gebunden oder wirken die Produktivkräfte des Lernens zeitlebens?

Stellen wir uns einen Schulleiter vor, der in Pension gegangen ist. Er ist a.D., außer Dienst. Er übt seinen Beruf nicht mehr aus. Nun weiß man, dass es nicht viele Dienste gibt, die so viel Engagement und Innovation abverlangen wie das Amt des Schulleiters. Man hat für starke Routinen zu sorgen und gleichzeitig reicht die personelle Ausstattung nie, um der Komplexität der Aufgaben gerecht zu werden. Immer hat man das Gefühl, dass Unterrichts- und Schulentwicklung neue Impulse benötigen, umso mehr, da politische und gesellschaftliche Veränderungen unmöglich in alten Strukturen aufgenommen werden können. Man schaue nur auf die Veränderungen der Jugendkulturen und -subkulturen, die Inklusion, die Flüchtlingsintegration etc. Wer da nicht außerordentlich engagiert, reflektiert, mit aller praktischen Intelligenz der Welt freundlich zugewandt ist und wer da nicht erfolgreich um den inneren Ruhepunkt ringt, der wird es schwer haben. Wir stellen uns einmal diesen Schulleiter vor, der sich mit unterschiedlichem Erfolg um diese Produktivkräfte bemüht hat, der sich bei dem Spagat zwischen Routine und Innovation auch manche Zerrung zugezogen hat und der sich allerdings in seiner Tätigkeit nie die Frage nach dem Sinn stellen musste. Sie verlor sich manchmal in einem selbstvergessenen routinierten alltäglichen Tun oder beantwortete sich von selbst in innovativem Handeln.

Und nun plötzlich der Schnitt. Was wird aus diesen Produktivkräften des Lernens, von denen es in diesem Buch heißt, dass sie nicht nur das Lernen befeuern, sondern auch das Leben intensivieren?

Die Verlockung ist groß, sich in ein neues Engagement zu stürzen. Aufgaben liegen auf der Straße: Armut, Klimakatastrophe, Randgruppen, Flüchtlinge. Aber unser Schulleiter a.D. merkt, dass es nicht geht. Er stellt fest, dass es in seinem früheren Engagement doch einen hohen Grad an Selbstvergessenheit gegeben hat. Die Frage eines sinnvollen und erfüllenden Tuns stellte sich ja vorher nicht automatisch. Niemand zweifelte am Sinn seines Tuns, am wenigsten er selbst. Es gab fast wie von selbst eine gute Balance zwischen stressenden und beglückenden Momenten. Als Schulleiter musste er nicht grundsätzlich über sich neu nachdenken, sich nicht gleichsam existentiell neu entwerfen. Insofern war die Zäsur nun eine schockartige Deautomatisierung. Er hatte keine Zeit zur Antizipation und für Übergänge gehabt. Ein umstandsloses Weitermachen in einem anderen Engagement wäre ihm wie eine Lernvermeidung vorgekommen.

Die Abwesenheit von Verpflichtungen war anfangs geradezu aufregend. Diese Aufregung wurde aber allmählich verdrängt von Automatismen, die in psychischer und körperlicher Form auf das Spielfeld des Lebens zurückkehrten und die Regie übernahmen. Es schien ihm, als wäre er früher in einem Aktivitätsmodus gewesen, der wie eine Fessel wirkt. Leben hieß doch, dass einem tausend Dinge durch den Kopf schossen und sortiert werden wollten. Dieser Modus wirkt wie eine Fessel der Moderne. Man bemerkt nicht, dass es auch eine Fessel ist, wie sie die Höhlenbewohner in Platons Gleichnis trugen. Die Frage nach dem Sinn des Lebens bedrängte seinen Geist, obwohl er doch glaubte, diese Frage sei mit der Pubertät erledigt. Die Frage fand schließlich auch keine Antwort. Nun weiß unser Schulleiter a.D. wieder konkret, wie in einem unreflektierten Alltag, in dem die Autopiloten das Kommando haben, Verhärtungen, Versteifungen und Versandungen eintreten. Er hatte also selbst zu lernen. Praktische Intelligenz war gefragt.

Diese Beobachtungen waren schon ein wichtiger Teil seiner Selbstwahrnehmungen und damit der Einstieg in ein neues Leben. Die Nervosität wurde zum Beobachtungsgegenstand. Die Nervosität war die Form, in der sich Unsicherheit und Zweifel zum Ausdruck brachten. In diesem Ausdruck zeigte sich, dass die alten kognitiven Strategien nicht mehr emotional beruhigten. Er musste also mit den neuen Unsicherheiten und Zweifeln leben lernen, um neue Wege zu finden. Er musste unbewusste Wissensquellen anzapfen. Guy Claxton zitiert Experimente, die die Ansicht nahelegen, „dass es nichts bringt, Erfahrungen in unsicheren Situationen aus dem Wege zu gehen. Denn solch ein Verhalten führt unweigerlich dazu, sich ausschließlich der kognitiven Denkweise zu bedienen, welche allerdings für verworrene Situationen weniger geeignet ist."[151] Claxton hält ein leidenschaftliches Plädoyer für das intuitive Denken, das ein umfassendes Wissen nutzt. Unser analytisches und absichtsorientiertes Denken steht immer in der Gefahr, dass es Erfahrungen und Empfindungen ausblendet und damit gerade zweckmäßige Ergebnisse verfehlt. Die Ausblendung hat zur Folge, dass das Ausgeblendete womöglich dominiert, ohne dass wir es bemerken. Claxtons Buch ist ein Hohelied auf das langsame Denken. Er erklärt:

> „Dabei ist es von allergrößter Wichtigkeit, Geduld zu haben – die Fähigkeit, Unsicherheiten zuzulassen, das Gefühl des Nicht-Wissens eine Weile auszuhalten, und dem geistigen Denkvorgang, den man weder beobachten noch in eine bestimmte Richtung lenken kann, Platz zu machen und seinen Lauf zu lassen."[152]

Nur ein Widerspruch: Beobachten, ja! Aber sehr wohl Komplexheit aushalten! Keine falschen Reduzierungen! Keine linearen Lösungswege!

Zeit für die von Claxton genannte Geduld hatte unser Schulleiter a.D. Aber hatte er auch die Lernkompetenz? Was für einen Lernenden im Schulalter gilt, gilt auch für unseren Schulleiter a.D. Er stellte fest, dass der Grundstrom der Freundlichkeit für ihn lebensnotwendig ist.

---

151 Guy Claxton, Der Takt des Denkens. Über die Vorteile der Langsamkeit, Berlin 1998, S. 137.
152 Ibid., S. 138.

Wenn er die Informationen aus der Welt aufnahm, gab es viele Gründe zu verzweifeln. Man muss die Welt doch verloren geben, wenn die Lebenseinstellungen sich nicht radikal ändern. Wer gibt schon zerstörerische Konsumgewohnheiten auf? Wo wird ernsthaft auf den Zwang zum Wachstum verzichtet? Wo wird ernsthaft eine Politik gegen die Spaltungen in der Gesellschaft betrieben? Sich diesen Informationen umstandslos auszusetzen, führt doch zur Misanthropie, zur wohlfeilen Erklärung: Wenn der Mensch so ist, wie er ist, dann ist das Ende der lebenswerten Welt in der Logik des Menschseins. Der misanthropische Alte wäre geboren! Wenn überhaupt noch eine optimistische Kraft im Spiel bleiben soll, dann ist sie auf die Anwesenheit der Freundlichkeit angewiesen. Die Lebensgrundlagen der Welt zu erhalten, der Barbarei und dem Fanatismus etwas entgegenzusetzen, gelingt nur, wenn Menschen den Menschen freundlich gesonnen sind. Alles andere ist tragisch. Alles andere wird zur pathetischen Anklage, die nur den objektiven Trend beschleunigt. Unser pensionierter Schulleiter schaut sich um bei denen, die sich um eine gelingende alternative Praxis bemühen. Und man sieht: Eine bessere Praxis ist immer an Freundlichkeit gebunden. Nur sie ist faszinierend und erzeugt weitere gute Praxis.

Was hieß nun intelligentes Handeln für ihn? Er hatte nicht die Absicht, sich neu als Politiker zu erfinden. Ohnmächtige Klagen über den Zustand der Welt kamen aber auch nicht in Frage. Aber was soll man tun, wenn die Zunahme an deprimierenden Informationen nicht in die misanthropische Selbstverständigung über das Elend der Welt führen soll? Es kam für ihn nur eine dosierte Berührung mit der Welt in ihrer Hässlichkeit in Frage. Er stellte fest, dass er sich entstricken muss, wenn er noch einen positiven Einfluss bewahren will. Die alternde Generation hat die Aufgabe, Hoffnung auszustrahlen. Sie hat die Aufgabe, ihre neue Freiheit gewissermaßen utopisch zu nutzen. Sie hat die Aufgabe zu zeigen, dass ein Leben ohne berufliche Verpflichtung etwas bereit hält, das sich nur als Lebenskunst erfassen lässt. Wenn auch die Kinderfrage nach dem Sinn des Lebens nicht mehr gestellt wird, so kann doch ein Leben geführt werden, das einen

Sinn geradezu selbstverständlich demonstriert. Alternde Menschen haben zu zeigen, dass es sich lohnt zu leben, dass das Leben schön ist, selbst wenn man das Elend nicht ausblendet. Alternde Menschen haben zu zeigen, dass sich das Leben im Alter erfüllt. Insofern wirken alternde Menschen zurück auf die Welt der Berufe, der professionellen Sinnlosigkeiten und sind auf diese Weise außerordentlich produktiv. Der Berufswelt entwachsende Menschen können der Berufswelt damit sehr gut tun.

Damit ist unser Schulleiter a.D. nun dabei, seine Leichtigkeit in seinem Bewegungsapparat zu erhalten, vielleicht auch neu zu gewinnen. Immerhin hat er nun Zeit dafür. Er kann auch neu seine meditativen Kräfte erforschen und stärken. Der Zeitnotstand war seine Alltagserfahrung, also Bestandteil seines Lebens. Zeitwohlstand tritt nun an seine Stelle. Sie will gelernt sein. Es muss ein Weg gefunden werden, wie man andere profitieren lässt. Produktiv wird das, wenn man den Berufstätigen auch Wege aufzeigen kann, wie sie Zeitwohlstand, also Entschleunigung, als Bedingung für erfolgreiche Berufstätigkeit gewinnen können, ja, wie Berufstätigkeit durch Zeitwohlstand der Gefahr der Versandung und Versteifung entgehen kann. Mein Buch soll ein Beitrag dazu sein.

Literaturverzeichnis

Andreas Becker, In Würde lehren und lernen, www.active-books.de.

Walter Benjamin, Einbahnstraße, Frankfurt a.M. 1955.

Walter Benjamin, Der Erzähler. Betrachtungen zum Werk Nikolai Lesskows, in: ders., Gesammelte Schriften Bd. II/2, Frankfurt a.M. 1991.

Peter Bieri, Eine Art zu leben. Über die Vielfalt menschlicher Würde, München 2013.

Ernst Bloch, Das Prinzip Hoffnung, Frankfurt a.M. 1973.

Bertolt Brecht, Gesammelte Werke, Bd. 10, Frankfurt a.M. 1967.

Bernhard Bueb, Lob der Disziplin, Berlin 2006.

Albert Camus, Der Mythos des Sisyphos, Reinbek 1999.

Guy Claxton, Der Takt des Denkens. Über die Vorteile der Langsamkeit, Berlin 1998.

Amrai Coen, Professor „Good Work" in: DIE ZEIT Nr. 44/2013.

Dee Joy Coulter, Original Mind – Anfängergeist und Bildung, Burgrain 2014.

Ralf Dahrendorf, Eine geplante Bildungsrevolution, in: DIE ZEIT, 12. November 1965.

DER SPIEGEL Wissen, Gelassenheit. Die Kunst der Seelenruhe, Ausgabe 4/2015.

Sabine Donauer, Faktor Freude. Wie die Wirtschaft Arbeitsgefühle erzeugt, Hamburg 2015.

Gunter Dueck, Aufbrechen! Warum wie eine Exzellenzgesellschaft werden müssen, Frankfurt a.M. 2010.

Moshé Feldenkrais, Bewusstheit durch Bewegung. Der aufrechte Gang, Frankfurt a.M. 1996.

Moshé Feldenkrais, Die Entdeckung des Selbstverständlichen, Frankfurt a.M. 1985.

Manfred Geier, Geistesblitze. Eine andere Geschichte der Philosophie, Reinbek 2013.

Manfred Geier, Das Glück der Gleichgültigen. Von der stoischen Seelenruhe zur postmodernen Indifferenz, Reinbek 1997.

Robert Gernhardt, Was das Gedicht alles kann: Alles. Texte zur Poetik, Frankfurt 2012.

Hans Ulrich Gumbrecht, Diesseits der Hermeneutik. Die Produktion von Präsenz, Frankfurt a.M. 2004.

Byung-Chul Han, Sehnsucht nach dem Feind, in: DIE ZEIT Nr. 5/2015.

Byung-Chul Han, Müdigkeitsgesellschaft, Berlin 2010.

Gerald Hüther, Was wir sind und was wir sein könnten. Ein neurobiologischer Mutmacher, Frankfurt a.M. 2011.

Heinrich Jacoby, Jenseits von „Begabt" und „Unbegabt", Hamburg 2004.

Francois Jullien, Philosophie des Lebens, Wien 2012.

Francois Jullien, Wirksamkeit und Effizienz in China und im Westen, Berlin 2006.

Franz Kafka, Auf der Galerie, Frankfurt a.M. 1970.

Reinhard Kahl, Die Intelligenz der Praxis. Lust aufs Lernen, DVD, Archiv der Zukunft 2014.

Stefan Klein, Einfach glücklich, Frankfurt a.M. 2014.

Natalie Knapp, Der Quantensprung des Denkens. Was wir von der modernen Physik lernen können, Hamburg 2011.

Detlef B. Linke, Hölderlin als Hirnforscher, Frankfurt a.M. 2005.

Stefanie Maeck, Berührung durch das Unberührbare: Singularität und Expressivität in der Dichtung aus der Perspektive des Narzissmus, Würzburg 2008.

Thomas Metzinger, Spiritualität und intellektuelle Redlichkeit: https://www.blogs.uni-mainz.de/fb05philosophie/files/2013/04/TheorPhil_Metzinger_Berlin_2010_Spiritualität%C3%A4tUndIntellektuelleRedlichkeit.pdf

Thomas Metzinger, Der Ego-Tunnel. Eine neue Philosophie des Selbst: Von der Hirnforschung zur Bewusstseinsethik, Berlin 2009.

Walter Mischel, Der Marshmallow-Test, München 2015.

Julian Nida-Rümelin/Klaus Zierer, Auf dem Weg in eine neue deutsche Bildungskatastrophe, Freiburg 2015.

Martha C. Nussbaum, Nicht für den Profit. Warum Demokratie Bildung braucht, Überlingen 2012.

Ulrich Ott, Meditation für Skeptiker. Ein Neurowissenschaftler erklärt den Weg zum Selbst, München 2010.

Georg Picht, Die deutsche Bildungskatastrophe, Analyse und Dokumentation, Freiburg 1964.

Annemarie Pieper, Glückssache. Die Kunst, gut zu leben, Hamburg 2001.

Robert Plomin in: Ulrich Bahnsen/Martin Spiewak, Mein IQ ist mir egal, in: DIE ZEIT Nr. 23/15.

Richard David Precht, Anna, die Schule und der liebe Gott. Der Verrat des Bildungssystems an unseren Kindern, München 2013.

Ulrich Raulff, Wiedersehen mit den Siebzigern. Die wilden Jahre des Lesens, Stuttgart 2014.

Hanno Rauterberg, Und die Herzen schlagen höher, in: DIE ZEIT vom 20.4.2012.

Andreas Reckwitz, Die Erfindung der Kreativität, Berlin 2012.

Richard Rorty, Philosophie & die Zukunft, Frankfurt a.M. 2000.

Hartmut Rosa/Wolfgang Endres, Resonanzpädagogik, Weinheim 2016.

Gerhard Roth, Bildung braucht Persönlichkeit. Wie Lernen gelingt, Stuttgart 2011.

Joseph Roth, Die Flucht ohne Ende, Werke 4, hg. von Bernd M. Kraske, Bonn 1988.

Frank Schirrmacher, Ungeheuerliche Neuigkeiten, München 2014.

Wilhelm Schmid, Dem Leben Sinn geben, Berlin 2013.

Ulrich Schnabel, Muße. Vom Glück des Nichtstuns, München 2010.

Wolf Singer/Matthieu Ricard, Hirnforschung und Meditation. Ein Dialog, Frankfurt a.M. 2008.

Peter Sloterdijk, Du mußt dein Leben ändern, Frankfurt a.M. 2009.

Greg Spence, https://www.youtube.com/watch?v=PntQS8qBk8k

Martin Spiewak, Ewige Rechenschwäche, in: DIE ZEIT 13/15.

Manfred Spitzer, Plädoyer für eine evidenzbasierte Pädagogik, in: Ralf Caspary (Hg.), Lernen und Gehirn. Der Weg zu einer neuen Pädagogik, Freiburg 2006.

George Steiner, Der Meister und seine Schüler, München 2009.

Thomas Strässle, Gelassenheit. Über eine andere Haltung zur Welt, München 2013.

Ernst Tugendhat, Egozentrik und Mystik. Eine anthropologische Studie, München 2003.

Andreas Weber, Biokapital. Die Versöhnung von Ökonomie, Natur und Menschlichkeit, Berlin 2010.

Harald Welzer, Selbstdenken. Eine Anleitung zum Widerstand, Frankfurt a.M. 2013.

Roger Willemsen, Der Knacks, Frankfurt a.M. 2008.

Frank Witzel, Erfindung der Roten Armee Fraktion durch einen manisch-depressiven Teenager im Sommer 1969, Berlin 2015.

www.archiv-der-zukunft.de

www.blickueberdenzaun.de

www.deutsche-schulakademie.de

www.ggg-bund.de

Dank

Ich danke allen, die etwas von sich, ihrem Lern- und Lehrprozess preisgegeben haben:
Andreas Becker, Nele Benz, Dominik Hoppe, Nadja Körner, Tobias Langer, Klaus Lorenzen, Julius Meese, Nina Petermann, Helga Reier, Dorothea Scharff, Lena Schmitte, Joshua Wieberneit.
Außerdem verdanke ich denen viel, die mein Manuskript kritisch gelesen haben: Klaus Gremnitz, Helga Reier, Uta Schipull und Bernd Soest-Steinhoff.

***ibidem*-Verlag**

Melchiorstr. 15

D-70439 Stuttgart

info@ibidem-verlag.de

www.ibidem-verlag.de
www.ibidem.eu
www.edition-noema.de
www.autorenbetreuung.de

www.ingramcontent.com/pod-product-compliance
Ingram Content Group UK Ltd.
Pitfield, Milton Keynes, MK11 3LW, UK
UKHW040024200726
13854UKWH00001B/348